前　言

新修订的《中华人民共和国农产品质量安全法》已于2023年1月1日起施行。这次修订，贯彻了党中央关于农产品质量安全工作的决策部署，落实"四个最严"的要求，回应人民群众关心的问题，对我国农产品质量安全保障制度作了重要完善和创新，意义重大。为配合农产品质量安全法的学习、宣传和实施，帮助读者及时、准确理解农产品质量安全法的有关内容，全国人大常委会法工委参与立法具体工作的同志编写了本书，供读者学习参考。本书力求准确阐述农产品质量安全法的内容，因时间和水平有限，如有疏漏之处，敬请读者批评指正。

编　者

权威读本

中华人民共和国农产品质量安全法解读

主 编
岳仲明

副主编
施春风

编写人员
施春风 杨永明 尤小龙 宋生辉

中国法制出版社
CHINA LEGAL PUBLISHING HOUSE

目　录

第一章　总　　则 …………………………………… 1

　第 一 条　【立法目的】………………………… 1

　第 二 条　【概念定义】………………………… 8

　第 三 条　【适用范围】………………………… 12

　第 四 条　【工作原则】………………………… 16

　第 五 条　【管理体制】………………………… 21

　第 六 条　【政府属地管理和部门监管责任】…… 23

　第 七 条　【农产品生产经营者责任】………… 27

　第 八 条　【预算安排】………………………… 31

　第 九 条　【发展绿色优质农产品】…………… 34

　第 十 条　【科技研究、推广与国际交流】……… 38

　第十一条　【宣传指导和媒体监督】…………… 43

　第十二条　【行业自律与服务】………………… 46

第二章　农产品质量安全风险管理和标准制定 …… 49

　第十三条　【风险监测制度】…………………… 49

　第十四条　【风险评估制度】…………………… 54

　第十五条　【风险监测和评估结果通报】……… 59

1

第十六条　【标准性质和内容】………… 62

第十七条　【标准制定和发布】………… 67

第十八条　【标准修订】………………… 70

第十九条　【标准实施】………………… 72

第三章　农产品产地 ……………………… 76

第二十条　【产地监测制度】…………… 76

第二十一条　【特定禁止生产区域划定】………… 78

第二十二条　【产地保护】……………… 84

第二十三条　【防止投入品污染】……… 87

第二十四条　【基地建设】……………… 92

第四章　农产品生产 ……………………… 98

第二十五条　【生产技术规程】………… 98

第二十六条　【内控管理】……………… 101

第二十七条　【生产记录】……………… 110

第二十八条　【投入品许可、监督抽查和销售台账】………………… 114

第二十九条　【科学合理使用投入品】…………… 119

第三十条　【生产场所、设施设备要求】……… 125

第三十一条　【投入品使用指导推广】… 128

第三十二条　【促进生产经营优质特色农产品】……………………… 133

第三十三条　【冷链物流】……………… 138

第五章　农产品销售 …… 144

第三十四条　【产品自检】…… 144

第三十五条　【保鲜剂等使用要求】…… 147

第三十六条　【禁止销售规定】…… 149

第三十七条　【批发市场检测和销售采购

环节查验】…… 154

第三十八条　【包装和标识管理】…… 159

第三十九条　【承诺达标合格证制度】…… 162

第 四 十 条　【网络销售管理】…… 169

第四十一条　【农产品质量安全追溯管理】…… 172

第四十二条　【农产品质量标志】…… 177

第四十三条　【转基因标识】…… 180

第四十四条　【检疫标志与证明】…… 183

第六章　监督管理 …… 186

第四十五条　【协作机制与信息发布】…… 186

第四十六条　【监督抽查计划】…… 190

第四十七条　【监督抽查要求】…… 194

第四十八条　【检测机构管理】…… 197

第四十九条　【检测人员与检测报告】…… 200

第 五 十 条　【快速检测】…… 203

第五十一条　【复检与赔偿】…… 206

第五十二条　【日常检查和信息员工作制度】…… 209

第五十三条　【监督检查措施】…… 212

第五十四条　【信用体系建设】…………………… 215

第五十五条　【生产经营者责任约谈】…………… 219

第五十六条　【社会监督】………………………… 222

第五十七条　【执法人员培训】…………………… 224

第五十八条　【政府进行责任约谈】……………… 227

第五十九条　【应急预案管理】…………………… 229

第 六 十 条　【"三后"环节监督检查】………… 234

第六十一条　【"行刑"衔接】…………………… 236

第七章　法律责任 …………………………………… 239

第六十二条　【地方政府责任】…………………… 239

第六十三条　【监管部门责任】…………………… 241

第六十四条　【监管执法赔偿责任】……………… 245

第六十五条　【检测机构和人员责任】…………… 247

第六十六条　【产地污染责任】…………………… 250

第六十七条　【投入品包装物废弃物回收责任】… 252

第六十八条　【内控管理违法行为处罚】………… 254

第六十九条　【生产记录违法行为处罚】………… 256

第 七 十 条　【违反农产品质量安全生产
　　　　　　　经营规定的处罚（一）】………… 259

第七十一条　【违反农产品质量安全生产
　　　　　　　经营规定的处罚（二）】………… 265

第七十二条　【违反农产品质量安全生产
　　　　　　　经营规定的处罚（三）】………… 268

　　　　第七十三条　【承诺达标合格证违法行为
　　　　　　　　　　处罚】…………………………… 271
　　　　第七十四条　【冒用标志行为处罚】………… 274
　　　　第七十五条　【追溯违法行为处罚】………… 276
　　　　第七十六条　【阻挠执法行为处罚】………… 277
　　　　第七十七条　【"三后"环节违法行为处罚】… 280
　　　　第七十八条　【刑事责任】…………………… 281
　　　　第七十九条　【民事赔偿责任优先与公益
　　　　　　　　　　诉讼】…………………………… 286

第八章　附　　则……………………………………… 293
　　　　第八十条　　【粮食收储运管理特别规定】… 293
　　　　第八十一条　【施行日期】…………………… 294

附录一：法律原文
　　中华人民共和国农产品质量安全法 ………………… 297
　　（2022年9月2日）

附录二：相关立法资料
　　关于《中华人民共和国农产品质量安全法
　　（修订草案）》的说明 ……………………………… 320
　　全国人民代表大会宪法和法律委员会关于
　　《中华人民共和国农产品质量安全法（修订
　　草案）》修改情况的汇报 …………………………… 324

全国人民代表大会宪法和法律委员会关于
　《中华人民共和国农产品质量安全法（修订
　草案）》审议结果的报告 …………………… 327
全国人民代表大会宪法和法律委员会关于
　《中华人民共和国农产品质量安全法（修订
　草案三次审议稿）》修改意见的报告 ………… 330

附录三：相关参阅资料

十三届全国人大常委会第三十一次会议审议
　农产品质量安全法修订草案的意见 ………… 333
地方人大和中央有关部门、单位对农产品质
　量安全法修订草案的意见 …………………… 340
宪法法律委、农委、法工委座谈会对农产品
　质量安全法修订草案的意见 ………………… 349
农产品质量安全法修订草案向社会公众征求
　意见的情况 …………………………………… 354
十三届全国人大常委会第三十五次会议审议
　农产品质量安全法修订草案二次审议稿的
　意见 …………………………………………… 358
农产品质量安全法修订草案二次审议稿向社
　会公众征求意见的情况 ……………………… 366
农产品质量安全法修订草案通过前评估情况 ……… 369

第一章 总 则

第一条 为了保障农产品质量安全，维护公众健康，促进农业和农村经济发展，制定本法。

● **条文主旨**

本条是关于本法立法目的的规定。

● **立法背景**

民以食为天，食以安为先。确保农产品质量安全是事关人民生活、社会稳定的大事。党中央、国务院对此高度重视，习近平总书记在 2013 年 12 月中央农村工作会议上指出，能不能在食品安全上给老百姓一个满意的交代，是对我们执政能力的重大考验；[①] 强调要把农产品质量安全作为转变农业发展方式、加快现代农业建设的关键环节，坚持源头治理、标本兼治，用最严谨的标准、最严格的监管、最严厉的处罚、最严肃的问责，确保广大人民群众"舌尖

[①] 《习近平的健康观：以人民为中心，以健康为根本》，载人民网，http://health.people.com.cn/n1/2016/0819/c398004-28650538.html，2024 年 4 月 22 日访问。

上的安全"。① 农产品的质量安全状况如何，直接关系着人民群众的身体健康乃至生命安全。2006年农产品质量安全法自实施以来，对规范农产品生产经营活动、提升农产品质量安全水平发挥了重要作用，农产品产地环境保护力度不断加大，农产品生产经营行为进一步规范，监管责任落实力度不断加强，农产品质量安全整体水平得到有效提升。这些年，我国农产品质量安全整体态势总体向好，主要农产品例行监测合格率稳定保持在97%以上，农产品质量安全法发挥了重要作用。但是，随着社会经济发展，农产品质量安全工作面临着新情况、新问题、新要求，同时也存在一些问题和短板，人民群众对农产品农药兽药残留超标、重金属超标、非法添加有毒有害物质等问题非常担心。2018年，全国人大常委会进行农产品质量安全法执法检查，在充分肯定该法自公布实施以来取得显著成效的同时，还指出一些条款已明显不适应当前农产品质量安全监管形势，可操作性不强、实施难度大，存在处罚过轻、违法成本太低等问题，建议修订农产品质量安全法。部分全国人大代表也提出修改农产品质量安全法的相关议案。为弥补条款在实践中适用的不足，增强部分法律条文的可操作性，更好地实施这部法律，对农产品质量安全法进行修订。

---

① 《在中央农村工作会议上的讲话》（2013年12月23日），载《十八大以来重要文献选编》（上），中央文献出版社2014年版，第673页。

● 条文解读

立法目的是制定法律所希望达到的目标，是整部法律的核心和灵魂。按照本条规定，本法的立法目的包括以下几个方面。

一、保障农产品质量安全

农产品是城乡居民的主要食物来源，保障农产品质量安全是重要的民生工程、民心工程。党中央、国务院十分重视，采取了一系列措施，不断加强农产品质量安全工作。

一是健全政策法规制度体系。中共中央、国务院印发《关于深化改革加强食品安全工作的意见》，中共中央办公厅、国务院办公厅发布《地方党政领导干部食品安全责任制规定》。国务院及相关部门配套制修订《农药管理条例》《兽药管理条例》《生猪屠宰管理条例》《饲料和饲料添加剂管理条例》等行政法规，配套制定了《农产品产地安全管理办法》《农产品包装和标识管理办法》《绿色食品标志管理办法》等规章。近年来，先后通过部门公告等形式明确禁止使用52种农药，在部分范围禁止使用16种农药，发布了《禁止在饲料和动物饮用水中使用的药物品种目录》，列明了21类食品动物禁用的兽药及其他化合物清单、5类40种禁止在饲料和动物饮用水中使用的药物品种。

二是推进农业标准化生产。农业农村部门会同有关部门，坚持"产""管"并举，大力推进农业标准化、绿色化、品牌化。制定、修订农药兽药残留限量及配套检测方法食品安全国家标准4000余项，总数达到1万余项，基本覆盖我国常用农药兽药品种和主要食用农产品。农业行业标准总数达到5000余项。累计建设果菜茶标准化园、畜禽养殖标准化场、水产健康养殖场近1.8万个，规模种养主体质量控制能力明显提升。绿色、有机和地理标志农产品总数达到5万个。① 扎实开展农产品产地环境污染治理，加强农业投入品管理，化肥农药减量增效深入推进，严格实施高毒农药定点经营实名购买制度，农产品生产经营行为得到进一步规范。

三是聚焦突出问题进行整治。自2008年以来，农业农村部围绕农产品质量安全领域存在的农药兽药残留超标、生鲜乳非法添加等突出问题，每年都组织各地开展专项整治，严打农产品质量安全违法违规行为。特别是近几年，按照中央部署，会同有关部门组织开展了"不忘初心、牢记使命"主题教育农产品质量安全专项整治行动、农产品质量安全专项整治"利剑"行动、食用农产品"治违禁、控药残、促提升"三年行动等，狠抓执法监管，重拳打击违法犯罪，进一步强化落实属地责任、监管责任、生产经营者主体责任。在各地各部门的努力下，一批大要案得到查处。经过不断努力，我国农产品质量安全水平保持了稳中向好的发展态势，"十三五"期间主要农产品例行监测合

---

① 参见《"十四五"全国农产品质量安全提升规划》。

格率稳定在97%以上，2021年合格率达到97.6%。

在肯定当前工作取得显著成效的同时，我们也必须看到，保障农产品质量安全仍然任重道远。从农产品生产方式来看，"大国小农"是我国的基本国情农情并将长期存在，从事农产品生产经营的主体既有农户，也有企业、农民专业合作社、家庭农场、社会化服务组织等。小而分散的农产品生产方式、农产品生产经营主体构成相对复杂，加大了农产品质量安全监管难度。从农产品本身来看，与工业产品相比较，农产品具有生物活性，鲜活、易腐、难储藏，规格不易统一的特点。农产品生产要经过农业产地环境、农业投入品使用、收获屠宰捕捞、储藏运输、保鲜、包装等多个环节，供应链条长，生产环境复杂，污染源多，监管方式具有特殊性。因此，必须准确把握符合农产品质量安全监管自身特点和关键环节，进一步加强立法，落实主体责任、规范生产经营行为、强化监管执法。这次修订，按照"从农田到餐桌"全过程全链条的监管思路，在原法的基础上，修订完善相关基本制度，实现了监管对象全覆盖，使得修订后的农产品质量安全法具有更强的针对性和可操作性。

二、维护公众健康

近年来，我国已很少有重大农产品质量安全事件发生，但由于个别地区农产品产地环境污染、个别主体不科学使用投入品、运输和经营过程的污染等因素，特别是不法生产者使用高毒高残留农药、兽药、饲料添加剂等投入品的行为，使得一些农产品残留超标，从而引起人畜中毒事件，危害了人民群众的身体健康和生命安全。同时，随着我国经济社会的发展和人民生活水平的提高，消费者对农产品质量安全的要求日益提高，我国农产品的品质也必须符合人民群众日益增长的生活水平的需要。本着对人民负责的态度，应当以法律的形式规范农产品生产经营的各个环节，使各种违法行为的责任人承担应有的法律责任，从而做到在确保农产品安全的基础上逐步提高农产品品质，保证广大人民群众吃得安全放心、营养健康。

从具体内容来看，修订后的农产品质量安全法在风险管理和标准制定、产地源头治理、生产全程控制、农产品销售等各个环节都体现了维护公众健康的立法目的。一是在风险管理和标准制定方面，明确了农产品质量安全标准的范围，建立健全风险监测和风险评估制度，围绕风险因子开展标准制定、修订和监测评估等，通过这些工作及时发现潜在风险隐患。二是在产地源头治理方面，增加了产地监测制度，加强农产品产地安全调查、监测和评价工作。三是在生产全程控制方面，对控肥、控药、控添加剂，科学合理使用农业投入品等规定作了完善，政府部门、有关方面应当加强技术指导服务。例如，农产品生产经营者不得超范围、超剂量使用农业投入品，农产品生产场所及设施、设备、消毒剂、洗涤剂等应当符合国家有关规定，等等。四是在农产品销售方面，企业、合作社等主体应当保证其销售的农产品符合农产品质量安全标准，根据质量安全控制、检测结果等开具承诺达标合格证。加强农产品质量安全追溯管理，网络销售农产品也应当依照法律法规规定严格落实质量安全责任。

三、促进农业和农村经济发展

党的二十大报告提出，全面推进乡村振兴，坚持农业农村优先发展，加快建设农业强国。保障农产品质量安全，是建设农业强国的重要内容，也是实现农业农村高质量发展的前提和基础。一方面，广大人民群众对安全绿色优质农产品的需求越来越大，消费由"吃得饱"向"吃得好""吃得营养健康"加快转变。国内农产品多而不优、品牌杂而不亮、"披头散发"卖的情况还比较普遍，需要进一步增加绿色优质农产品供给，满足公众消费需求。另一方面，我国是农产品进出口大国，但是，因农产品质量安全问题导致我国出口的优势农产品遭遇退货、扣押、销毁、索赔、终止合同等现象时有发生。例如，前些年欧美、日本等发达国家和有些地区以质量安全问题为借口，对我国茶叶、猴头菇等优势特色农产品实施贸易壁垒，导致企业对上述国家和地区的农产品出口一度受到很大影响。因此，进一步完善法律，健全我国农产品标准化体系、检验检测体系，加强农产品质量安全监管，推广绿色生产技术，完善各项制度，对提高我国农产品质量，推动农业农村高质量发展，增强我国农产品的国际竞争力，都有极其重要的意义。

第二条 本法所称农产品,是指来源于种植业、林业、畜牧业和渔业等的初级产品,即在农业活动中获得的植物、动物、微生物及其产品。

本法所称农产品质量安全,是指农产品质量达到农产品质量安全标准,符合保障人的健康、安全的要求。

● 条文主旨

本条是关于农产品和农产品质量安全的定义的规定。

● 立法背景

农产品和农产品质量安全的定义直接关系到本法的适用范围,也是立法过程中的一个重点问题。此次修改,一是将"来源于农业的初级产品"进一步明确为"来源于种植业、林业、畜牧业和渔业等的初级产品";二是进一步强调农产品质量安全标准,明确要求"农产品质量达到农产品质量安全标准"。

● 条文解读

一、关于本法所称农产品的定义

目前,不同方面对于农产品的定义和概念范围的理解是不完全一致的。例如,世界贸易组织(WTO)乌拉圭回合农业谈判形成的《农业协议》对农产品进行了定义,包含三部分:一是食品及部分非食用原料;二是以动植物为原料的化学品；三是动物皮、毛及纺织原料。这个概念是非常宽泛的。我国在农产品贸易中，统计口径基本采用"乌拉圭回合《农业协议》的农产品口径+水产品"。我国农业行业标准《农产品分类与代码》（NY/T 3177—2018）将农产品分为种植业产品、畜牧业产品、水产品三类。《经济大辞典·农业经济卷》将"初级产品"定义为：初级产业产出的未加工或只经初加工的农、林、牧、渔、矿等产品。其中有的直接用于消费，有的用作制造其他产品的原料。初级产品有的是未经加工的原始形态的产品，有的是经过初步加工的产品。

2006年制定出台的农产品质量安全法，对农产品的定义为来源于农业的初级产品，即在农业活动中获得的植物、动物、微生物及其产品。这里所采用的农产品定义，是按照法律实施的需要，根据法律所调整的社会关系作出的解释。此次修订，主要参照农业法关于农业的解释，对农产品定义作了文字上的修改完善，修订前后农产品的概念范围并没有发生改变。在修订过程中，各方面对农产品的定义提出了很多意见建议，有的认为应当进一步明晰农产品的概念范围，避免产生误解；有的建议农产品应当实施目录制管理，明确不同的责任部门；有的认为应当明确林产品也属于农产品的概念范围，法律应当明确林业草原等部门的责任；等等。经过深入研究讨论，本条参照农业法规定，将农产品进一步解释为：来源于种植业、林业、畜牧业和渔业等的初级产品，均属于本法调整范围。对于现实中存在争议的产品监管问题，如豆芽、燕窝、林产品等，以及随着科技发展产生的新领域新产品，如细胞肉的监管问题，由中央或地方结合实际，按照规定的职责进行监管。

加强农产品质量安全监督管理，才能保障直接食用的农产品或者以农产品为原料加工、制作的食品的质量安全。本条讲的"农业活动"，既包括传统的种植、养殖、采摘、捕捞等农业活动，也包括设施农业、生物工程等现代农业活动。"植物、动物、微生物及其产品"，是广义的农产品概念，包括在农业活动中直接获得的未经加工的以及经过分拣、去皮、剥壳、粉碎、清洗、切割、冷冻、打蜡、分级、包装等粗加工，但未改变其基本自然性状和化学性质的初级产品，区别于经过加工已基本不能辨认其原有形态的"食品"或"产品"。

二、关于本法所称农产品质量安全

对农产品质量安全一词的理解，有的观点认为，农产品质量安全就是指农产品的可靠性、使用性和内在价值，包括在生产、贮存、流通和使用过程中形成、残存的营养、危害及外在特征因子，既有等级、规格、品质等特性要求，也有对人、环境的危害等级水平的要求。有的观点建议将质量和安全分开理解，安全是底线要求，是需要执行强制性标准来保证的；质量是高线要求，指的是农产品营养品质符合人的需要。通常说，农产品质量既包括涉及人体健康、安全的质量要求,也包括涉及产品的营养成分、口感、色香味等非安全性的一般质量指标。需要由法律规范、实行强制监管、保障的,主要应当是农产品质量中的安全性指标。

2006年制定出台的农产品质量安全法对农产品质量安全的概念作出了比较权威的规定,农产品质量安全是指农产品质量符合保障人的健康、安全的要求。此次修订作了进一步完善,包括两部分内容:一是农产品质量达到农产品质量安全标准。本法第十六条明确了农产品质量安全标准的性质为强制执行的标准,确定了标准的范围;本法第七十一条对生产经营不符合安全标准农产品的行为规定了法律责任。此次增加这一标准,体现了农产品应当"达标"的内涵。二是符合保障人的健康、安全的要求。确保农产品质量安全,既是食品安全的重要内容和基础保障,也是实施乡村振兴战略、推进农业农村现代化的重要基础支撑,必须坚持人民至上、生命至上。保障农产品质量安全是农产品质量安全法的核心内容,重点是农产品达到农产品质量安全标准,不存在可能损害或者威胁人体健康的有毒有害物质导致消费者病亡或者危及消费者及其后代的隐患。

随着城乡居民食物消费结构不断升级,今后农产品既要保数量,也要保多样、保质量,要坚持两个"三品一标",推动品种培优、品质提升、品牌打造和标准化生产,大力发展无公害、农产品绿色食品,有机食品,地理标志农产品,满足供给适配需求,切实提高农产品质量。为此,本法在总则、农产品生产等章节中,对绿色优质农产品、农产品标准化生产等内容设置专门条款进行规定,推动两个"三品一标"发展,以满足人民群众对吃得营养、健康日益增长的需求。

第三条 与农产品质量安全有关的农产品生产经营及其监督管理活动,适用本法。

《中华人民共和国食品安全法》对食用农产品的市场销售、有关质量安全标准的制定、有关安全信息的公布和农业投入品已经作出规定的,应当遵守其规定。

● 条文主旨

本条是关于调整范围和法律适用的规定。

● 立法背景

本条是新增条款,规定了农产品质量安全法的适用范围,明确了与食品安全法的衔接。

● 条文解读

一、与农产品质量安全有关的农产品生产经营及其监督管理活动,适用本法

农产品生产经营活动范围广,环节多,链条长,既包括农产品的生产、收购、储存、运输、销售,也包括农产

品的营销、技术研发、人员管理等活动。本法以保障农产品质量安全，维护公众健康为立法目的，因此其所调整的范围限定为与农产品质量安全有关的农产品生产经营及其监督管理活动，本法在农产品产地、农产品生产、农产品销售等章中，具体规定了农产品从生产到销售全过程应遵守的要求，如任何单位和个人不得在特定农产品禁止生产区域种植、养殖、捕捞、采集特定农产品和建立特定农产品生产基地；不得超范围、超剂量使用农业投入品危及农产品质量安全；禁止在农产品生产经营过程中使用国家禁止使用的农业投入品以及其他有毒有害物质；销售的农产品应当符合农产品质量安全标准等。同时在监督管理一章，明确了各级人民政府及有关部门的监督管理职责，要求其按照本法和相关法律法规的要求实施监督管理活动。本法还对农产品生产经营以及监督管理活动中的违法行为设置了严格的法律责任，确保各项制度有效实施。

二、食品安全法对食用农产品的市场销售、有关质量安全标准的制定、有关安全信息的公布和农业投入品已经作出规定的，应当遵守其规定

两部法律在立法和修订过程中，坚持"各有侧重、互为补充"，就有关内容作出相关规定。为了让两部法律在实践中更好地执行，本条第二款专门对农产品质量安全法与食品安全法的法律适用作了衔接性规定。一是食品安全法已经作出规定的，应遵守食品安全法的相关规定；二是食品安全法没有规定、本法作出规定的，应按照本法规定执行。

在食用农产品的市场销售方面，根据《国家市场监督管理总局职能配置、内设机构和人员编制规定》的职责划分，食用农产品进入批发、零售市场或者生产加工企业后，由国家市场监督管理总局监督管理。本法第七十七条对此也予以进一步明确，即食品安全法对食用农产品进入批发、零售市场或者生产加工企业后的违法行为和法律责任有规定的，由县级以上地方人民政府市场监督管理部门依照其规定进行处罚。食品安全法第三十五条明确，销售食用农产品和仅销售预包装食品的，不需要取得许可；第六十二条规定了网络食品交易第三方平台提供者的责任与义务；第六十四条、第六十五条、第六十六条分别对食用农产品进入批发市场的抽样检验，食用农产品销售者的进货查验记录制度，包装、保鲜、贮存、运输中使用保鲜剂、防腐剂等食品添加剂和包装材料等作出具体要求；同时，食品安全法还针对上述条款设置了相应的法律责任条款。上述内容均为食品安全法对食用农产品的市场销售等作出的规定，应当遵照执行。此外，修订后的农产品质量安全法对农户和从事农产品收购的单位和个人等主体提出具体要求并设置法律责任，农产品销售一章中，对农产品的包装标识、承诺达标合格证的开具、收取与保存、农产品追溯、标志管理等还作出其他规定和要求，属于食品安全法没有规定的，应遵守农产品质量安全法的要求。

在有关质量安全标准的制定方面，《食品安全法》第三章食品安全标准中，对食品安全标准的制定原则、标准范围和内容、标准制定的程序以及跟踪评价等作出系统规定。例如，其中第二十六条第一项食品安全标准的范围明确包括食品、食品添加剂、食品相关产品中的致病性微生物，农药残留、兽药残留、生物毒素、重金属等污染物质以及其他危害人体健康物质的限量规定。第二十七条第二款、第三款明确规定，食品中农药残留、兽药残留的限量规定及其检验方法与规程由国务院卫生行政部门、国务院农业行政部门会同国务院食品安全监督管理部门制定。屠宰畜、禽的检验规程由国务院农业行政部门会同国务院卫生行政部门制定。上述条款属于食品安全法对标准的制定已经作出规定的，应当遵守其规定。农产品质量安全法第十七条就农产品质量安全标准的制定和发布作出与其他法律法规衔接的原则性规定，也应遵守。

在有关安全信息的公布方面，本法第四十五条规定，县级以上人民政府农业农村主管部门……并按照职责权限，发布有关农产品质量安全日常监督管理信息。具体的职责权限根据食品安全法第一百一十八条的规定，即国家食品安全总体情况、食品安全风险警示信息、重大食品安全事故及其调查处理信息和国务院确定需要统一公布的其他信息由国务院食品安全监督管理部门统一公布。食品安全风险警示信息和重大食品安全事故及其调查处理信息的影响限于特定区域的，也可以由有关省、自治区、直辖市人民政府食品安全监督管理部门公布。未经授权不得发布上述信息。县级以上人民政府食品安全监督管理、农业行政部门依据各自职责公布食品安全日常监督管理信息。公布食品安全信息，应当做到准确、及时，并进行必要的解释说明，避免误导消费者和社会舆论。

第四条 国家加强农产品质量安全工作，实行源头治理、风险管理、全程控制，建立科学、严格的监督管理制度，构建协同、高效的社会共治体系。

● 条文主旨

本条是关于农产品质量安全工作原则的规定。

● 立法背景

本条为此次修订新增加的条文。近年来，吃得安全、优质、营养、健康已经成为人民群众对美好生活的新期待，对农产品质量安全问题也越来越关注。但目前农产品质量安全工作还存在一些问题和短板，违法使用禁用药物尚未根除，常规农药兽药残留超标时有发生，重金属和生物毒素污染风险短期内难以消除。监管基础依然薄弱，基层监管缺人员、缺经费、缺手段等问题较为普遍。当前，"三农"工作重心历史性转向全面推进乡村振兴，加快中国特色农业农村现代化进程，食品安全党政同责，把农产品质量安全提到了新高度。本条强调了农产品质量安全工作的重要性，要求遵循源头治理、风险管理、全程控制原则，建立科学、严格的监督管理制度，构建多部门全方位协同、高效的社会共治体系。

● **条文解读**

一、农产品质量安全工作实行源头治理

农产品质量安全首先是"产"出来的。源头治理是把好农产品质量安全的第一道关口。产地环境是安全优质农产品生产的基础条件，农业投入品是保障农产品质量安全的关键因素，规范生产行为是推动主体责任落实的重要内容。本法专设农产品产地、农产品生产两章，对产地环境监测、农业投入品管理和生产过程管控等作了全面规定。

农产品产地管理方面，本法规定国家建立健全农产品产地监测制度，根据农产品品种特性和产地安全调查、监测、评价结果，划定特定农产品禁止生产区域，任何单位和个人不得在特定农产品禁止生产区域种植、养殖、捕捞、采集特定农产品和建立特定农产品生产基地。此外，为防止污染物进入农田，破坏产地环境，规定不得违反有关环境保护法律、法规的规定向农产品产地排放或者倾倒废水、废气、固体废物或者其他有毒有害物质，农药、肥料、农用薄膜等农业投入品的生产者、经营者、使用者应当按照规定回收并妥善处置包装物和废弃物。

农产品生产方面，本法要求农产品生产经营者依照法律、行政法规和国家有关强制性标准、国务院农业农村主管部门的规定，加强农产品生产者的内部质量控制，科学合理使用农药、兽药、饲料和饲料添加剂、肥料等农业投入品，严格执行农业投入品使用安全间隔期或者休药期的规定，防止危及农产品质量安全。禁止在农产品生产经营过程中使用国家禁止使用的农业投入品以及其他有毒有害物质。同时要求农产品生产企业、农民专业合作社和农业社会化服务组织加强农产品质量安全管理，建立农产品生产记录等。

二、农产品质量安全工作实行风险管理

影响农产品质量安全的风险隐患因素比较多，加强风险管理，就是下先手棋、打主动仗，及时消除隐患并防患于未然。农产品质量安全风险管理包括对已知危害因子危害程度的科学评估和对未知危害因子潜在危害的探索。狭义的风险管理，是指监管部门根据农产品质量安全风险监测和风险评估所取得的信息、结论，有针对性地采取监督管理措施。广义的风险管理，是指包括农产品质量安全风险监测、风险评估、风险监督管理和风险交流在内的所有与风险有关的制度。本条所指的"风险管理"是广义的概念，涉及包括本法规定的农产品质量安全风险监测、风险评估等各项制度。此次修改在很多方面强化了风险管理原则，如设置了农产品质量安全风险管理和标准制定专章，在风险监测方面，明确了风险监测计划的制定、实施、备案部门，风险信息的通报义务；在风险评估方面，明确了风险评估专家委员会的组成与职责；风险监测与风险评估采样方式等，实施农产品质量安全风险分级管理。

三、农产品质量安全工作实行全程控制

保障农产品从田间地头到百姓餐桌的全过程安全，要强化农产品质量安全全链条监管。党的十八届三中全会明确提出，建立最严格的覆盖全过程的监管制度。农产品生产经营链条长，生产环境开放，不可控因素多，各环节对农产品的质量安全都有不同程度的影响，必须确立全程监管的理念。本法进一步加强农产品的全过程监管，从产地、生产过程、销售流通过程，包括监管部门的职责、协作机制等作了明确的规定。同时，与食品安全法等有关法律相衔接，进一步理顺职责分工，确定农业农村主管部门、市场监督管理部门按照"三前""三后"（以是否进入批发、零售市场或者生产加工企业划分）分阶段监管，在此基础上，强调两部门应当建立健全全程监督管理协作机制，尤其是要加强收购、储存、运输过程中农产品质量安全监管的协调配合和执法衔接，及时通报和共享农产品质量安全监督管理信息，确保农产品从生产到消费各环节的质量安全。

四、农产品质量安全工作要建立科学、严格的监管制度

农产品质量安全是"产出来"的，更是"管出来"

的，需要构建科学的法律制度体系。本法强调科学监管和严格监管，建立健全农产品产地监测制度、建立农产品质量安全风险监测和风险评估等制度，创新建立农产品承诺达标合格证制度、农产品质量安全追溯目录等，确保问题产品流向可追踪。建立最严格的法律责任制度，突出强调农产品生产经营者是农产品质量安全的第一责任人，履行诚信自律义务，对违法生产经营者实行严厉的处罚。细化并落实地方政府的属地管理责任，将农产品质量安全监管工作纳入地方政府考核，对失职渎职的部门和人员实行最严肃的问责。

五、建立农产品质量安全工作的社会共治体系

农产品质量安全关系着每一个人的身体健康和生命安全，保障农产品质量安全是全社会共同责任。农产品质量安全社会共治，是指通过政府监管部门、农产品生产经营者、农产品行业协会、消费者协会、新闻媒体等社会各方力量共同参与农产品质量安全工作，形成农产品质量安全社会共管共治的格局。此次对农产品质量安全法的修改，在具体规定上体现了社会共治原则：一是进一步明确地方政府属地管理责任，推动提升乡镇监管能力，强化投入保障，夯实农产品质量安全工作基础；二是明确农民专业合作社和农产品行业协会等应当及时为其成员提供生产技术服务，建立农产品质量安全管理制度，健全农产品质量安全控制体系，加强自律管理；三是鼓励消费者协会和其他单位或者个人对农产品质量安全进行社会监督，对农产品质量安全监督管理工作提出意见和建议；四是建立农产品质量安全投诉举报制度，要求县级以上人民政府农业农村主管部门公开投诉举报渠道，收到投诉举报后，应当及时处理；五是新闻媒体应当开展农产品质量安全法律、法规和农产品质量安全知识的公益宣传，对违法行为进行舆论监督等；六是明确县级以上农业农村等部门加强农产品质量安全信用体系建设，建立农产品生产经营者信用记录，推进农产品质量安全信用信息的应用和管理。此外，实践中地方探索农产品质量安全守信激励政策，让农产品生产经营主体在信用贷款中得到实惠。2021年，浙江省建德市农业农村局和农商银行联合发布"共富·农安贷"产品，根据农产品生产经营主体的基本情况、生产管控、行业认可、监督检查、社会监督等方面确定主体信用等级，发放信用贷款。截至2022年6月中旬，建德农商银行对257家信用等级C级以上主体授信金额4.26亿元，发放贷款3.69亿元。

第五条 国务院农业农村主管部门、市场监督管理部门依照本法和规定的职责，对农产品质量安全实施监督管理。

国务院其他有关部门依照本法和规定的职责承担农产品质量安全的有关工作。

● **条文主旨**

本条是关于农产品质量安全监督管理职责部门的规定。

● **立法背景**

本条是在原法第七条第一款的基础上修改而来的。一是增加国务院市场监督管理部门作为国家农产品质量安全监督管理主要部门之一;二是明确国务院其他有关部门也要依照本法和规定的职责承担农产品质量安全的有关工作。

● **条文解读**

一、国务院农业农村主管部门、市场监督管理部门是农产品质量安全监督管理的主要部门,实施农产品质量安全从农田到餐桌的全程监管

1. 农业农村部、国家市场监督管理总局要按照本法和国务院"三定"方案等规定职责,共同做好农产品质量安全监督管理工作。农业农村部负责农产品从种植养殖环节到进入批发、零售市场或者生产加工企业前的质量安全监督管理,加强动植物疫病防控、畜禽屠宰环节、生鲜乳收购环节质量安全的监督管理。国家市场监督管理总局负责农产品进入批发、零售市场或者生产加工企业后的监督管理。

2. 农业农村部、国家市场监督管理总局在职责分工的基础上要加强协调配合和工作衔接，在承诺达标合格证、质量追溯、突出问题整治、检验检测、应急处置、信息发布等方面，建立信息共享、会商研判、联合行动等工作机制，形成监管合力，共同做好农产品质量安全监督管理工作。

二、国务院其他有关部门要依法依职责承担并共同参与农产品质量安全工作

农产品质量安全是个系统工程，从链条上看，涉及产地环境、种植养殖、市场销售、加工、流通、餐饮等多个环节；从工作上看，涉及行政管理、司法、保障等多个方面，需要有关部门共同发力。本条第一款已经明确了农业农村部和市场监督管理总局是实施农产品质量安全监督管理的主要部门。国务院其他与农产品质量安全有关的职责部门也应履职尽责，如生态环境部负责监督指导农业面源污染治理工作；卫生健康委负责组织开展食品安全风险监测评估，依法制定并公布食品安全标准；海关总署负责进口食品检验检疫和监督管理；公安部负责依法打击涉及农产品质量安全的违法犯罪行为；发展改革委、财政部、科技部等部门负责做好项目、资金、技术支撑等方面的支持，共同保障农产品质量安全。

第六条 县级以上地方人民政府对本行政区域的农产品质量安全工作负责，统一领导、组织、协调本行政区域的农产品质量安全工作，建立健全农产品质量安全工作机制，提高农产品质量安全水平。

县级以上地方人民政府应当依照本法和有关规定，确定本级农业农村主管部门、市场监督管理部门和其他有关部门的农产品质量安全监督管理工作职责。各有关部门在职责范围内负责本行政区域的农产品质量安全监督管理工作。

乡镇人民政府应当落实农产品质量安全监督管理责任，协助上级人民政府及其有关部门做好农产品质量安全监督管理工作。

▶ 条文主旨

本条是关于落实地方人民政府农产品质量安全属地管理责任和部门监督管理责任的规定。

▶ 立法背景

本条一是明确县级以上地方人民政府对本行政区域的农产品质量安全工作负责；二是要求县级以上地方人民政府建立健全农产品质量安全工作机制；三是县级以上地方人民政府应当确定本级农业农村主管部门、市场监督管理部门和其他有关部门的农产品质量安全监督管理工作职责；四是增加了乡镇人民政府的农产品质量安全监督管理责任。

● 条文解读

一、县级以上地方各级政府对农产品质量安全工作负属地责任

一是县级以上地方各级政府对本行政区域的农产品质量安全工作负总责，统一领导、组织、协调本行政区域的农产品质量安全工作，充分发挥政府在规划制定、经费投入、体系建设、部门协调、监督考核等方面的主导作用，在发展规划、政策制定上应当把农产品质量安全工作摆在优先位置，在加强农产品质量安全力量配备、条件保障等方面给予支持。二是县级以上地方各级政府要建立健全农产品质量安全工作机制。农产品质量安全监管的链条长、环节多，监管部门涉及农业农村、市场监督管理等多个部门，需要由地方人民政府牵头抓总，建立健全运行高效、无缝衔接、全程监管的农产品质量安全工作机制。

二、县级以上地方人民政府要依照本法和有关规定，确定本级农业农村主管部门、市场监督管理部门和其他有关部门的农产品质量安全监督管理工作职责

县级以上地方各级人民政府要结合当地实际，细化部门职责，在承诺达标合格证、质量追溯、突出问题整治、检验检测、应急处置、信息发布等方面，统筹建立信息共享、会商研判、联合行动等农产品质量安全监管衔接机制，针对农产品质量安全监管职责不清的地方，要加强协调配合和工作衔接，避免出现监管盲区。其他卫生、公安、发

展改革、财政、科技等有关部门也要依法依职责承担并共同参与农产品质量安全工作。

三、乡镇人民政府的农产品质量安全监督管理责任

乡镇农产品质量安全监管公共服务机构作为乡镇政府的组成部门,直接面对农产品生产经营者,在农产品生产源头把关和质量控制上具有十分重要的基础性地位和作用。近年来,各地结合乡镇农技推广体系改革,建立健全乡镇农产品质量安全监管公共服务机构,积极争取支持,将农产品质量安全监管纳入相关建设规划,切实加大投入力度,强化保障措施,推动落实属地管理责任。2021年,农业农村部指导各地乡镇人民政府落实农产品质量安全职责,发布了《关于加强乡镇农产品质量安全网格化管理的意见》,确定乡镇农产品质量安全网格监管员、协管员(信息员)设立、职责和工作要求,明确监管网格,监管员和农产品质量安全协管员(信息员)设定要求。各地工作实践情况表明,乡镇农产品质量安全监管部门建立并动态管理乡镇生产主体名录,协助开展质量安全控制技术指导服务和培训宣传,开展日常巡查及抽查检测、开展隐患排查、检测抽样、用药指导、信息报送等工作,推动乡镇农产品质量安全管理网格化、规范化、精准化,夯实农产品质量安全监管"最初一公里",确保乡镇及村(社区)级农产品质量安全工作有效运转,提升了基层农产品质量安全监管能力和水平,已成为农产品质量安全监管必不可少的基层工作力量。

乡镇人民政府的农产品质量安全监管职责主要是农民质量安全知识的培训、质量安全控制技术的推广、生产环节质量安全的日常巡查、各项监管措施的督促落实等任务，从源头上保障农产品质量安全。一是定期组织农产品质量安全法律法规知识宣传、教育和培训，通过多种形式提高生产经营者质量安全意识和诚信守法意识。二是组织开展农产品质量安全控制技术示范，推广农民一看就懂、一学就会、一用就见效的农产品安全生产技术和操作规程，普及科学种养知识和安全生产技术。三是承担对种植、养殖过程的日常巡查工作，重点对农药、兽药、肥料、饲料和饲料添加剂等投入品使用情况进行检查，严防禁用药物和有毒有害物质流入生产环节，督促指导生产企业、农民专业合作社和农业社会化服务组织建立农产品生产记录。四是根据监管需要，对产地农产品进行快速检验监测，协助开展农产品质量安全承诺达标合格证开具和质量追溯等工作。收集、报送农产品质量安全信息，配合开展农产品质量安全事故的应急处置。指导农资经营门店建立进货查验和销售档案记录，受理假劣农资投诉举报。协助上级人民政府及其有关部门做好农产品质量安全监督管理工作。

第七条 农产品生产经营者应当对其生产经营的农产品质量安全负责。

农产品生产经营者应当依照法律、法规和农产品质量安全标准从事生产经营活动,诚信自律,接受社会监督,承担社会责任。

● 条文主旨

本条是关于农产品生产经营者质量安全责任的规定。

● 立法背景

本条是此次修订新增内容。农产品生产经营者是农产品质量安全第一责任人。正所谓"谁生产,谁负责;谁经营,谁负责",农产品生产经营者对其生产经营的农产品承担质量安全责任,是基本要求。此次农产品质量安全法修改,将本条内容在总则中加以强调,更加凸显出农产品生产经营者在保障农产品质量安全中的主体地位,目的是督促引导主体在生产经营活动中守安全、重质量、强自律,有利于推动农产品质量安全由终端上市产品管理向主体管理、过程管理延伸。

● 条文解读

一、明确农产品生产经营者是第一责任人

自2006年农产品质量安全法施行以来,政府部门在保障农产品质量安全方面,通过建立健全标准体系、加强风险监测评估、加强监督抽查和执法检查、开展生产技术服务等方式做了大量工作,在落实政府属地责任和部门监管

方面采取了很多措施，但是对落实农产品质量安全主体责任的手段比较有限，农产品生产经营者保安全、重质量的责任意识和积极性还不够高，提高农产品质量安全治理能力必须在这方面下很大功夫。

近年来，随着我国不同类型的农产品生产经营主体加快培育壮大，农业生产企业、农民合作社的数量与质量不断提升，在投入品科学合理使用、生产过程管控、产品上市把关、绿色生产技术应用等方面都有很大提高，广大农户对农产品质量安全也有了基本认识。此次修订，明确农产品生产经营者的主体责任，有利于全面贯彻落实"四个最严"[①] 要求，把最严格的监管落到实处，有利于督促农产品生产经营者提高质量安全意识，自觉依法依规依标从事农产品生产，有利于体现诚信自律价值取向，推动农产品质量安全由"要我安全"向"我要安全"转变。

二、明确落实农产品生产经营者质量安全责任的主要内容

一是严格遵守法律法规。法律法规是普遍性要求，本法规定"科学合理使用农药、兽药、饲料和饲料添加剂、肥料等农业投入品，严格执行农业投入品使用安全间隔期或者休药期的规定；不得超范围、超剂量使用农业投入品

[①] "四个最严"指最严谨的标准、最严格的监管、最严厉的处罚、最严肃的问责。参见《习近平：牢固树立切实落实安全发展理念 确保广大人民群众生命财产安全》，载人民网，http://jhsjk.people.cn/article/27081333，2023年11月22日访问。

危及农产品质量安全。禁止在农产品生产经营过程中使用国家禁止使用的农业投入品以及其他有毒有害物质。销售的农产品应当符合农产品质量安全标准"等普遍性、强制性要求。这些规定,相关农产品生产经营者都要遵照执行。二是按标准从事农产品生产。本法规定农产品质量安全标准是强制执行的标准,明确农产品质量安全标准范围。农产品生产经营者要按照标准从事生产经营活动,禁止生产、销售不符合国家规定的农产品质量安全标准的农产品。三是诚信自律。随着农产品生产经营主体发展壮大,仅仅靠监管部门以"人盯人"的方式来保障农产品质量安全并不现实,最根本的还是要靠农产品生产经营者的诚信和自律。本法对农产品生产企业、农民专业合作社提出"开具承诺达标合格证制度""建立生产记录制度"等要求,目的是督促农产品生产经营者加强自律,做好自控自检,生产出更多达标合格农产品,让消费者买得放心、吃得安心。四是接受社会监督。保障农产品质量安全既需要农产品生产经营主体"自律",政府部门监管执法"国律",更需要社会监督"他律"。本法规定新闻媒体对违法行为进行舆论监督,行业协会要为成员提供生产技术服务等,并赋予社会各界对农产品质量安全的监督权利,目的是调动社会各方面积极因素,倒逼农产品生产经营者落实好主体责任。

三、明确农产品生产经营者应当履行社会责任

社会责任是社会法和经济法中规定的个体对社会整体

承担的责任，通常指承担高于自己目标的社会义务，如实现可持续发展、满足社会准则、积极回报社会等。农产品质量安全不仅是一个经济问题，也是一个社会问题、政治问题，是关系到十几亿中国人身体健康和生命安全的大问题。这就要求农产品生产经营者在从事农产品生产经营过程中，不能光算经济账，只盯着自身利益，而是要把保障公众身体健康放在第一位，这是农产品生产经营者承担社会责任的一个重要体现。同时，本法还规定了农产品生产经营者要科学合理使用农业投入品，防止对农产品产地造成污染，鼓励采用绿色生产技术和全程质量控制技术，这也有利于促进农业绿色可持续发展，体现生态环保的社会责任。

第八条 县级以上人民政府应当将农产品质量安全管理工作纳入本级国民经济和社会发展规划，所需经费列入本级预算，加强农产品质量安全监督管理能力建设。

● **条文主旨**

本条是关于县级以上人民政府加强农产品质量安全管理工作保障的规定。

● **立法背景**

本条是在原法第四条的基础上修改而来的。一是明确农产品质量安全管理工作所需经费列入本级政府预算；二是要求加强农产品质量安全监督管理能力建设。

● **条文解读**

一、县级以上人民政府应当将农产品质量安全管理工作纳入本级国民经济和社会发展规划

国民经济和社会发展规划是国家加强和改善宏观调控的重要手段，也是政府履行经济调节、市场监管、社会管理和公共服务职责的重要依据，安全、健康、卫生、教育、交通等涉及民生的工作都应纳入国民经济和社会发展规划内容，集中资源力量，重点推进。农产品质量安全不仅关系到广大人民群众的身体健康和生命安全，还关系到新时期农业和农村经济健康发展。本法规定县级以上人民政府要将农产品质量安全管理工作纳入国民经济和社会发展规划，有利于进一步引导公共资源配置方向，落实党中央转变农业发展方式，加快现代农业建设，全面推动农业高质量发展和乡村振兴。

我国农产品生产经营主体量大面广、监管链条长，必须完善监管制度、强化监管手段、完善农产品质量安全监管体系，配备足够的人员力量和设备设施等条件。近年来，各级农业农村部门贯彻落实"四个最严"要求，坚持源头治理、标本兼治，全面推进农药兽药残留治理等工作，农产品质量安全水平明显提升，在确保广大人民群众"舌尖上的安全"上取得了很大成效。但客观来看，农产品质量安全问题隐患尚未彻底消除，基层监管力量薄弱和条件保障不够，农产品质量安全监管力量与监管工作不匹配等问题仍较为突出。

二、县级以上人民政府应当将农产品质量安全管理工作所需经费列入本级预算，加强农产品质量安全监督管理能力建设

县级以上人民政府加大农产品质量安全工作经费投入，加强体系队伍、设施装备配备等方面支撑，是农产品质量安全各项工作顺利开展的根本保障。为此，本法特别要求县级以上人民政府应当将农产品质量安全管理工作纳入本级国民经济和社会发展规划，将农产品质量安全管理工作所需经费列入本级预算，充分利用财政、转移支付、基本建设等方面资金，加大对农产品质量安全工作的投入，加强农产品质量安全监督管理能力建设，做好农产品质量安全监督管理工作。

本条执行中应注意的问题：

一是县级以上各级人民政府包括国务院、省（自治区、直辖市）、市级和区（县）级人民政府，都应当将农产品质量安全管理工作纳入本级国民经济和社会发展规划，并将所需农产品质量安全管理工作经费列入本级预算，加强能力建设。

二是农产品质量安全管理工作所需经费应当包括用于开展农产品质量安全各项行政工作及其支撑农产品质量安全工作的事业开支，包括承诺达标合格证推广实施、监督抽查、监管执法、追溯管理、标准制定、产品监测、农业标准化示范、应急处置、产地环境监测、绿色生产、投入品管理等方面。

三是农产品质量安全监督管理能力建设包括确定职责、编制、岗位等机构建设，配备人员、加强业务技术培训、提升素质等队伍建设，强化办公场所、设备仪器、交通工具等条件手段建设，确保农产品质量安全监管部门"有机构履职、有人员负责、有条件干事、有技术支撑"，既要满足监管工作实际需要，也要适应现代化发展的新需求。

第九条 国家引导、推广农产品标准化生产，鼓励和支持生产绿色优质农产品，禁止生产、销售不符合国家规定的农产品质量安全标准的农产品。

● **条文主旨**

本条是关于推行标准化生产发展绿色优质农产品，以及禁止生产销售不符合标准农产品的规定。

● **立法背景**

本条是在原法第八条的基础上修改而来的，主要是将"优质农产品"修改为"绿色优质农产品"。绿色优质农产品，是指质量安全达到或高于食品安全国家强制性标准，且营养品质符合有关标准要求的农产品，主要包括绿色食品、有机农产品、地理标志农产品、全程质量控制农产品、良好农业规范和名特优新农产品，以及各省级相关部门组织认定或按标建设的绿色优质农产品基地的有关产品等。

● **条文解读**

本条明确了国家政策取向，引导、推广农产品标准化生产，确保生产出符合农产品质量安全标准的农产品，保障消费安全。支持发展绿色优质农产品，提高农产品品质和市场竞争力，满足消费需求。

一、国家引导、推广农产品标准化生产

标准决定质量，有什么样的标准就有什么样的质量。一方面，标准是农产品生产经营主体组织生产和提供服务的依据。企业严格按照标准要求生产，产品质量才有保证，生产效率、效益才能提高，整个农业行业质量水平才能提升。另一方面，标准是执法监管和消费者维权的依据。监管部门、检测认证机构能够依标准执法、检验和认证，依标准维护消费者合法权益。消费者能够依据标准选择产品，放心消费，依标准维权。标准作为基础性制度，是国家保障各类安全的技术基础和基本准则。实行农产品标准化生产，是保障农产品消费安全，提高农产品质量和市场竞争力的治本之策。国家标准化管理委员会会同农业农村部等有关部门组织编制了《"十四五"推动高质量发展的国家标准体系建设规划》，农业农村部、国家发展改革委等七部门联合印发实施《国家质量兴农战略规划（2018—2022年）》，把推进农业全程标准化作为重点任务。农业农村部以农业标准化示范为抓手，以点带面，不断扩大农业标准的应用和推广范围，先后创建农业标准化示范县（区、场）1800多个，持续开展"三园两场"（果菜茶标准园、畜禽养殖标准化示范场、水产健康养殖示范场）创建活动，总数近1.8万个。市场监管总局建设国家级农业标准化示范区4696个，省级农业标准化示范区8000多个，在29个省、自治区、直辖市开展了75个农业标准技术推广服务平台的建设工作。围绕区域主导产业（重点产品）因地制宜开展标准化服务和推广工作，培养壮大了一批农业标准化服务和推广人才，农业标准化的先进理念和方法得到有效推广，农业标准化服务和推广能力得到提升，为推进农业标准化发展提供了有力支撑。

现阶段，我国农业"大国小农"的基本情况没有改变，面向人民日益增长的美好生活需要，农产品标准化生产的基础还需要进一步夯实提升。为此，本法明确国家引导、推广农产品标准化生产，就是要通过标准这一国家治理体系和治理能力现代化的基础性制度，充分运用标准集管理和技术为一体的独特优势，着力研究构建农产品质量安全标准体系，加强标准实施示范来指导和规范各责任主体在农业产地环境治理、农业投入品使用、农业生产过程、农产品收获、包装上市各个环节的行为，同时以标准化监督管理为手段，向农业各行业、各环节渗透农产品质量安全监管措施。

二、鼓励和支持生产绿色优质农产品

经过多年的发展，我国农业发展取得巨大进步。粮食和重要农产品数量、质量水平稳步提升，化肥农药使用量实现"负增长"，主要农作物耕种收综合机械化率快速提升，农业科技进步贡献率达到新高。同时，随着经济发展，城乡居民消费结构不断升级，优质农产品和服务需求快速增长，"有没有"已经不成问题，"优不优"逐步成为主要矛盾。当前农业进入转变发展方式、优化产业结构、转换增长动力的攻关期，站在了转向高质量发展的历史关口。2018年农业农村部会同有关部门提出实施质量兴农战略，坚持绿色化、优质化、特色化、品牌化基本路径，推动农业由增产导向转向提质导向。自2019年起农业农村部会同财政部等部门启动实施地理标志农产品保护工程，支持地理标志农产品保护与发展，推动生产经营主体严格按标生产。在国家政策引导下，许多地方政府已将绿色、有机、良好农业规范和地理标志农产品等绿色优质农产品认证登记和基地建设纳入地方财政支持和奖补范围。农业农村部连续多年组织举办了中国国际农产品交易会、中国绿色食品博览会、中国国际茶叶博览会、全国优质农产品展销周等20多个有影响力的大型展会，全国各地也积极举办多种形式的优质特色农产品展销和品牌交流活动，有效提升了品牌价值和知名度，有力促进了绿色优质农产品有效供给和农民增收。

因此，本法提出国家引导、推动农产品标准化生产，鼓励和支持生产绿色优质农产品，进一步从法律层面、政策导向上推进和促进绿色优质农产品的生产和发展。这既是满足城乡居民多层次、个性化消费需求的重大举措，又是提高农业发展质量效益，推进乡村全面振兴的必然要求。

三、禁止生产、销售不符合国家规定的农产品质量安全标准的农产品

不符合国家规定标准的农产品在人、动物食用或用于加工后可能对人体或动物的健康、安全或环境造成危害。为此，本法针对实际中存在的违反国家规定的生产或销售行为，作了明确的禁止性规定。

第十条 国家支持农产品质量安全科学技术研究，推行科学的质量安全管理方法，推广先进安全的生产技术。国家加强农产品质量安全科学技术国际交流与合作。

● **条文主旨**

本条是关于农产品质量安全科研、推广及国际交流合作的规定。

● **立法背景**

本条是在原法第九条的基础上修改而来的，主要是增加了加强农产品质量安全科学技术国际交流与合作的内容。

● **条文解读**

农产品质量安全管理工作是一项科学性很强的工作，要以风险评估为科学基础，因此本条以法律的形式明确要求推动农产品质量安全的科研、推广和国际交流工作，各有关部门必须将其作为法定任务，认真完成。

一、国家支持农产品质量安全科学技术研究

农产品质量安全工作，是一项涉及生态、环境、资源、经济、人口、社会等问题的系统工程，与农产品的产地环境、生产过程的投入品使用、产后的收获储运和加工等一系列环节密切相关。近年来，在抗病、抗虫、抗菌等作物品种及畜禽种苗选育方面的研究从源头上减少了农药、兽药等的使用；绿色生产技术、低毒高效农业投入品的研发、新型危害因子检测与风险评估技术的研究创新，为保障农产品质量安全提供了有力的科技支撑；特征品质挖掘技术、分等分级技术以及营养功能评价技术等，为推动品质提升和产业高质量发展提供了有力的保障。

各级政府高度重视农产品质量安全技术研究工作，成立了国家农产品质量安全科技创新联盟，并在部省地县4级建设了一批农产品质量安全专业研究机构和科技平台，形成了较为完善的农产品质量安全研究体系，科技投入和科技创新能力得到了显著提升。在国家、省部级的各类科技计划中纳入有关农产品质量安全科学技术研究的内容。农业农村部推动设立了农产品质量安全重大专项，围绕大宗农产品、农产品产地初加工与收贮运、病虫害残余物与病原微生物等15个专业领域开展农产品质量安全风险评估。经过近20年的建设与发展,我国农产品质量安全科学技术水平得到大幅提升。然而,当前我国农产品质量安全问题依然存在,影响因素很多,从技术层面看主要存在以下几点:一是抗病抗虫抗菌新品种少;二是新型污染物迁移转化代谢规律不清;三是农产品质量安全监管高通量筛查与快速检测技术欠缺;四是风险分析与安全评价技术少;五是全产业链标准技术体系尚未建立;六是特征品质指标体系还不完善。因此,仍需进一步强化科技支撑,提升管理的科学化水平。聚焦农产品质量安全标准制定、检测技术、风险评估与全程控制技术、特征品质挖掘与指标体系等重点领域,提升自主创新能力;建设完善农产品质量安全学科体系,培养科技领军人才;强化科研成果落地,加快转化应用,为农产品质量安全"产出来"和"管出来"提供技术支撑。

二、国家推行科学的质量安全管理方法

实现对农产品实施"从农田到餐桌"的全过程管理,研究解析现阶段我国农产品的主要风险因子,明确农产品生产加工储运过程中的关键控制点,构建严谨的标准、有效的检测与及时的应急处置体系,建立以风险评估为基础的管理理念,通过农产品质量安全技术创新能力建设,提升我国农产品质量安全管理能力和水平。在农业投入品监

管上，对可能影响农产品质量安全的农药、兽药、饲料和饲料添加剂、肥料、兽医器械，实行许可制度，定期或者不定期对可能危及农产品质量安全的农药、兽药、饲料和饲料添加剂、肥料等农业投入品进行监督抽查，并公布抽查结果。对农药、兽药等实施经营许可，建立销售台账，记录购买者、销售日期和药品施用范围等内容。在农产品生产过程中，加强对农业投入品使用的监督管理和指导，建立健全农业投入品的安全使用制度，推广农业投入品合理使用技术，普及安全、环保农业投入品生产应用。积极推行绿色有机和良好农业规范认证制度，指导农产品生产经营者生产绿色优质农产品，打造农产品品牌。在农产品产销对接上，以全程监管的理念建立两部门分工合作的监管模式，推行承诺达标合格证、追溯管理等制度。针对出现的新业态和农产品销售的新形式，规定了网络平台销售农产品的生产经营者、从事农产品冷链物流的生产经营者的质量安全责任，还规定了农产品批发市场、农产品销售企业、食品生产者等的检测、合格证明查验等义务，明确各环节的责任。在农产品质量安全风险管理上，以农产品质量安全风险评估实验室为主体，农产品质量安全风险评估实验站为基础的风险评估体系，通过制订风险评估计划，对农产品质量安全风险隐患实施专项评估、应急评估、验证评估和跟踪评估，摸清农产品中可能存在的危害因子，科学评估其风险状况及消长变化规律，提出全程监管的关键控制点，为农产品质量安全监管、全程质量控制、消费引导及科普解读等方面提供技术支撑。

三、国家要推广先进安全的生产技术

绿色优质农产品是生产出来的。近年来，通过试验、示范、培训、指导以及咨询服务等，推广的先进安全的生产技术在我国的农业进步中发挥了巨大的作用，农药、化肥、畜禽抗生素使用量近几年来实现了零增长甚至是负增长。要促进农产品供给由主要满足"量"的需求向"质"的需求转变，从源头上保障"产出来"安全，需要推动绿色化、标准化生产。一是推广清洁生产技术。推进化肥农药零增长行动，以水果、蔬菜、茶叶三大园艺作物为重点开展有机肥替代化肥试点。实施农业科技提升行动，健全农业社会化服务体系，推广节水节肥节药、生物防控、稻鱼种养等生产技术。二是抓紧完善标准体系。新制定农残标准1000项、兽残标准100项，编制兽残标准制修订规划。制定一批特色优质农产品生产行业标准，推动地方将标准集成转化为易学好用的生产技术规范。三是强化标准化生产。坚持以点带面、示范推广，支持创建1万个畜禽标准化示范场、水产健康养殖场。引导各地创建一批农业标准化生产示范基地、示范企业、示范乡镇。推动"菜篮子"大县、农产品质量安全县和现代农业示范区整建制按标生产。

四、国家加强农产品质量安全科学技术国际交流与合作

中国作为农产品生产、消费和贸易大国，近年来积极参与农产品质量安全科学技术国际交流与合作，取得了丰硕成果。2006年7月，国际食品法典委员会（CAC）第29届大会确定我国为国际食品法典农药残留委员会（CCPR）新任主席国。截至2022年，我国已承办了第39届会议之后的连续15届会议。推动构建了国际安全、开放、公平的农药残留标准体系和食品贸易机制，在推进各国农药残留标准建设方面有着重要的影响力，在促进各国农药残留管理领域交流与合作方面发挥着越来越重要的作用。保障农产品质量安全是世界各国面对的共同挑战。由于农产品贸易全球一体化的加速及影响农产品质量安全因素的复杂性，各国把农产品质量安全作为主要贸易壁垒措施。加强农产品质量安全科学技术国际交流与合作非常必要。国家支持在农产品质量安全标准制定、风险评估、监测监管等方面开展多边和双边国际交流与合作，为提升农产品质量安全水平，促进国际公平贸易提供支撑。

第十一条 各级人民政府及有关部门应当加强农产品质量安全知识的宣传，发挥基层群众性自治组织、农村集体经济组织的优势和作用，指导农产品生产经营者加强质量安全管理，保障农产品消费安全。

新闻媒体应当开展农产品质量安全法律、法规和农产品质量安全知识的公益宣传，对违法行为进行舆论监督。有关农产品质量安全的宣传报道应当真实、公正。

● 条文主旨

本条是关于农产品质量安全宣传的规定。

● 立法背景

本条是在原法第十条的基础上修改而来的。一是增加发挥基层群众性自治组织、农村集体经济组织的优势和作用；二是增加新闻媒体开展农产品质量安全法律、法规和农产品质量安全知识的公益宣传，对违法行为进行舆论监督；三是要求有关农产品质量安全的宣传报道应当真实、公正。

● 条文解读

一、各级人民政府及有关部门加强农产品质量安全知识宣传，指导主体规范生产，保障消费安全

从生产端来看，我国有2亿多农户，户均耕地只有7亩多，在相当一段时期内一家一户的小农生产仍是我国农业生产的主要形式。实践中，生产经营主体小而分散，组织化程度低，农业投入品使用不规范等，制约了农产品的标准化生产。本法明确加强质量安全知识宣传是各级人民政府及有关部门的法定职责，要求指导农产品生产经营者提高安全意识，并推动农业标准、先进的农业生产技术及

其相应的技术规程和操作规范在生产中的有效应用,确保农产品质量安全。从消费端来看,随着互联网和信息化的发展,农产品质量安全的个别问题、局部问题,往往会通过网络等传播途径,迅速发酵蔓延影响到全局。加强农产品质量安全知识宣传,可以引导消费者理性地看待农产品质量安全问题,提高对农产品质量安全常识和安全状况信息的科学认知。

二、推动基层群众性自治组织、农村集体经济组织发挥优势作用,指导农产品生产经营者加强农产品质量安全管理

农产品质量安全法的调整对象大多分散在广大乡村。基层群众性自治组织、农村集体经济组织熟悉基层需求,贴近广大农户,可以配合基层人民政府及有关部门组织宣传农产品质量安全法律法规,推动投入品科学合理使用,规范农产品生产经营行为等,确保农产品质量安全。

三、新闻媒体应当开展农产品质量安全知识的公益宣传

本法确定开展农产品质量安全公益宣传是新闻媒体的法定职责。本条所称公益宣传是指为促进、维护社会公众的切身利益而制作、发布的广告,或是由社会参加、为社会服务的宣传活动。农产品质量安全公益宣传,主要是宣传农产品质量安全法律、法规以及农产品质量安全知识,引导生产经营者承担主体责任,提升公众对农产品质量安全的科学理念。

四、新闻媒体依法对违法行为进行舆论监督，确保农产品质量安全宣传报道真实、公正

新闻媒体是农产品质量安全社会监督的重要力量，对农产品质量安全违法行为进行揭露和曝光，有利于保障公众的知情权和监督权。农产品质量安全新闻报道必须坚持真实、公正原则，以全面、客观、完整为前提，不夸大事实、不虚假报道、不以偏概全，引导社会公众科学看待农产品质量安全问题，防止给公众带来恐慌或者误伤产业。新闻媒体或其他组织、个人编造、散布虚假农产品质量安全信息的，要承担相应的法律责任。

第十二条 农民专业合作社和农产品行业协会等应当及时为其成员提供生产技术服务，建立农产品质量安全管理制度，健全农产品质量安全控制体系，加强自律管理。

● **条文主旨**

本条是关于农民专业合作社和农产品行业协会的技术服务与自律管理的规定。

● **立法背景**

本条是在原法第二十七条的基础上修改而来的，主要是将"农民专业合作经济组织"修改为"农民专业合作社"。

● 条文解读

一、农民专业合作社应当对其成员及时提供生产技术服务，建立质量安全管理制度，健全质量安全控制体系

农民专业合作社是小农户与现代农业连接的纽带，是农业产业化经营、标准化管理的重要依托和保障。农民专业合作社法第三条规定了农民专业合作社以其成员为主要服务对象，开展一种或多种业务服务；第八条要求农民专业合作社从事生产经营活动，应当遵守法律，遵守社会公德、商业道德，诚实守信。但是，当前农民专业合作社成员素质总体有待加强，依法合规生产意识有待提升，科学合理使用农业投入品知识有待普及，亟须发挥农民专业合作社的指导、引领、带动作用。因此，农民专业合作社应当按照有关法律规定，以服务成员为宗旨，引导成员贯彻执行有关法律政策要求，督促遵守章程，诚信经营，建立科学合理的质量安全管理制度，健全农产品质量安全控制体系，并在农业生产资料的购买、使用，农产品的生产、销售、加工、运输、贮藏等方面，提供低成本便利化服务，如提供高效低毒农业投入品的统一配送和使用技术指导、动植物疫病防治技术、收获储运保鲜加工、培训指导、信息咨询等。

二、农产品行业协会应当强化自律管理

农产品行业协会作为政府和农产品生产经营者之外的第三方，是政府和市场主体沟通的桥梁与纽带，是社会多元利益的协调机构,也是实现行业自律、规范行业行为、开展行业服务、保障公平竞争的社会组织。从国际情况看,日本、欧盟等的行业协会在社会管理、行业自律中发挥了重要作用,既大大减少了政府的管理成本,又促进了行业自身的发展,显示了巨大的社会效益。

  我国非常重视和发挥农产品行业协会的作用,先后成立了中国绿色食品协会、中国农业产业化龙头企业协会、中国农产品市场协会等行业协会,多数省市也成立了地方的农产品行业协会,这些协会在推进农产品行业诚信建设、加强行业自律、促进行业发展等方面发挥了重要的作用。本条规定,农产品行业协会应当加强行业自律,就是要通过协会章程,或者制定行规行约,引导和督促农产品生产经营者依法生产经营,推动行业诚信建设;同时要为本协会的企业会员提供农产品质量安全信息、技术、知识等服务,宣传、普及农产品质量安全知识,帮助会员提高农产品质量安全方面的技术水平和管理能力,督促建立生产记录、良好生产规范等管理制度和控制体系,推动农产品质量安全行业的健康发展。

第二章 农产品质量安全风险管理和标准制定

第十三条 国家建立农产品质量安全风险监测制度。

国务院农业农村主管部门应当制定国家农产品质量安全风险监测计划,并对重点区域、重点农产品品种进行质量安全风险监测。省、自治区、直辖市人民政府农业农村主管部门应当根据国家农产品质量安全风险监测计划,结合本行政区域农产品生产经营实际,制定本行政区域的农产品质量安全风险监测实施方案,并报国务院农业农村主管部门备案。县级以上地方人民政府农业农村主管部门负责组织实施本行政区域的农产品质量安全风险监测。

县级以上人民政府市场监督管理部门和其他有关部门获知有关农产品质量安全风险信息后,应当立即核实并向同级农业农村主管部门通报。接到通报的农业农村主管部门应当及时上报。制定农产品质量安全风险监测计划、实施方案的部门应当及时研究分析，必要时进行调整。

● 条文主旨

本条是关于国家建立农产品质量安全风险监测制度的规定。

● 立法背景

本条是在原法第三十四条的基础上修改而来的，主要细化了农产品质量安全风险监测制度的具体程序和内容。通过法律的形式确立农产品质量安全风险监测制度，以对生产或流通中的农产品质量安全进行有计划、有重点的持续监测，全面、及时、准确地掌握农产品质量安全状况，是政府实施农产品质量安全监管的重要手段，为政府有针对性地实施风险管理措施提供数据支持和科学依据，为公众及时了解农产品质量安全现状提供权威信息，督促农产品生产经营者不断提高质量安全管理水平，防止农产品重大安全事故的发生，保证农产品消费安全。

● 条文解读

一、国家建立农产品质量安全风险监测制度

农产品质量安全风险监测是指县级以上人民政府农业农村主管部门组织有关农产品质量安全管理机构和农产品质量安全检测机构，依法对生产中或者在批发市场、农贸市场、运输环节等销售的农产品进行监督管理时所开展的抽样检测，并按规定对监测结果进行处理和信息公布的活动。风险监测工作是政府依法履职的重要支撑，并需要结合风险监测工作实际进行不断的优化和加强。

2001年，原农业部正式启动了农产品质量安全例行监测制度，以北京、天津、上海、深圳和山东寿光为试点开展监测，截至2021年，例行监测城市达到200余个，监测参数达到130项，基本覆盖主要农产品产销区、老百姓日常消费的大宗农产品和主要风险指标。在此期间，原农业部还陆续开展了农药兽药残留监控计划、饲料及饲养违禁药物监控计划、农产品产地环境监测计划等。通过上述监测工作的开展，有力地促进了我国农产品质量安全整体水平的提高。例行监测总体合格率从2001年的64.6%提高到2020年97.8%，提高了33.2个百分点，近7年连续保持在97%以上。为农业农村部门及时发现风险隐患，采取针对性的风险监管、防控等措施提供了重要技术支撑，有力扭转了农药兽药违规使用的局面。同时也带动了地方的农产品质量安全风险监测工作。

二、农产品质量安全风险监测计划的制定和组织实施

1. 国家农产品质量安全风险监测计划的制定和组织实施。为有效掌握全国农产品质量安全状况，深入强化农产品质量安全监测工作，农业农村部应组织制定和实施国家农产品质量安全监测计划，着力提高监测工作发现风险的效率。国家农产品质量安全监测计划分为国家抽检、地方抽检2级。其中，国家抽检主要基于全国总体情况，针对日常消费量大、风险隐患多、用药情况复杂等农产品品种开展抽检；地方抽检主要是结合地区生产实际、用药情况、特色品种等开展抽检。

2. 省级农产品质量安全监测实施方案的制定和组织实施。省、自治区、直辖市人民政府农业农村主管部门应当根据国家风险监测计划，结合各省种植业、畜禽产品、水产品等农产品实际生产情况，及时组织制定本行政区域内的农产品质量安全监测实施方案，并报农业农村部备案。重点对本省大宗、优势、特色或问题突出的农产品开展监测，监测参数应基于近三年全国例行监测、专项监测和各省监测计划，选择超标问题突出的参数作为必检参数，存在潜在风险隐患的参数作为自选参数。监测环节包括生产基地（种植养殖基地、散户、农民专业合作社和家庭农场等）、养殖场、屠宰场、产地运输车、水产品暂养池、农产品批发市场、农贸市场。

三、农产品质量安全风险监测结果通报与监测计划调整

1. 农产品质量安全监测结果的上报与信息共享。国家建立农产品质量安全风险监测信息定期或不定期上报制度，各级农产品质量安全风险监测应按照国家规定要求，规范上报流程，实现各级风险监测信息的有效汇总。县级以上人民政府市场监督管理部门和其他有关部门获知有关农产品质量安全风险信息后，应当立即核实并向同级农业农村主管部门通报，逐步建立同级部门之间信息共享机制，加强风险信息的交流管控。农业农村部门对监测结果及时汇总分析，锁定突出风险隐患，落实监测预警功能。

2. 农产品质量安全风险监测计划调整。农产品质量安全风险监测计划虽然在一定时期具有一定程度的稳定性，但并不是一成不变的。农产品质量安全风险状况是动态的，风险信息也在不断变化，为了分析和防范农产品质量安全风险，应定期对农产品质量安全风险监测计划、实施方案进行研究分析，并根据监测结果、风险信息等内容进行科学合理的调整。

注意的问题：

（1）国家应将农产品质量安全监测制度实施所需经费列入财政预算，并加强资金使用的监督管理，切实保证例行监测、专项监测、残留监控计划等各类农产品质量安全风险监测工作的正常开展。

（2）各级农业农村主管部门要依据国家农产品质量安全监测计划及时制定和组织实施地方监测计划，明确抽检重点。国务院农业农村主管部门负责制定全国农产品质量安全风险监测计划，对风险监测工作牵头抓总，明确国家抽检和地方抽检的工作原则及任务分工情况，组织开展全国风险监测工作。省、自治区、直辖市农业农村主管部门要依据国家监测计划及时制定和组织实施本地区省、市、县三级监测计划,对辖区内监测工作总负责,要避免上下一般粗、监测指标重叠、监测对象重复等问题。

第十四条 国家建立农产品质量安全风险评估制度。

国务院农业农村主管部门应当设立农产品质量安全风险评估专家委员会,对可能影响农产品质量安全的潜在危害进行风险分析和评估。国务院卫生健康、市场监督管理等部门发现需要对农产品进行质量安全风险评估的,应当向国务院农业农村主管部门提出风险评估建议。

农产品质量安全风险评估专家委员会由农业、食品、营养、生物、环境、医学、化工等方面的专家组成。

● **条文主旨**

本条是关于农产品质量安全风险评估制度的规定。

● **立法背景**

本条是在原法第六条第一款的基础上修改而来的。一是增加了国务院卫生健康、市场监督管理等部门应当提出风险评估建议;二是细化了农产品质量安全风险评估专家委员会的专家组成。建立农产品质量安全风险评估制度，对可能影响农产品质量安全的危害因子进行分析和评价，有利于及时发现农产品质量安全领域的潜在风险隐患，为政府部门更有针对性地加强监管提供更科学、更有力的支撑，提出的风险防控措施建议能更好地促进产业健康发展，同时正确引导公众消费。由于风险评估工作代表国家的整体利益，应当由国家层面建立制度。本条在2006年原法基础上作了完善，从法律层面夯实了农业农村主管部门实施农产品质量安全风险评估工作的依据。

● **条文解读**

一、国家建立农产品质量安全风险评估制度

农产品质量安全风险评估，是指通过科学技术手段，发现和验证可能影响农产品质量安全的危害因子，并对其危害程度进行评价的过程。与食品安全风险评估不同之处在于，农产品质量安全风险评估关注的对象是农产品的质量安全，侧重于农产品从种植养殖环节到进入批发、零售市场或生产加工企业前的各个环节。

从国际看，明确风险评估法律地位是国际上的通行做法。欧盟的《新食品法》第六条明确了构建欧盟食品风险分析的框架；日本的《食品安全基本法》也明确强调食品质量安全管理必须基于风险评估等。国外农业部门很多已启动农产品质量安全风险评估工作，如美国农业部成立食品安全风险评估委员会，加强各机构之间风险评估计划和

行动的合作与交流，为管理和决策提供统一的科学依据；加拿大农业和农业食品部所属的食品检验署负责风险评估；等等。

从国内看，我国在2006年制定的农产品质量安全法中对开展农产品质量安全风险评估作了规定，分批建立了108家部级风险评估实验室和149家试验站。自2011年起，原农业部就正式启动了国家农产品质量安全风险评估项目，在财政经费的支持下，重点围绕粮油作物产品、蔬菜、果品、茶叶、畜禽产品、水产品、产地环境、收贮运环节等十多个领域开展摸底排查和关键控制点评估，科学解答了"风险有没有""风险在哪里""风险有多大""风险如何管控"等问题。

在风险评估工作开展过程中，发现我国农产品质量安全领域的风险隐患主要有以下几类：一是农业种植养殖过程中存在的风险，包括因投入品不合理使用造成的常规农药兽药残留超标、禁用药物检出和非法添加等；二是产地环境污染造成的农产品质量安全问题，包括产地环境本底性污染造成的汞、砷、铅、铬、镉等重金属超标，氟化物及持久性有机污染物残留风险等；三是农产品自身的生长或发育过程中产生的生物毒素污染，包括花生中的黄曲霉毒素、小麦玉米中的镰刀菌毒素等；四是农产品收贮运过程中存在的风险，包括贮存过程中"三剂"违规使用、包装材料中的有害化学物风险等；五是农业新的生产方式和新的科学技术带来的新风险，包括循环农业、集装箱养殖等生产方式带来的新风险，"减抗"带来的病原菌、寄生虫风险，设施农业连茬种植土壤消毒剂问题等。

围绕以上发现的问题隐患，各风险评估实验室进一步开展科学风险评估和分析评价，成功转化了一批标准，形成了一批农业生产规程和管控指南，产出了一批科普文章，取得了一批高质量成果，为农产品质量安全科学监管、生产指导、标准制定、进出口贸易、消费引导及应急处置等提供了有力支撑。但是，通过科学的手段彻底解决果蔬农药残留、畜禽兽药残留、粮油生物毒素污染、稻米重金属污染等质量安全问题，不是一蹴而就的，而需要一个过程。下一步风险评估工作重点加强以下两个方面：一是聚焦重点、分类施策，对超范围用药、跨领域交叉用药、生物源危害等开展安全性评估，对由环境污染、气候变化引发的粮食重金属和毒素污染等问题开展跟踪性评估，对农业新技术、新模式、新业态可能产生的农产品质量安全风险开展前瞻性评估。二是加强风险评估的科学性，科学评估风险因子的危害程度，并向消费膳食端延伸，提出更有针对性的风险防控技术措施。

二、设立农产品质量安全风险评估专家委员会

风险分析和风险评估是一项技术性和政策性很强的工作，应当设立国家农产品质量安全风险评估专家委员会，并由国务院农业农村主管部门组织风险评估技术机构开展农产品质量安全风险分析和风险评估。一方面，为保障农产品质量安全风险评估结果的科学性和客观性，国家农产品质量安全风险评估专家委员会应当由具有一定的专业水平和丰富的风险评估工作经验的专家构成。另一方面，由于农产品质量安全风险评估涉及"从农田到餐桌"整个过程，工作需要由多个专业、学科领域的专家共同协作去完成。因此，本条细化了农产品质量安全风险评估专家委员会的人员构成，需要由来自农业、食品、营养、生物、环境、医学、化工等方面的专家组成，充分体现了国家农产品质量安全风险评估专家委员会的专业性和广泛性。

2007年5月，原农业部依据农产品质量安全法成立了首届国家农产品质量安全风险评估专家委员会，在国内率先对农产品质量安全实施风险评估。随着我国农产品质量安全整体形势的变化，专家委员会人员构成也在不断调整、更新。近年来，风险评估专家委员会在我国农产品质量安全风险隐患摸底排查、专项评估、风险交流、科学研究、热点解读、生产指导、消费引导和科普宣传等方面做了大量卓有成效的工作。

三、国务院卫生健康、市场监督管理等部门有向农业农村主管部门提出农产品质量安全风险评估建议的职责

农产品涉及范围广、链条长，单靠一个部门不能够全面地完成科学监管和风险防控的重任。农产品质量安全虽由农业农村主管部门负责，但需要其他有关部门的积极配合与协助。由此，本条增加了相关部门提出风险评估建议的规定，明确要求国务院卫生健康、市场监督管理等部门在发现需要对农产品进行质量安全风险评估时，应当向国务院农业农村主管部门提出风险评估建议，这是一项硬性职责。

这些部门均承担着重要的农产品和食品安全监管职责，在监督管理过程中会获得农产品质量安全的风险信息和数据，当发现某些农产品质量安全问题需要开展风险评估时，应当及时地、积极主动地提出农产品质量安全风险评估建议，以便农业农村主管部门及时开展相应的农产品质量安全风险评估，发挥风险评估的科学监管支撑作用。

第十五条 国务院农业农村主管部门应当根据农产品质量安全风险监测、风险评估结果采取相应的管理措施，并将农产品质量安全风险监测、风险评估结果及时通报国务院市场监督管理、卫生健康等部门和有关省、自治区、直辖市人民政府农业农村主管部门。

县级以上人民政府农业农村主管部门开展农产品质量安全风险监测和风险评估工作时，可以根据需要进入农产品产地、储存场所及批发、零售市场。采集样品应当按照市场价格支付费用。

● 条文主旨

本条是关于农产品质量安全风险监测和风险评估结果通报的规定。

● 立法背景

本条是在原法第六条第二款的基础上修改而来的。一是增加了农产品质量安全风险监测、风险评估结果的通报对象；二是规定了在开展农产品质量安全风险监测和风险评估时，可进入职能之外环节的权力。

● 条文解读

一、国务院农业主管部门应当根据风险监测和风险评估结果采取相应的管理措施，并将农产品质量安全风险监测和风险评估结果及时通报有关部门和有关省级农业农村主管部门

目前，农业农村部在农产品质量安全监管方面已做了大量的工作，如负责农业行业标准的制定（修订）、官方评议工作、投入品管理、农产品产地管理等，但大多管理工作都是对现实状况和实践经验的总结，只在宏观层面上明确了管理的方向。由于农产品本身的特殊性，其存在的潜在风险较多，因而本法给予了农产品质量安全风险监测和风险评估的法律地位，这将为农业农村主管部门更加科学、合理和有效地对农产品质量安全进行管理奠定基础。

对风险监测发现的质量安全问题和潜在风险隐患，农业农村主管部门及时将监测结果通报国务院有关部门和地方农业农村主管部门，督促地方加强农产品质量安全监管，严肃查处问题突出的区域和品种，严格落实安全间隔期和休药期的规定。对于禁限用药物超标或风险程度高的产品，应及时跟进开展监督抽查，杜绝不合格农产品进入消费环节。

根据风险评估结果采取相应管理措施，及时制定或修订有关农产品质量安全标准，指导生产者按照技术规程进行生产等；根据风险评估结果制定农产品质量安全监测计划，对发现已经造成危害以及可能产生重大影响的危害因素实施定点监测等。

此外，应将风险监测和风险评估结果及时通报国务院市场监督管理、卫生健康等有关部门和有关省、自治区、直辖市人民政府农业农村主管部门，以便这些部门能够及时对风险大的产品采取妥善的处置措施。

二、在开展风险监测和风险评估时，农业农村主管部门可以进入有关场所

由于农产品生产消费链条长，涉及环节多，科学的农产品质量安全风险监测需要建立在大量的、真实的、广泛的基础数据之上，全链条、许多数据都是要通过进入市场环节等进行采集才能得到的。在开展风险监测和风险评估时，会涉及职责之外的环节抽样，由此，本条赋予县级以上人民政府农业农村主管部门在开展相关工作时,可根据需要进入农产品产地、储存场所及批发、零售市场的权力。

农产品质量安全风险监测和风险评估,是农产品质量安全检测机构代表国家对农产品质量安全进行监测的行为,其监测过程所需要的有关费用应当由国家财政拨付。采集样品应当按照市场价格支付费用。

第十六条 国家建立健全农产品质量安全标准体系,确保严格实施。农产品质量安全标准是强制执行的标准,包括以下与农产品质量安全有关的要求:

(一)农业投入品质量要求、使用范围、用法、用量、安全间隔期和休药期规定;

(二)农产品产地环境、生产过程管控、储存、运输要求;

(三)农产品关键成分指标等要求;

(四)与屠宰畜禽有关的检验规程;

(五)其他与农产品质量安全有关的强制性要求。

《中华人民共和国食品安全法》对食用农产品的有关质量安全标准作出规定的,依照其规定执行。

▶ 条文主旨

本条是关于农产品质量安全标准性质和内容的规定。

● 立法背景

本条是在原法第十一条第一款的基础上修改完善而来的。一是明确农产品质量安全标准是强制执行的标准，必须确保严格实施；二是列举了农产品质量安全标准的主要内容；三是与食用农产品的有关质量安全标准作了衔接。

● 条文解读

一、国家建立健全农产品质量安全标准体系

农产品质量安全标准是评价农产品质量安全状况的科学基础，是规范农产品生产经营行为的基本准则，是农产品质量安全依法监管的重要依据。建立健全农产品质量安全标准体系目的是规范农产品生产经营全链条各环节的行为和终端农产品的质量安全要求，只有农产品生产经营行为和终端农产品符合农产品质量安全标准及有关规定要求，才能确保农产品合格上市。近年来，我国在农产品质量安全标准体系建设上取得积极进展。截至 2022 年 9 月底，我国农兽药残留食品安全国家标准总数达到 13468 项，农业行业标准总数 5956 项，基本覆盖主要食用农产品和主要农兽药品种以及农产品产前、产中、产后全过程，为推动农业标准化生产、保障农产品质量安全发挥了重要作用。但总体来看，我国农产品质量安全标准还存在结构性不足，标准体系还不完善，与新发展阶段推动农业高质量发展、全面推进乡村振兴要求还有较大差距。按照本条规定，国

家持续支持农药兽药残留、投入品使用等标准制定,不断完善农产品质量安全标准体系。

二、农产品质量安全标准是强制执行的标准

"强制执行的标准"是指经法律、行政法规、部门规章、部门文件等规定需要强制性执行,并以标准形式发布的规范和要求。形式上包括已发布的强制性标准;法律、行政法规、部门规章、政府和部门文件等要求强制执行的标准;生产经营主体以产品标签等形式声称或承诺执行的标准。但标准执行要注意本法与食品安全法有机衔接。一是对于食用农产品的质量安全标准,食品安全法已作出规定的,执行其规定;本法在食品安全法基础上作出进一步规定和补充性规定的,执行本法规定;食品安全法未作出规定但本法作出规定的,执行本法规定。二是非食用农产品的质量安全标准,执行本法规定。

三、农产品质量安全标准的主要内容

1. 与农产品质量安全有关的农业投入品质量要求、使用范围、用法、用量、安全间隔期和休药期规定。农业投入品是指在农产品生产过程中使用或添加的物质,包括农药、兽药、农作物种子、水产苗种、种畜禽、饲料和饲料添加剂、肥料、兽医器械、植保机械等农用生产资料产品。与农产品质量有关的农业投入品主要包括种子种苗、农药、兽药、饲料和饲料添加剂、肥料等。农业投入品是影响农产品质量安全的重要因素,其自身质量要求与使用方法等

直接关系到农产品的质量安全。目前我国已经建立了较为完善的农业投入品标准体系。其中：

兽药质量标准，是国家为了使用兽药安全有效而制定的控制兽药质量规格和检验方法的规定，是兽药生产、经营、销售和使用的质量依据，亦是检验和监督管理部门共同遵循的法定技术依据。我国的兽药质量标准共分为三类：（1）《兽药典》；（2）《兽药质量标准》，收载《兽药典》以外的品种；（3）新兽药注册标准。这三类标准所含的每个兽药产品均制定了兽药产品说明书，介绍兽药品种的主要成分、性状、药理作用、药物相互作用、用法用量、注意事项、不良反应、休药期等，指导兽药使用者科学、合理用药，在促进动物健康的同时，保证动物性食品安全。

农药质量标准，是农药产品质量技术指标及其相应的检测方法规定。截至2022年9月，我国发布实施农药产品质量标准538项，其中国家标准212项，行业标准326项，是农药企业生产农药产品必须执行的标准，有效保障了农药产品质量。《农药合理使用准则》系列国家标准，用以规范指导科学、合理、安全使用农药，有效防治农作物病、虫、草害，控制农产品中农药残留量。另外，农药标签也规定了农药的使用范围、使用方法、剂量、使用技术要求、安全间隔期和注意事项等内容。

饲料原料、饲料添加剂和其他饲料产品是目前动物养殖中的主要投入品。目前，我国已基本形成了以国家标准、行业标准为主导，以地方标准、企业标准为基础的饲料标准体系。截至 2021 年，我国共制定饲料质量国家标准 258 项，行业标准 270 项。按照功能划分，饲料质量标准体系可分为产品标准、标签标准、安全限量标准、检测方法标准、评价方法标准等。

2. 与农产品质量安全有关的农产品产地环境、生产过程管控要求。产地环境作用于农产品生产全过程，直接影响农产品的品质和质量安全。农产品产地环境要求包括农田环境质量、土壤环境治理、农田灌溉水质、环境空气质量等领域。例如，原环保部 2006 年制定了《食用农产品产地环境质量评价标准》，规定了食用农产品产地土壤环境质量、灌溉水质量和环境空气质量的各个项目及其浓度（含量）限值和监测、评价方法，主要适用于食用农产品产地，旨在保护生态环境，防治环境污染，保障人体健康。生产过程管控要求包括农产品生产过程中有毒有害化合物管控措施和在农业生产记录档案中农药、兽药使用的强制记录事项等控制要求，为农产品质量安全提供技术保障。

3. 与农产品质量安全有关的农产品关键成分指标等要求。农产品关键成分指标是农产品质量安全的重要体现。对关键指标的要求也是保障农产品质量安全的重要手段。例如，为打击"注水肉"违法行为，农业农村部组织制定了《畜禽肉水分限量》（GB 18394—2020），规定了畜禽肉水分限量指标和试验方法，有效打击了注水违法行为。

4. 与屠宰畜禽有关的检验规程。与屠宰有关的检验规程，主要包括生猪、牛、羊、鸡、鸭、鹅、兔、驴、牦牛9类畜禽屠宰检验规程，主要规定畜禽屠宰过程中肉品品质检验的内容、程序、方法及处理。

5. 其他与农产品质量安全有关的强制性要求。此项规定是农产品质量安全标准内容的兜底条款，包括其他没有明确列举，但是涉及农产品质量安全，需要作为标准内容的情况。

食品安全法第二十六条规定的食用农产品相关的质量安全标准，属于本法规定的农产品质量安全标准范围。

第十七条 农产品质量安全标准的制定和发布，依照法律、行政法规的规定执行。

制定农产品质量安全标准应当充分考虑农产品质量安全风险评估结果，并听取农产品生产经营者、消费者、有关部门、行业协会等的意见，保障农产品消费安全。

● **条文主旨**

本条是关于农产品质量安全标准制定和发布的规定。

● **立法背景**

本条是在原法第十一条第二款和第十二条的基础上修改而来的。

● 条文解读

一、农产品质量安全标准的制定和发布，依照法律、行政法规的规定执行

目前关于标准制定和发布的法律和行政法规主要有标准化法、食品安全法、《兽药管理条例》《饲料和饲料添加剂管理条例》等法律法规。

标准化法第十条规定，国务院有关行政主管部门依据职责负责强制性国家标准的项目提出、组织起草、征求意见和技术审查。国务院标准化行政主管部门负责强制性国家标准的立项、编号和对外通报。强制性国家标准由国务院批准发布或者授权批准发布。法律、行政法规和国务院决定对强制性标准的制定另有规定的，从其规定。第十一条规定，推荐性国家标准由国务院标准化行政主管部门制定。第十二条规定，行业标准由国务院有关行政主管部门制定。

食品安全法第二条规定，食用农产品有关质量标准的制定应当遵守该法的规定。第二十七条规定，食品安全国家标准由国务院卫生行政部门会同国务院食品安全监督管理部门制定、公布，国务院标准化行政部门提供国家标准编号。食品中农药残留、兽药残留的限量规定及其检验方法与规程由国务院卫生行政部门、国务院农业行政部门会同国务院食品安全监督管理部门制定。屠宰畜、禽的检验规程由国务院农业行政部门会同国务院卫生行政部门

制定。

《兽药管理条例》第四十五条第二款规定，国家兽药典委员会拟定的、国务院兽医行政管理部门发布的《中华人民共和国兽药典》和国务院兽医行政管理部门发布的其他兽药质量标准为兽药国家标准。

《饲料和饲料添加剂管理条例》第十条规定，国务院农业农村行政主管部门核发新饲料、新饲料添加剂证书，应当同时按照职责权限公布该新饲料、新饲料添加剂的产品质量标准。

综上，有关兽药质量标准、饲料和饲料添加剂标准等农产品质量安全国家标准由国务院农业农村主管部门统一制定和发布。食品中农药残留、兽药残留的限量规定及其检验方法与规程由国务院卫生行政部门、国务院农业行政部门会同国务院食品安全监督管理部门制定。屠宰畜、禽的检验规程由国务院农业行政部门会同国务院卫生行政部门制定。其他农产品质量安全标准依据标准化法、食品安全法和本法等法律、行政法规的规定制定和发布。

二、制定农产品质量安全标准应当充分考虑农产品质量安全风险评估结果

在农产品质量安全标准制定中，有关参数指标的设置应当有充分的风险评估依据。从标准本身来看，农产品质量安全标准在产品安全性方面一般规定两类指标：一类是质量成分达标参数，如对牛奶中蛋白质含量的规定；另一类是农产品中农药、兽药、重金属等限量指标。这些指标的设置必须考虑该物质对人体健康的可能危害。以风险评估结果为科学基础制定标准，是世界贸易组织（WTO）框架下卫生与植物卫生措施协议（SPS）、《技术性贸易壁垒协议》的规定要求，也是世界各国的通行做法。欧盟《新食品法》第六条明确要求构建欧盟的食品风险分析框架，日本等国近几年颁布的有关管理法律也都明确强调农产品质量安全管理必须基于风险评估等。本法第十四条也就农产品质量安全风险评估制度作了规定。

三、制定农产品质量安全标准应当听取农产品生产经营者、消费者、有关部门、行业协会等的意见

农产品质量安全标准是政府依法监管、依法行政的重要技术支撑，事关人体健康和生命安全，事关产业的发展，在制定过程中必须广泛听取利益相关方意见，包括生产者、经营者、消费者、管理者等利益相关主体，具体涉及农产品生产企业、农民专业合作社、批发市场、销售企业和消费者代表、政府部门、检验检测机构、科研教学单位、技术推广机构等单位以及个人等。只有充分体现各利益相关方的关注，才能确保制定的标准合理可行。

第十八条 农产品质量安全标准应当根据科学技术发展水平以及农产品质量安全的需要，及时修订。

● **条文主旨**

本条是关于农产品质量安全标准修订工作的规定。

● **立法背景**

本条是原法第十三条的规定,未作修改。

● **条文解读**

农产品质量安全标准是根据农业科技研究成果和农业生产发展、实际形成的以保障农产品质量安全、共同遵守的准则。随着农业产业的发展和生活水平的提高,标准的内容和质量也要适应新的形势要求。例如,农兽药残留限量标准,随着社会经济发展不断制定和修订,标准数量从2012年的2293项到2021年的10092项,农药品种也从322种扩大到564种,基本覆盖了常用农药品种。因此,标准作为科学技术和生产实践相结合的产物,需要综合考虑科技发展水平、产业发展需求、行政管理需要以及技术的成熟度和适用性等因素,不断完善修订。

标准化法第二十九条第二款规定,标准实施后,国务院标准化行政主管部门和国务院有关行政主管部门、设区的市级以上地方人民政府标准化行政主管部门应当建立标准实施信息反馈和评估机制,根据反馈和评估情况对其制定的标准进行复审。标准的复审周期一般不超过五年。经过复审,对不适应经济社会发展需要和技术进步的应当及时修订或者废止。按照国际通行做法，标准一般3~5年就应该进行复审，对于技术发展较快或市场变化较快的领域，标准的复审时限甚至不到2年。但是复审并不意味着必须对标准进行修订，只有当标准的技术水平落后或不能满足农产品质量安全的需要时，标准才需要修订。根据复审意见，一项标准一般有3种结果：一是继续有效；二是修订；三是废止，并向全社会公告。标准修订程序与制定应当一样，包括立项、起草、征求意见、专家评审、报批、对外通报等环节，不能放松要求，确保标准修订质量。

第十九条 农产品质量安全标准由农业农村主管部门商有关部门推进实施。

● 条文主旨

本条是关于农产品质量安全标准推进实施的规定。

● 立法背景

本条是在原法第十四条的基础上修改而来的，主要是文字修改。

● 条文解读

农产品质量安全标准的实施，是有组织、有计划地贯彻执行农产品质量安全标准的活动，也是农产品生产经营者将标准规定的内容贯彻到生产、流通等环节中的过程。

农业农村主管部门及有关部门应加强合作,共同推进农产品质量安全标准实施。

一、强化农产品质量安全标准的推广实施

农产品质量安全标准既关系到国民的切身利益和身体健康,又涉及动植物健康、环境安全和资源及生态的可持续发展,而且决定着本国农业在国际农产品贸易中的地位和竞争。一些国家甚至通过制定苛刻的农产品质量安全标准,限制或阻碍农产品的进口。当前我国农产品生产主体规模小,组织化程度较低,农产品质量安全标准实施相对薄弱,标准化生产水平较低,须强化政府在农产品质量安全标准实施中的作用,做好农产品质量安全标准的宣传普及工作,增强全社会农产品质量安全意识,增强农产品国际竞争力,实现农民增收,建设农业强国。

二、农业农村主管部门是农产品质量安全标准实施的主导部门

农产品质量安全标准是农产品生产经营活动的强制性要求,涉及农业投入品质量要求、使用范围、用法、用量、安全间隔期和休药期规定,农产品产地环境、生产过程管控、储存、运输要求,农产品关键成分指标等要求,与屠宰畜禽有关的检验规程等方方面面,贯穿农产品生产经营的全过程,具有一定的专业性、行业性、复杂性。农业农村部门作为农产品生产经营活动的监督管理部门,也是农产品生产经营者的指导服务部门,应对有关农产品质

量安全标准进行深入全面的宣传、解读，指导农产品生产经营者按照标准要求开展生产经营活动，推进农产品生产标准化生产。同时，农业农村部门要收集、汇总实施过程中存在的问题并进行跟踪评价，为制修订农产品质量安全标准、进一步完善农产品质量安全标准体系提供实践基础。

三、农业农村部门商有关部门共同推进实施农产品质量安全标准

目前，我国已经建立了较为完善的农产品质量安全标准体系，但是部分农产品质量安全标准尚未得到很好的推广实施。因此，要积极争取财政、科技、市场监管等部门的支持，出台农产品质量安全标准实施的扶持政策，加大经费投入，加强农产品农业标准化示范建设，推进标准落实落地。

注意的问题：

1. 农产品生产经营者既是农产品质量安全的第一责任人，也是农产品质量安全标准实施的主体，政府部门对农产品质量安全标准的实施起协调和推进作用，但不能包办代替农产品生产经营者实施标准。

2. 农产品质量安全标准实施应吸纳社会各方面的力量。农产品质量安全标准的实施需要人才、技术、资金、管理等多种要素，因而在农产品质量安全标准的实施过程中应广泛吸纳社会各方面的力量形成合力，共同推进标准的实施。

3. 农产品质量安全标准的组织实施应做好分类指导工作。我国农产品生产经营规模小、条件千差万别,农产品质量安全标准实施不可能一个模式,也不可能一步到位,应当在试验示范、典型引导的基础上,加大实施力度,加快实施步伐。

第三章 农产品产地

第二十条 国家建立健全农产品产地监测制度。县级以上地方人民政府农业农村主管部门应当会同同级生态环境、自然资源等部门制定农产品产地监测计划,加强农产品产地安全调查、监测和评价工作。

● 条文主旨

本条是关于农产品产地监测制度的规定。

● 立法背景

本条是在此次修订中新增加的条款。土地是农产品生长的载体和母体,只有土地干净,才能生产出优质的农产品。本条明确建立健全农产品产地监测制度,从源头上防范农产品质量安全风险,是本法在农产品产地治理方面增加的一项重要制度。

2006年,原农业部制定了农产品质量安全法的配套规章《农产品产地安全管理办法》,规定县级以上人民政府农业农村主管部门负责农产品产地的监测与评价、禁止生产区域的划定与调整、产地保护及监督与管理等工作。但由于原农产品质量安全法未规定农产品产地监测相关内容，部门规章虽然作出规定但效力较低，不利于更好地推动此项工作。2018年，全国人大常委会执法检查组对农产品质量安全法进行执法检查时发现，农产品产地环境污染形势仍很严峻。一方面，一些地区特别是重金属矿区周边耕地内源性重金属污染问题突出，社会反映强烈；另一方面，工业"三废"和城市生活垃圾等外源污染不断向农业农村扩散，加剧了土壤污染。因此，本次修订，将原部门规章的相关要求上升为法律规定，以进一步强化产地监测管理。

● 条文解读

县级以上地方人民政府农业农村主管部门应当会同同级生态环境、自然资源等部门制定农产品产地监测计划，加强农产品产地安全调查、监测和评价工作。影响农产品产地安全因素的主要有金属阳离子、非金属阴离子、有机污染物等。这些污染物伴随农产品生长可能迁移至农产品中，影响其质量安全。有关部门应当加强影响农产品产地安全因素的调查、监测和评价工作。但产地监测并不是一个部门的工作，需要农业农村、生态环境、自然资源等相关部门协作配合、形成合力。《土壤污染防治法》的风险管控和修复一章中对农用地的监测也作出了规定，对土壤污染状况普查、详查和监测、现场检查表明有土壤污染风险的农用地地块，地方人民政府农业农村、林业草原主管部门应当会同生态环境、自然资源主管部门进行土壤污染状况调查。对土壤污染状况调查表明污染物含量超过土壤污染风险管控标准的农用地地块进行土壤污染风险评估；对严格管控类农用地地块，地方人民政府农业农村、林业草原主管部门应当提出划定特定农产品禁止生产区域的建议、按照规定开展土壤和农产品协同监测与评价，等等。本条在制定时与该法相衔接，明确制定产地监测计划的主体为县级以上地方人民政府农业农村主管部门，以及同级生态环境、自然资源等部门。

目前，农产品产地环境调查监测工作成效显著，农业农村部已组织开展全国农产品产地土壤重金属污染普查，联合生态环境部完成全国农用地土壤污染状况详查，基本查明了我国耕地土壤污染的底数及分布特征。总的来看，我国耕地污染程度以轻中度为主，绝大多数可以通过农艺调控等措施实现安全利用。

第二十一条 县级以上地方人民政府农业农村主管部门应当会同同级生态环境、自然资源等部门按照保障农产品质量安全的要求，根据农产品品种特性和产地安全调查、监测、评价结果，依照土壤污染防治等法律、法规的规定提出划定特定农产品禁止生产区域的建议，报本级人民政府批准后实施。

任何单位和个人不得在特定农产品禁止生产区

域种植、养殖、捕捞、采集特定农产品和建立特定农产品生产基地。

特定农产品禁止生产区域划定和管理的具体办法由国务院农业农村主管部门商国务院生态环境、自然资源等部门制定。

● **条文主旨**

本条是关于特定农产品禁止生产区域的规定。

● **立法背景**

本条在原法第十五条的基础上作了修改。一是将划定特定农产品禁止生产区域的根据修改为"农产品品种特性和产地安全调查、监测、评价结果"。二是与相关法律做好衔接,规定划定特定农产品禁止生产区域的具体要求适用土壤污染防治法等法律、法规。三是明确任何单位和个人不得在特定农产品禁止生产区域种植、养殖、捕捞、采集特定农产品和建立特定农产品生产基地。四是在具体办法的制定主体中增加商自然资源部门。

为了把住农产品产地环境关,控制污染物进入农产品的生产过程,同时杜绝在已经受到污染的区域盲目投入生产或获取质量安全没有保证的农产品,本法专门规定了特定农产品禁止生产区域制度,是指由于人为或者自然的原因,致使特定农产品产地有毒、有害物质等超过产地安全相关标准,如果在这些区域种植特定种类的农产品,将导致所生产的农产品中有毒、有害物质等超过国家规定的质量安全限量标准，经县级以上地方人民政府依法批准后，划定的特定农产品禁止生产区域。与修订前相比，概念增加了"特定"二字：一方面，考虑到现实中禁止生产区域并不是禁止所有农产品生产，种植不易受污染的农产品或者非食用的农产品，不会危及农产品质量安全，增加"特定"二字表述更加科学准确；另一方面，也是与土壤污染防治法相衔接，表述一致。

● 条文解读

本条规定的出发点是保障农产品质量安全。特定农产品禁止生产区域划定考虑的主要依据是农产品品种特性，以及产地安全调查、监测、评价结果，同时遵守土壤污染防治等法律、法规的规定。执行的主体是县级以上地方人民政府农业农村、生态环境、自然资源部门，批准机关是本级人民政府。对于已划定为特定农产品禁止生产区域的，任何单位和个人不得在区域内种植、养殖、捕捞、采集特定农产品和建立特定农产品生产基地。

一、特定农产品禁止生产区域划定

农产品产地是影响农产品质量安全的重要因素之一，大气、土壤或者水域中如果存在的有毒有害物质过量，会被动植物在生长代谢过程中吸收，在体内积累富集，造成农产品中有毒有害物质残留超标。因此，良好的产地环境是保证农产品质量安全的必备条件。受社会、经济和产业发展状况的影响，目前我国不同地区的农产品产地质量状况参差不齐。一些地区大气、土壤或者水域被有毒有害物质污染得十分严重，个别区域已经不适宜某些农产品的生产。近年来，工业"三废"和城市生活垃圾等外源污染不断向农业农村扩散，加剧了土壤污染。因此，加强对农产品产地开展安全调查、监测、评价，依据结果和农产品品种特性，并按照土壤污染防治等法律、法规的规定，划定特定农产品禁止生产区域，进行区别管理，是保证农产品质量安全的重要措施。例如，耕地土壤重金属严重超标，经采取技术措施仍然达不到某类粮食或者蔬菜生产的质量安全标准要求，导致所生产的农产品重金属超过国家规定的残留限量，则应当列为该类粮食或者该类蔬菜的禁止生产区域。

特定农产品禁止生产区域划定后，严禁种植确定的此类食用农产品，经修复治理后达到安全利用条件的，可以调整。在特定农产品禁止生产区域划定之前，应当组织专家论证，并形成划定建议方案。划定建议方案应当附具土壤和农产品协同监测结果、土壤污染风险评估报告、专家论证报告以及调整种植结构、退耕还林还草、退耕还湿、轮作休耕、轮牧休牧等风险管控措施的建议。

近年来，我国大力推进耕地土壤污染防治，按照分类施策、农用优先、预防为主、治用结合的总体工作思路，指导各地扎实推进。2016 年 5 月，国务院印发《土壤污染防治行动计划》，要求加强对严格管控类耕地的用途管理，依法划定特定农产品禁止生产区域，严禁种植食用农产品。2019年6月，生态环境部会同有关部门全面完成农用地详查工作，基本摸清了我国耕地土壤污染现状和空间分布。2020年底，31个省（区、市）全部完成耕地土壤环境质量类别划分，将耕地划分为优先保护、安全利用和严格管控三类，建立了分类治理清单。生态环境部联合农业农村部将各省受污染耕地按年度下达到省、分解到县、落实到地块。各地落实落细治理任务，有效管控土壤污染风险。

特定农产品禁止生产区域的划定，为农业生产、结构调整提供了指导，有利于从产地环节切断有毒有害物质对农产品质量安全的危害途径，为农产品质量安全提供基础保障。

二、禁止性规定

本条第二款规定，任何单位和个人不得在特定农产品禁止生产区域种植、养殖、捕捞、采集特定农产品和建立特定农产品生产基地。农业生物生长过程，也是与周围环境进行物质能量传递、转化的过程，如果生长区域大气、土壤或者水体中存在过量的有毒有害物质，会被动植物在生长过程中吸收，在体内积累富集，造成农产品中有毒有害物质超标，食用后会危害人体和动植物健康。为了确保食用农产品的质量安全，必须禁止在这些有毒有害物质超过标准规定的区域（划定为特定农产品禁止生产区域）种植、养殖、捕捞、采集特定农产品，更不得在上述区域建设粮食生产基地、特色优势农产品基地等。

三、特定农产品禁止生产区域划定和管理的具体办法

由于特定农产品禁止生产区域划定和管理比较复杂，技术性强，需要由国家层面出台细化管理规定，因此本条只作了原则性规定，授权国务院农业农村主管部门商国务院生态环境、自然资源等部门制定具体规定。近年来，已出台了一系列相关制度规范，如2017年9月，原环保部、原农业部出台了《农用地土壤环境管理办法（试行）》；2020年，农业农村部组织制定了《特定农产品严格管控区划定技术导则（试行）》，指导地方科学开展划定工作。[①]

本条在执行中应注意的问题：

1. 特定农产品禁止生产区域实质为特定农产品的限制生产区域，不一定禁止生产所有农产品，不能简单地把其理解为"不宜农用区域"。

2. 特定农产品禁止生产区域的划定应当以农产品品种特性和产地安全调查、监测、评价结果为依据，并遵守土壤污染防治等法律、法规的规定，同时应当充分考虑农产品生长过程与产地环境中有毒有害物质的相互作用关系。对特定农产品禁止生产区域的规定，应当严格把握有毒有

[①] 《对第十三届全国人大第四次会议第9223号建议的答复》，载农业农村部网站，https://www.moa.gov.cn/govpublic/KJJYS/202109/t20210902_6375447.htm，2024年1月4日访问。

害物质的种类，准确适用标准。

第二十二条 任何单位和个人不得违反有关环境保护法律、法规的规定向农产品产地排放或者倾倒废水、废气、固体废物或者其他有毒有害物质。

农业生产用水和用作肥料的固体废物，应当符合法律、法规和国家有关强制性标准的要求。

▌条文主旨

本条是关于"三废"物质及农业生产用水、固体废物再生肥料方面的限制性规定。

▌立法背景

本条在原法第十八条的基础上作了修改，未作实质性修改，强调相关活动应当符合法律、法规的规定。

▌条文解读

一、任何单位和个人不得违反有关环境保护法律、法规的规定向农产品产地排放或者倾倒废水、废气、固体废物或者其他有毒有害物质

本条中的废水，是指人类在生产生活中排出的用过的水。包括从住宅、商业建筑物、公共设施和工矿企业排出的液体以及用水输送的废物及其与可能出现的地下水、地表水和雨水的混合物。废气，是指在矿物燃料燃烧、工业

生产及垃圾、工业废物燃烧以及汽车行驶过程中排出的气体。废气中含有的污染物种类很多，其物理和化学性质非常复杂，毒性也不尽相同。燃料燃烧排出的废气中含有二氧化硫、氮氧化物、碳氧化物、碳氢化合物和烟尘等。工业生产因其所用原料和工艺不同而排放出各种不同的有害气体和固体物质（粉尘），含有化学成分如重金属、盐类、放射性物质、病原体、有机化合物等。汽车排出的尾气含有铅、氮氧化物和碳氢化合物。废气污染大气环境，是当今世界最普遍最严重的环境问题之一。

固体废物，是指在生产、生活和其他活动中产生的丧失原有利用价值或者虽未丧失利用价值但被抛弃或者放弃的固态、半固态和置于容器中的气态的物品、物质以及法律、行政法规规定纳入固体废物管理的物品、物质。经无害化加工处理，并且符合强制性国家产品质量标准，不会危害公众健康和生态安全，或者根据固体废物鉴别标准和鉴别程序认定为不属于固体废物的除外。依照固体废物污染环境防治法的规定，固体废物包括工业固体废物、生活垃圾、建筑垃圾、农业固体废物、危险废物等。有毒有害物质，是指威胁人体健康和生命安全的物质。主要包括列入《危险货物品名表》等的化学品和由国务院有关部门确定并公布的其他危险化学品成分，如氰化物、氟化物、酚类化合物等。

由于人类生产和生活过程中产生的废水、废气和固体废物等往往含有大量有毒有害物质,这些物质通过水、土壤和大气等载体或介质被植物、动物和微生物吸收、富集,从而威胁人体健康。在我国,"三废"物质及其他有毒有害物质的乱排乱放,是造成农产品产地污染的主要因素,对我国农产品产地造成的污染呈加重之势,对农产品质量安全构成了严重威胁,应当严加管理。

近年来,我国在加强环境保护方面制定了一系列法律、法规,如土壤污染防治法、水污染防治法、大气污染防治法、固体废物污染环境防治法等,对"三废"物质及其他有毒有害物质的乱排乱放作出了明确规定,任何单位和个人,不得违反规定污染农产品产地。

二、农业生产用水和用作肥料的固体废物,应当符合法律、法规和国家有关强制性标准的要求

水既是自然环境的重要组成部分,也是农业生产不可或缺的要素。由于多方面的原因,我国部分农业生产用水水质未能得到有效的保证,污水灌溉、污水养殖等屡有发生,给农产品质量安全带来很大隐患;同时,大量固体废弃物,包括城镇生活垃圾未经无害化处理便施撒于农田,这一问题在我国城镇及大型工矿社区周边地区尤为突出,对农田及农产品质量安全造成严重危害,必须加以规范。

本条要求农业生产用水和用作肥料的固体废物,应当符合法律、法规和国家有关强制性标准。目前,我国已制定发布了多项法律、法规和相关国家标准对农业生产用水要求作出相关规定，主要包括《农田水利条例》《水产养殖质量安全管理规定》《农田灌溉水质标准》《城市污水再生利用 农田灌溉用水水质》《渔业水质标准》等。为加强农田灌溉水质监管，保障耕地、地下水和农产品安全，国家于2021年颁布了《农田灌溉水质标准》，对农田灌溉水质、监测和监督管理等进行了规定和要求。此外，在固体废弃物生产肥料方面，国家也颁布了《固体废物再生利用污染防治技术导则》《农业固体废物污染控制技术导则》等强制性标准，对固体废物的再生利用和质量要求等方面作出了规定，应当按照标准执行。

本条在执行中要准确、全面把握相关法律、法规对"三废"排放和管理的规定，依法监管。加强制修订国家有关强制性标准，依照标准加强监管。

第二十三条 农产品生产者应当科学合理使用农药、兽药、肥料、农用薄膜等农业投入品，防止对农产品产地造成污染。

农药、肥料、农用薄膜等农业投入品的生产者、经营者、使用者应当按照国家有关规定回收并妥善处置包装物和废弃物。

● 条文主旨

本条是关于科学合理使用农业投入品，回收包装物和废弃物的规定。

● 立法背景

本条是对原法第十九条的修改完善。原法只对农业投入品的使用作了规定。实践中，农药、肥料、农用薄膜等的包装物、废弃物乱扔乱丢极易对土壤等农产品生产环境造成污染。本条这次修改，主要是增加了关于妥善处置包装物和废弃物的规定。鉴于我国已经针对农用薄膜、农药等制定了部门规章，本条第二款作了衔接性规定。

● 条文解读

一、农产品生产者科学合理使用农业投入品，防止对农产品产地造成污染

由于肥料、农药、兽药等农业投入品过量或不合理使用，可能导致农产品产地环境和农产品污染，有必要从法律上约束和引导，督促农产品生产者严格按照农药、兽药、肥料、农用薄膜等农业投入品的使用说明，有关安全使用准则及相关标准进行规范使用和必要的处理处置，防止污染农产品产地。

1. 关于农药，是指用于预防、控制危害农业、林业的病、虫、草、鼠和其他有害生物以及有目的地调节植物、昆虫生长的化学合成或者来源于生物、其他天然物质的一种物质或者几种物质的混合物及其制剂。主要包括用于不同目的、场所的下列各类：（1）预防、控制危害农业、林

业的病、虫（包括昆虫、螨、螨）、草、鼠、软体动物和其他有害生物；（2）预防、控制仓储以及加工场所的病、虫、鼠和其他有害生物；（3）调节植物、昆虫生长；（4）农业、林业产品防腐或者保鲜；（5）预防、控制蚊、蝇、蜚蠊、鼠和其他有害生物；（6）预防、控制危害河流堤坝、铁路、码头、机场、建筑物和其他场所的有害生物。

在农药使用方面，违规使用禁用农药，超范围、超剂量使用农药，不遵守用药次数和安全间隔期规定等，可能造成农产品中农药残留超标。此外，农药不合理使用、农药包装废弃物乱丢乱弃，可能导致农药在土壤、水体等环境中残留富集，对虫（益虫）、鱼、蜂、鸟产生直接或间接毒害，破坏生态平衡，造成产地环境污染，因此应当严格按照农药标签说明、相关标准或规范科学合理使用。

2. 关于兽药，是指用于预防、治疗、诊断动物疾病或者有目的地调节动物生理机能的物质（含药物饲料添加剂），主要包括：血清制品、疫苗、诊断制品、微生态制品、中药材、中成药、化学药品、抗生素、生化药品、放射性药品及外用杀虫剂、消毒剂等。

在兽药使用方面，存在的主要问题是非法使用违禁药物，滥用抗菌药物和药物添加剂，不遵守休药期的规定等。兽药残留超标可直接对人体产生急慢性毒性作用，引起细菌耐药性增强。因此，必须采取有效措施，减少兽药残留超标问题，促进养殖业健康持续发展。

3. 关于肥料，是指用于提供、保持或改善植物营养和土壤物理、化学性能以及生物活性，能提高农产品产量，或改善农产品品质，或增强植物抗逆性的有机、无机、微生物及其混合物料。

在肥料使用方面，盲目过量使用以及不合理施用肥料，会带来肥料的养分流失。未被利用的养分一部分留存在土壤中供下季作物利用，一部分可能在降雨、灌溉等作用下通过径流、淋溶、反硝化、吸附和侵蚀等方式进入水体、土壤和大气，引起水体富营养化，造成地下水硝酸盐污染等一系列的环境问题，因此应按相关标准或规范科学使用。目前针对以上肥料养分流失情况，推进科学施肥的方法主要有：合理的肥料施用结构、测土配方施肥、精准施肥、有机肥化肥配合使用等。

4. 关于农用薄膜，是指用于农业生产的地面覆盖薄膜和棚膜。在农用薄膜使用方面，存在的主要问题是市场上销售的非标地膜仍大量存在，农用薄膜生产者、销售者和使用者回收废旧农用薄膜的积极性不高、主动性不够，导致回收工作受限。残膜对土壤环境、农作物、土壤—作物系统均有不同程度危害。例如，如果农用薄膜残留量增加，水分渗透量减少，土壤含水量下降，会削弱耕地的抗旱能力，甚至导致地表水难以下渗，引起土壤次生盐碱化等严重后果。再如，残膜在土壤中破坏了农田的生态环境，形成阻隔带（层），影响作物根系的发育和均匀分布，影响种子发芽、出苗，造成烂种、烂芽，使幼苗黄瘦甚至死亡。农用薄膜残留量越多，对作物产量和质量的影响就越大。

科学合理使用农药、兽药、肥料、农用薄膜等农业投入品，最关键的是严格按照产品标签要求进行施用。比如，使用农药时，要遵守使用作物、防治对象、施用次数、安全间隔期等要求，严禁施用禁用药物。同时，采用生态调控、生物防治、理化诱控等绿色防控措施，做到科学交替、轮换用药，以减少对产地的污染。

二、农业投入品的生产者、经营者、使用者的回收义务

本条第二款是本次修改中新增加的条款，要求农药、肥料、农用薄膜等农业投入品的生产者、经营者、使用者应当按照国家有关规定回收并妥善处置包装物和废弃物。目前，我国已经针对农用薄膜、农药等制定了部门规章，其中在《农用薄膜管理办法》中专列一章，规定了农用薄膜的回收与再利用的程序、合作、研发等。此章中规定农用薄膜使用者应当在使用期限到期前捡拾田间的非全生物降解农用薄膜废弃物，交至回收网点或回收工作者，不得随意弃置、掩埋或者焚烧；农用薄膜生产者、销售者、回收网点、废旧农用薄膜回收再利用企业或其他组织等应当开展合作，采取多种方式，建立健全农用薄膜回收利用体系，推动废旧农用薄膜回收、处理和再利用。

《农药包装废弃物回收处理管理办法》第十一条要求，农药使用者应当及时收集农药包装废弃物并交回农药经营者或农药包装废弃回收站（点），不得随意丢弃。农药使用者在施用农药的过程中，配药时应当通过清洗等方式充分利用包装物中的农药，减少残留农药。此外，农业农村部办公厅印发了《关于肥料包装废弃物回收处理的指导意见》，明确了肥料包装废弃物回收处理范围、处理主体、处理方式等内容。

第二十四条 县级以上人民政府应当采取措施，加强农产品基地建设，推进农业标准化示范建设，改善农产品的生产条件。

● **条文主旨**

本条是关于农产品基地建设的规定。

● **立法背景**

本条是对原法第十六条的修改完善。原法规定，县级以上人民政府应当采取措施，加强农产品基地建设，改善农产品的生产条件。县级以上人民政府农业行政主管部门应当采取措施，推进保障农产品质量安全的标准化生产综合示范区、示范农场、养殖小区和无规定动植物疫病区的建设。标准化是现代农业发展的重要内容，农产品生产基地在推进标准化规范化建设中发挥着重要作用，新法保留了人民政府应当采取措施，加强农产品基地建设，改善农产品的生产条件的规定。

● 条文解读

一、县级以上人民政府应当采取措施,加强农产品基地建设,改善农产品的生产条件

本条所称的农产品生产基地,是指为了满足特定需求,人为确定或形成的具有一定幅员和产量规模的农产品生产区域。农产品基地建设应当有总体规划、确定的目标、配套措施和经费保证。农产品基地建设应当以提高农产品市场竞争力为核心,以突出生产条件标准化建设为载体,以实现产品质量标准化为主线,通过政府投入,引导企业参与,整合物质、技术和管理资源,强化生产条件建设和改造,由点带面,由面连片,全面推行生产技术规程,经营管理的标准化,加快形成优势产业带,带动提升农产品效益,增加农民收入,增强农业国际竞争能力。

农产品基地应具备的基本条件:一是专业化程度高、产业化经营基础好、社会化服务能力强,具有标准化生产基础设施,具有一定的生产规模;二是具有较好的农田水利等基础设施;三是具有良好的环境条件;四是农技推广服务体系健全,有较好的推广服务能力;五是生产、加工销售的组织化程度较高;六是产品有品牌有包装,有一定的市场占有率和较高的知名度;七是有健全的标准体系,产前、产中、产后全过程都有相应的标准和技术规程依托;八是检测体系健全,有一定的检验检测手段。

农产品基地建设要达到的目标是:标准化程度大幅度

提高，基本实现规范化生产；农产品质量显著提高，达到优质安全水平；农业生产效率明显提高，取得良好的经济、社会和生态效益；农业产业化程度进一步提高，产供销一条龙关系更加紧密。通过工程建设，使基地实现农田水利化、耕作田块化、农田林网化，田间道路、电力系统综合配套，农田机械装备作业符合技术规程的要求，达到有关的国家标准、行业标准要求。基地建设的重点内容应放在生产条件和生产过程标准化方面，通过高标准的生产条件建设，配套推行生产技术管理标准化，提高优势区农产品质量和效益，确保竞争优势的增强点。

以高标准农田建设为例，高标准农田是农产品基地建设的重要依托，事关国家粮食安全和农产品质量安全。经国务院批复同意，农业农村部于2021年9月6日印发了《全国高标准农田建设规划（2021—2030年）》，要求在规划期内集中力量建设集中连片、旱涝保收、节水高效、稳产高产、生态友好的高标准农田，形成一批"一季千斤、两季吨粮"的口粮田，满足人们粮食和食品消费升级需求，进一步筑牢保障国家粮食安全基础，把饭碗牢牢端在自己手上。通过新增建设和改造提升，力争将大中型灌区有效灌溉面积优先打造成高标准农田，确保到2022年建成10亿亩高标准农田，以此稳定保障1万亿斤以上粮食产能。到2025年建成10.75亿亩高标准农田，改造提升1.05亿亩高标准农田，以此稳定保障1.1万亿斤以上粮食产能。到

2030年建成12亿亩高标准农田，改造提升2.8亿亩高标准农田，以此稳定保障1.2万亿斤以上粮食产能。把高效节水灌溉与高标准农田建设统筹规划、同步实施，规划期内完成1.1亿亩新增高效节水灌溉建设任务。到2035年，通过持续改造提升，全国高标准农田保有量和质量进一步提高，绿色农田、数字农田建设模式进一步普及，支撑粮食生产和重要农产品供给能力进一步提升，形成更高层次、更有效率、更可持续的国家粮食安全保障基础。

在高标准农田建设内容方面，统筹考虑高标准农田建设的农业、水利、土地、林业、电力、气象等各方面因素，围绕提升农田生产能力、灌排能力、田间道路通行运输能力、农田防护与生态环境保护能力、机械化水平、科技应用水平、建后管护能力等要求，结合国土空间、农业农村现代化发展、水资源利用等规划，紧扣高标准农田建设的田、土、水、路、林、电、技、管八个方面内容，加快构建科学统一、层次分明、结构合理的高标准农田建设标准体系。目前，国家颁布实施了《高标准农田建设通则》（GB/T30600—2022），《高标准农田建设评价规范》（GB/T33130—2016）等配套标准正在修订。

二、县级以上人民政府应当采取措施，推进保障农产品质量安全的标准化示范区的建设

本法立足农产品质量与安全，对推进农业标准化示范建设提出了要求，并与乡村振兴促进法第十三条第一款相衔接：国家采取措施优化农业生产力布局，推进农业结构调整，发展优势特色产业，保障粮食和重要农产品有效供给和质量安全，推动品种培优、品质提升、品牌打造和标准化生产，推动农业对外开放，提高农业质量、效益和竞争力。

标准化是现代农业发展的重要内容，是保障农产品质量安全、增加绿色优质农产品供给的有效途径。农业标准化示范，是指按照一定的种植或养殖标准组织生产和管理，其产品达到相关质量标准要求，并对周边地区起到示范、带动作用的农业生产区域。建设标准化示范区是推进农业标准化的重要举措。县级以上地方人民政府及其有关部门应当支持、积极发展绿色食品、有机农产品、地理标志农产品生产，在全国打造一批绿色食品原料标准化生产基地和有机农产品生产基地、现代农业全产业链标准化示范基地，建设一批特色品种繁育基地和核心生产基地，提升全国农业标准化水平。

2022年7月，农业农村部印发《关于开展国家现代农业全产业链标准化示范基地创建的通知》要求，打造标准化引领农产品质量效益竞争力提升的发展典型和两个"三品一标"协同发展的示范样板。支持基地开展生产、加工、储运、保鲜等环节设施设备标准化改造，改善标准化生产条件，支持基地采取"公司+合作社+农户"、订单农业等模式，通过统一品种、统一技术、统一管理，带动区域标准化生产和产业升级。开展专业化全程化生产技术服务，将小农户纳入标准化生产体系。依托产业化龙头企业，培育标准化领军主体，促进标准与产业、技术、品牌、服务深度融合，提升经济、社会和生态效益。这些都是推动农产品质量安全标准实施示范的有效模式和具体实践。目前，农业农村部已经颁布实施了《现代农业全产业链标准化技术导则》（NY/T 4164—2022）等全产业链标准化相关的技术标准。

第四章　农产品生产

第二十五条　县级以上地方人民政府农业农村主管部门应当根据本地区的实际情况,制定保障农产品质量安全的生产技术要求和操作规程,并加强对农产品生产经营者的培训和指导。

农业技术推广机构应当加强对农产品生产经营者质量安全知识和技能的培训。国家鼓励科研教育机构开展农产品质量安全培训。

● 条文主旨

本条是关于制定相关生产技术要求与加强培训的规定。

● 立法背景

本条是对原法第二十条和第二十三条的修改完善。本次修改进一步压实地方人民政府的责任。同时,结合农业技术推广机构和科研教育机构不同的职能定位,对培训的义务作了区分规定。

● 条文解读

一、县级以上地方人民政府农业农村主管部门制定保障农产品质量安全的生产技术要求和操作规程

标准化法规定，国务院有关部门组织制定需要在全国范围内统一规范的国家标准和行业标准；为满足地方自然条件、风俗习惯等特殊技术要求，地方政府标准化行政主管部门可以制定地方标准。我国幅员辽阔，各地农业自然条件和资源禀赋、经济技术发展水平存在较大的差异，保障农产品质量安全的生产技术要求和操作规程作为农产品质量安全标准的延伸，应该结合地方农产品种植、养殖和质量安全监管实际，重心前移，由县级以上地方人民政府农业农村主管部门制定。同时，我国多数地区农产品生产经营主体仍以小、散农户为主，农产品质量安全标准化知识和生产技术储备不足。近年来，各级农业农村部门特别是基层部门充分利用农业科研、教学、管理、生产各单位技术力量，认真履行行业管理职能，先后组织制定了一大批农产品生产、病虫害防治、检验检疫、农产品加工、农村资源环境等各类技术规范和种植养殖技术、检验检疫规程、种畜种苗育种、加工等各类农业技术操作规程，在实现农业行业管理、指导农产品标准化生产、促进农业可持续发展等方面发挥了巨大作用。为进一步提高农产品质量安全水平，满足人民对安全优质农产品消费需求，地方政府农业农村部门特别是县级农业农村部门，要结合本地区优势特色农业产业，认真履行法律责任，发挥技术管理优势，制定科学适用的保障农产品质量安全的生产技术要求、操作规程等，把"有标能依"的各项技术组配出来，把"有标难依"的问题化解开来，把"无标可依"的弱项弥补起来。

二、县级以上地方人民政府农业农村主管部门应当加强对农产品生产经营者的培训和指导

县级以上地方人民政府农业农村主管部门要在做好标准和技术规范、规程制定的基础上，将重点放在对农产品生产经营者的培训和指导上，将技术规范和操作规程通俗化、简单化，把"厚文本"变成"明白纸"，使广大农户准确掌握核心技术、全面掌握配套技术、熟练掌握操作技能，解决标准入户的"最后一道坎"问题。

三、农业技术推广机构应当加强对农产品生产经营者质量安全知识和技能的培训

通过试验、示范、培训、指导以及咨询服务等，把农业投入品安全使用、农产品质量安全技术等农业技术普及应用于农业产前、产中、产后全过程是农业技术推广机构的法定职责。本法再次明确农业技术推广机构应当加强对农产品生产经营者质量安全知识和技能的培训，是要求充分利用农业系统在内的各方资源，发挥行业整体功能，把农业农村部门现有的种子、植保、土肥、畜牧、水产、农机、农技等分品种、环节的技术推广服务队伍组织到推进农产品质量安全水平提升的进程中，通过技术推广、试验示范、培训指导等多种形式，不断丰富农产品生产经营者质量安全知识和技能。

四、国家鼓励科研教育机构开展农产品质量安全培训

科研教育机构拥有权威的专家和技术人才队伍，掌握着先进、丰富的技术产品、设施设备和专业理论知识。实践中，各地的农业科研教育机构和高等院校等，通过建设科教培训基地等多种方式，对农民、基层农技人员等开展了农产品标准化生产、农药兽药科学安全使用技术、农产品质量认证等一系列农产品质量安全知识技能培训，取得了良好效果。本法明确国家鼓励科研教育机构开展农产品质量安全培训，目的是进一步发挥科研教育机构优势，强化科研教育机构职责使命，推动农产品生产经营主体、基层农技推广和质量安全监管人员、农业科研工作者等的整体素质提升。

第二十六条 农产品生产企业、农民专业合作社、农业社会化服务组织应当加强农产品质量安全管理。

农产品生产企业应当建立农产品质量安全管理制度，配备相应的技术人员；不具备配备条件的，应当委托具有专业技术知识的人员进行农产品质量安全指导。

国家鼓励和支持农产品生产企业、农民专业合作社、农业社会化服务组织建立和实施危害分析和关键控制点体系，实施良好农业规范，提高农产品质量安全管理水平。

◐ 条文主旨

本条是关于农产品生产经营主体加强农产品质量安全管理的规定。

◐ 立法背景

本条是本次修改新增加的规定。本次修改强调压实主体责任，明确农产品生产经营者都有责任保障农产品质量安全，尤其是农产品生产企业应当建立农产品质量安全管理制度。同时，为进一步提高农产品质量安全管理水平，对危害分析和关键控制点体系、实施良好农业规范作了规定。

◐ 条文解读

一、农产品生产企业、农民专业合作社、农业社会化服务组织要加强农产品质量安全管理

所有农产品生产经营者都有责任保障农产品质量安全，而农产品生产企业、农民专业合作社、农业社会化服务组织属规模主体，则更应当加强。本条对这三类规模主体明确提出了加强农产品质量安全管理的规定。

1. 农产品生产企业，是指经市场监督管理部门登记并核发营业执照从事农产品生产的经济实体，包括专门从事农产品生产的企业、涉及农产品生产业务的企业，也包括从事农产品生产的流通企业和商业企业。本条第一款对农

产品生产企业的农产品质量安全责任提出了原则性要求，并在其他条款细化了相关要求。

2. 农民专业合作社，是指在农村家庭承包经营基础上，从事农产品生产的农户自愿联合、民主管理的互助性经济组织。农民专业合作社以自我服务为目的，通过合作互助提高规模效益，完成单个农民办不了、办不好、办了不合算的事。这种互助性的特点，决定了它以成员为主要服务对象，决定了"以服务成员为宗旨，谋求全体成员的共同利益"的经营原则。实践中，一些专业合作社在管理上采取"六统一"模式，即统一引进新品种、新技术，统一提供技术和信息服务，统一采购农药、种子等生产资料，统一组织销售，统一承接国家涉农建设项目等优惠扶持政策，统一开展法律、文化等社会事业服务。

3. 农业社会化服务组织，是指在农业社会化生产过程中，为了实现特定的目标，按照新的原则、规范，互相协作结合而形成的集体或团体，主要包括依托政府涉农部门形成的农业社会化服务组织、其他部门形成的农业社会化服务组织、村集体基础上形成的农业社会化服务组织、农民专业合作社基础上发展起来的农业社会化服务组织、龙头企业提供配套服务的农业社会化服务组织、不同民间服务主体形成的农业社会化服务组织、农村金融机构提供专门性服务的社会化服务组织。从供给方来看，不同的农业社会化服务组织所提供的农业服务内容不同。就种植业而言，村集体提供水利设施服务、灌溉服务；合作组织提供农产品储存、用药技术指导；龙头企业提供收购与销售服务，加工、包装和运输服务；科研单位提供购买农药、良种和化肥技术支撑服务。以畜牧业为例，政府在养殖业各环节单项服务的提供中占比重较大的是畜禽防疫、饲养技术；村集体是畜禽产品的运输和加工服务；龙头企业和合作社是饲养技术的提供、畜禽的销售、畜禽的治病及优良种畜禽提供等。农业社会化服务组织通过集聚科技、信息、资金、人才等现代生产要素，利用先进生产工具、技术和方法为农业生产经营主体提供测土配方施肥、病虫害防治、机耕机收、产业链管理等现代化服务，通过在农资、农技、农机等方面的规模化供给，集中采购生产资料，统一开展机械化作业和标准化生产，不仅能有效实现各种生产资料的集约高效利用，减少环境污染，保障农产品质量安全，还能促进农业生产效率、综合效益和竞争力的全面提升，促进农业转型升级，实现质量兴农、绿色兴农和高质量发展。2021年，农业农村部印发了《关于加快发展农业社会化服务的指导意见》，要求以服务小农户为根本，把引领小农户进入现代农业发展轨道作为发展农业社会化服务的主要目标，把服务小农户作为政策支持的重点。近年来，农业社会化服务在各地兴起，农业社会化服务组织通过集中采购、机械化作业，节约了生产成本，发挥了规模经营优势，提高了农业生产效益，通过建立利益分配机制，加强对小农户的服务，解决小农户与现代农业发展有机衔接等问题。2021年，全国农业社会化服务组织数量超104万个，服务小农户数量达到8900多万户，农业生产托管服务面积达18.72亿亩次①。

二、农产品生产企业应当建立农产品质量安全管理制度

与其他主体不同，本条第二款对农产品生产企业提出了更高的要求。这里所称的建立农产品质量安全管理制度，是指农产品生产企业在农产品生产过程中必须建立涵盖生产基地、投入品、废弃物和污染物、采后处理和加工、产品包装、储藏运输、销售等环节的农产品质量安全管理制度并严格落实，配备满足生产需要的管理人员和专业技术人员进行生产关键技术指导和产品质量安全关键控制点管理的指导。结合企业实际情况，没有条件配备专业技术人员的，应当委托专业技术人员落实农产品质量安全管理要求。为农产品生产企业提供服务的人员，应当指导帮助其服务对象建立农产品质量安全管理制度，健全农产品质量安全控制体系，对其服务对象及时提供生产技术服务。例如，按照国家法律、行政法规和部门规章的规定，合理使用农业投入品，严格执行农业投入品使用安全间隔期或者休药期的规定；提供高效低毒农药兽药的统一配送和使用

---

① 《以农业社会化服务引领支撑农业强国建设》，载中国社会科学院网站，http://www.cass.net.cn/xueshuchengguo/jingjixuebu/202303/t20230303_5600958.shtml，2023年11月23日访问。

技术指导、动植物疫病防治技术、收获储运保鲜加工和包装标识指导；建立农产品生产记录，如实记载农业投入品使用的情况，动植物病害发生和防治情况，收获、屠宰或捕捞的情况等，并按照法律要求保存生产记录。

三、国家鼓励和支持农产品生产企业、农民专业合作社、农业社会化服务组织建立和实施危害分析和关键控制点体系，实施良好农业规范，提高农产品质量安全管理水平

1. 危害分析和关键控制点体系是一个以保障农产品质量安全为基础的农产品生产、质量控制的认证体系，是一个系统的、连续性的农产品安全预防和控制方法，包括对原料、关键生产工序及影响产品安全的人为因素进行分析，确定加工过程中的关键环节，建立、完善监控程序和监控标准，采取规范的纠正措施。该体系的核心是用来保护农产品从田间到餐桌的整个过程中免受可能发生的生物、化学、物理因素的危害，尽可能地把发生农产品质量安全危害的可能性消灭在生产、运输过程中，而不是像传统的质量监督那样单纯依靠事后检验以保证农产品质量的可靠性。这种步步为营的全过程的控制防御系统，可以最大限度地减少产生农产品安全危害的风险。国家鼓励农产品生产企业、农民专业合作社、农业社会化服务组织实施危害分析和关键控制点体系，加强对农产品生产、加工、运输以及销售整个过程中的各种危害进行分析和控制，从而保证农产品达到安全水平。主要包括：（1）危害分析。通过对既往资料分析、现场观测、实验室检测等方法，收集和评估产前、产中、产后可能造成人体健康损害的生物、化学或物理的污染及影响农产品污染发生发展的各种因素。（2）确定关键控制点。关键控制点指能够将危害预防、消除或降低到可接受水平的关键步骤。（3）确定关键限值。即应用控制措施时确定能够消除或减少危害的技术指标。（4）建立对每个关键控制点的控制情况进行监控的系统。（5）建立当监控提示某个关键控制点失去控制时应采取的纠偏措施。（6）建立确认危害分析与关键控制点系统有效运行的验证程序。（7）建立各项程序和记录的文件档案。包括危害分析工作单、危害分析与关键控制点计划表、对关键控制点的监控记录、纠偏措施和验证记录等。

2. 良好农业规范是针对作物种植、畜禽养殖、水产养殖和蜜蜂养殖等初级农产品，关注环境保护、员工健康、安全和福利、农产品生产安全，对农产品产前、产中和产后进行全面质量安全控制的一系列操作标准。从生产的角度来讲，国家良好农业规范系列标准内容涵盖了农产品"从农田到餐桌"的全过程，包括作物生产直至采收、产地加工及运输储藏等整个生产环节，基本理念包括六个方面：一是坚持以人为本，强调人类、动植物与环境有机整体性，体现可持续农业发展观。二是坚持农产品的外观、内质和安全性的有机统一，重点解决的是农产品安全问题，严格按照良好农业规范的要求操作，这样生产出来的才更可能是优质安全的农产品。三是认同农药兽药、化肥等化学品的适度投入,但要求生产主体建立科学有效的病虫害综合防治计划,通过有害生物综合管理(IPM)和作物综合管理(ICM),实现农药兽药的合理使用,有效降低农药兽药残留超标风险。这些要求充分体现了良好农业规范符合中国国情,调和了传统农业和有机农业模式中农产品的数量与质量间的矛盾,进一步追求产品品质,满足消费者日益提升的高品质生活追求。四是强调从源头解决农产品的安全问题,是"防患于未然",而不是"亡羊补牢",符合"关口前移"和"源头控制"的基本要求。五是引入了农产品质量安全可追溯制度,便于在出现质量安全问题时追根溯源、寻找对策。六是遵循"与时俱进"原则,良好农业规范是一个开放的动态体系,要在其应用过程中不断更新技能和知识并提高随着环境改变调整策略的能力。以大田作物为例,主要内容包括以下五个方面:(1)产地生态环境与设施。主要是对生产场所历史、机械设备、垃圾和污染物的管理回收与再利用以及环境保护的管理。(2)种质材料与土壤管理。对繁殖材料、土壤和基质进行科学管理。(3)田间管理。对作物生产过程中肥料和农药等投入品的使用、灌溉、植物保护。(4)收获和收获物的处理。对作物的收获、收获后的处理、收获物的储存。(5)员工健康、安全和福利。包括员工健康和安全、员工培训、防护服装和防护装备等。国家鼓励和支持农产品生产企业、农民专业合作社、农业社会化服务组织依据国家良好农业规范系列标准，自觉组织建立并实施良好农业规范，旨在建立规范的农业生产经营体系，在保证农产品产量和质量安全的同时，更好地配置资源，实现农业的可持续发展，成为从源头上控制农产品质量安全的有效方法。

近年来，党中央、国务院高度重视农业高质量发展，多次发布重要文件加快推进。中共中央、国务院印发的《乡村振兴战略规划（2018—2022年）》明确要求"按照与国际标准接轨的目标，支持建立生产精细化管理与产品品质控制体系，采用国际通行的良好农业规范，塑造现代顶级农产品品牌"。《国家质量兴农战略规划（2018—2022年）》明确提出"实施农产品质量全程控制生产基地创建工程""绿色、有机、地理标志、良好农业规范农产品认证登记数量年均增长6%"的发展目标。中共中央、国务院印发的《关于深化改革加强食品安全工作的意见》明确要求"全面推行良好农业规范"。

推广良好农业规范是满足新时代高品质农产品消费的需要。良好农业规范突破农业传统意义上的终端产品检测，强调的是全程质量控制和规范生产，确保农产品安全优质营养健康，能够有效提高消费市场和消费者对认证产品的信任度和购买意愿。目前，随着广大人民群众对安全优质营养健康高品质农产品的需求意愿增强，国内一些大型生鲜超市和经销商为满足市场需求，明确要求进入超市的生鲜产品需通过危害分析、关键点控制和良好农业规范认证。生产经营主体通过实施良好农业规范：一是能建立完善的质量管理体系和产品追溯体系；二是能识别种植养殖、处理加工以及储运等关键环节的危害风险，并采取适当措施最大限度地预防或减少风险，有效提升农药使用和储存管理，防止发生农药污染；三是实行内部自查和外部检查相结合的方式，提升生产管理能力；四是提高农产品市场竞争力，提升产出效率和价值，为产品出口提供国际高端市场的通行证，打造知名品牌。

第二十七条 农产品生产企业、农民专业合作社、农业社会化服务组织应当建立农产品生产记录，如实记载下列事项：

（一）使用农业投入品的名称、来源、用法、用量和使用、停用的日期；

（二）动物疫病、农作物病虫害的发生和防治情况；

（三）收获、屠宰或者捕捞的日期。

农产品生产记录应当至少保存二年。禁止伪造、变造农产品生产记录。

国家鼓励其他农产品生产者建立农产品生产记录。

● 条文主旨

本条是关于农产品生产记录的规定。

● **立法背景**

本条是对原法第二十四条的修改完善。农产品生产记录是保障农产品质量安全的重要举措，原法对建立农产品生产记录已作规定。本次修改，新增加了应当建立农产品生产记录的主体，并对原规定的表述作了个别调整，即由"农产品生产企业和农民专业合作经济组织"修改为"农产品生产企业、农民专业合作社、农业社会化服务组织"。同时，明确生产记录至少保存两年，禁止对已有的生产记录进行变造。

本法中明确要求建立农产品生产记录，主要考虑：一是有利于强化农产品质量安全意识，通过做记录将农产品质量安全意识融入日常生产中，提醒生产主体时刻落实质量安全责任；二是有利于规范农产品生产服务行为，农产品生产周期长、影响环节多，建立生产记录有助于加强生产过程质量安全管理，科学防控动物疫病及农作物病虫害，落实投入品安全使用制度，执行农药安全间隔期或兽药休药期规定；三是有利于质量安全问题追查，农产品生产记录具有提示农业投入品的来源、登记证号和允许使用的范围以及农业投入品生产经营者名称，展示农产品生产过程和状况等作用，能够反映农产品生产真实情况，在发生农产品质量安全问题时，可以根据记录快速查找问题原因和症结，采取有针对性的防控措施，实现过程要受控、安全有保障、问题可追溯，进一步提高农产品质量安全管理水平。

● **条文解读**

一、农产品生产企业、农民专业合作社、农业社会化服务组织应当按要求建立生产记录

这三类主体具有一定的生产规模和技术基础，而且本法第二十六条已规定要配备相应的技术人员或委托具有专业技术知识的人员进行质量安全指导，具备了做好农产品生产记录的能力和条件。规定这三类主体建立生产记录，既是对规模主体的严格要求，也是对农户的引导和示范，而且必须保证记录完整、真实。

二、明确记载事项

当前影响农产品质量安全的主要因素是农药兽药使用和非法添加物，树立规范使用农药兽药意识、针对动物疫病和农作物病虫害实施科学防治、落实农药安全间隔期或兽药休药期制度是农产品质量安全的基础和保障。

因此，本法规定了三个方面的记载事项。第一，记录与质量安全密切相关的农作物种子、水产苗种、种畜禽、农药、兽药、肥料、饲料添加剂等农业投入品的使用情况，记录中要记明投入品的商品名或者通用名、购买厂家商店或获得方式、使用具体方法（如农药拌种、喷雾，兽药口服、注射等）、使用量（农药可以注明药液配置浓度或者每亩使用克数，兽药要注明每天使用次数及剂量等）以及使用和停用的具体日期等关键要素。第二，记录动物疫病及农作物病虫害的发生和防治情况，针对农作物病虫害或动物疫病，重点记录农药、兽药等农业投入品使用情况，如猪瘟、鸡新城疫、水稻二化螟、黄瓜霜霉病等。第三，准确记录收获、屠宰或者捕捞的具体日期，分批次收获、屠宰或者捕捞的农产品要注明每批次具体日期。根据生产实际，为了方便记录和查阅，可将规定的记录事项整合在一张表中。本条规定除不涉及的记载事项外，应当记录完整，可以根据实际需要增加记载事项。

三、明确记录要求

一是要求生产记录至少保存二年。生产记录保存要求比修订前增加了"至少"两字，这是根据农产品的特点和行政处罚法的违法行为追诉时效以及记录在执法中的作用等多方面因素确定的，并且修订前执行记录保存二年的要求没有产生大的问题和质疑。在修订过程中对农产品生产记录设定了至少保存二年的要求，保存二年是一个最低的时限要求，根据不同农产品品种和销售需要，农产品生产经营主体可自行决定保存更长的时间。二是要求生产记录必须客观、真实，禁止伪造、变造。主要禁止两种行为：一个是弄虚作假，无中生有，编造、捏造农产品生产记录的行为；另一个是以原有的农产品生产记录等为基础，擅自篡改、变造农产品生产记录的行为。

四、鼓励其他农产品生产者建立生产记录

根据当前我国农业生产的现状，农户等其他农产品生产者存在生产水平、生产能力、知识结构等参差不齐的情况，本法没有提出建立农产品生产记录的要求，只是鼓励农户等其他农产品生产者按照本条款要求做好农产品生产记录。虽然是鼓励条款，但从农产品质量安全的市场准入和责任追溯来看，凡上市销售的农产品，从农产品市场营销和生产者责任角度出发，自行建立生产记录，既有利于标准化生产和新技术推广，也有利于过程控制和责任追溯，是对生产行为的保护，是发展方向。法律虽没有硬性要求，但在实际的农产品市场准入和营销中，消费者对农产品生产的质量安全要求越来越高，会逐步提出查证和索取生产记录要求，建立生产记录有利于提高生产者在消费者心目中的信任度，是发展的大趋势。因此，农户等农产品生产者也要逐步建立和完善农产品生产记录。

第二十八条 对可能影响农产品质量安全的农药、兽药、饲料和饲料添加剂、肥料、兽医器械，依照有关法律、行政法规的规定实行许可制度。

省级以上人民政府农业农村主管部门应当定期或者不定期组织对可能危及农产品质量安全的农药、兽药、饲料和饲料添加剂、肥料等农业投入品进行监督抽查，并公布抽查结果。

农药、兽药经营者应当依照有关法律、行政法规的规定建立销售台账，记录购买者、销售日期和药品施用范围等内容。

◐ **条文主旨**

本条是关于农业投入品许可管理、监督抽查和建立销售台账的规定。

◐ **立法背景**

本条是对原法第二十一条的修改完善。加强对农业投入品使用情况的监督管理，是保障农产品质量安全的重要内容。本次修改主要强化了两个方面的内容：一是强调对农业投入品进行不定期的监督抽查，可以根据种植养殖的关键时间节点或者各方面反映出来的问题线索等，不定期组织监督抽查。二是重点加强对农药、兽药的监管，明确农药、兽药经营者应当依照有关法律、行政法规的规定建立销售台账。

农业投入品质量是影响农产品质量安全的一个重要因素，加强农产品质量安全管理工作，必须重视对农业投入品的管理。本条明确省级以上人民政府农业农村主管部门的农业投入品监督抽查职责，规范农业投入品的经营管理，与现行有关农业投入品管理的法律、行政法规作了衔接。

◐ **条文解读**

一、对可能影响农产品质量安全的农药、兽药、饲料和饲料添加剂、肥料、兽医器械等，依照规定实行许可制度

行政许可是国家管理的重要手段，行政许可法明确规定对直接关系国家安全、经济安全、公共利益、人身健康、生命财产安全的事项要设定许可。不合格的农作物种子、水产苗种、种畜禽农药、兽药、饲料和饲料添加剂、肥料，以及这些农业投入品的不合理使用，都会导致农产品中有毒有害物质污染，危及农产品的质量安全。为维护社会公共利益和保障农产品质量安全，对可能影响农产品质量安全的农药、兽药、饲料和饲料添加剂、肥料、兽医器械等生产经营行为，必须实行许可管理。由于农业投入品的质量涉及产品研发、生产、经营、使用等环节，我国已出台相应的单行法律法规。因此，本法主要是与这些法律法规进行衔接，将农业投入品使用中的共性问题予以规范。现行农业投入品法律法规主要有种子法、《农药管理条例》《兽药管理条例》《饲料和饲料添加剂管理条例》等。种子法保护和合理利用种质资源，规范品种选育、种子生产经营和管理行为；《农药管理条例》建立了农药登记制度和生产许可制度；《兽药管理条例》建立了新兽药注册、兽药生产经营许可、动物及产品兽药残留监管等制度；《饲料和饲料添加剂管理条例》建立了新饲料和饲料添加剂审定、饲料添加剂和添加剂预混合饲料企业生产许可制度。另外，依据有关规定，农业农村部对有关肥料实行登记制度。

二、对可能危及农产品质量安全的农业投入品的监督抽查

省级以上人民政府农业农村主管部门应当定期或者不定期组织对可能危及农产品质量安全的农药、兽药、饲料和饲料添加剂、肥料等农业投入品进行监督抽查，并公布抽查结果。监督抽查是一种事后监管方式，也是一种重要的投入品质量管理手段，已得到广泛使用。本条规定的监督抽查的对象是农业投入品，是指在农产品生产过程中使用或添加的物质，包括农作物种子、水产苗种、种畜禽、农药、兽药、饲料和饲料添加剂、肥料、兽医器械、植保机械、农膜等农用生产资料产品。为了防止使用假劣投入品、农兽药隐性添加等违法违规行为，本条第二款规定由省级以上人民政府农业农村主管部门进行监督检查，可以是组织检测机构和相关管理机构对生产、经营或者使用的农业投入品，采取定期或者不定期的方式，依据有关规定进行抽样、检验。按照本款规定，抽查结果应当进行公布，公布的内容包括农业投入品质量状况和生产经营单位等，公布的方式可以是公告、新闻发布会，也可以是网络、报刊、电视广播等媒体。需要说明的是，在本次修订过程中增加了不定期监督抽查的规定，农业投入品监督抽查可以按产业分布和时间节点等布局，并结合以往抽检反映出来的问题，开展不定期的监督管理，进一步强化对农业投入品监管力度。

三、农药、兽药经营者应当按照规定建立销售台账

农药、兽药经营者应当依照有关法律、行政法规的规定建立销售台账，记录购买者、销售日期和药品施用范围等内容。本条第三款是本次修改新增加的内容，进一步强调农药、兽药经营者要建立农药、兽药销售台账，履行销

售过程中的咨询和推荐义务，主动向生产者询问购药目的，记录购买者、销售日期和药品的施用范围，加强投入品科学使用的指导，引导生产者安全合理使用投入品。在本法修改前，相关法规已经提出相关要求。例如，《农药管理条例》明确规定农药经营者应当建立销售台账，向购买人询问病虫害发生情况并科学推荐农药，必要时应当实地查看病虫害发生情况，并正确说明农药的使用范围、使用方法和剂量、使用技术要求和注意事项，不得误导购买人。《兽药管理条例》规定兽药经营企业购销兽药，应当建立购销记录。购销记录应当载明兽药的商品名称、通用名称、剂型、规格、批号、有效期、生产厂商、购销单位、购销数量、购销日期和国务院兽医行政管理部门规定的其他事项。实践中，部分地区农业投入品经营店的销售台账记录不完整，销售的农药、兽药用途不清、流向不明，对农业投入品经营和使用管理造成较大困难，对农产品质量安全带来较高的风险隐患。本次修改，在法律中明确了农药、兽药经营者的义务，有利于实现农药、兽药的全过程监管，有力保障农产品质量安全。

本条在执行中应注意的问题：

1. 本条没有直接规定对农药、兽药、饲料和饲料添加剂、肥料、兽医器械实行许可管理，即不能将本条作为对上述农业投入品进行许可管理的依据。对上述投入品是否进行许可管理，是实行登记，还是实行生产经营许可，要依据其他相关法律或者行政法规的规定来确定。

2. 农业农村部和省级农业农村部门开展农业投入品监督抽查是一项法定职责。对农业投入品进行监督抽查时，可以组织市（地）、县级农业农村部门实施抽查工作，市（地）、县级农业农村部门可以承担有关监督抽查任务，但是监督抽查结果只能由农业农村部或者省级农业农村部门公布。鼓励有条件的市、县按照规定开展农业投入品监督抽查工作，允许被抽查主体查询下载检验检测报告。农业投入品监督抽查应当符合有关抽查规则要求，如抽样规范、检验规程，避免重复抽查，监督抽查不收检测费。

第二十九条 农产品生产经营者应当依照有关法律、行政法规和国家有关强制性标准、国务院农业农村主管部门的规定，科学合理使用农药、兽药、饲料和饲料添加剂、肥料等农业投入品，严格执行农业投入品使用安全间隔期或者休药期的规定；不得超范围、超剂量使用农业投入品危及农产品质量安全。

禁止在农产品生产经营过程中使用国家禁止使用的农业投入品以及其他有毒有害物质。

● 条文主旨

本条是关于合理使用农业投入品的规定。

● **立法背景**

本条是对原法第二十五条的修改完善。科学合理使用农业投入品，是加强农产品质量安全的重要保障。本条在原法的基础上，进一步明确农产品生产者、经营者均应当按规定科学合理使用农药、兽药、饲料和饲料添加剂、肥料等农业投入品，并不得超范围、超剂量使用农业投入品。规定禁止使用的农业投入品的同时，进一步明确防止其他有毒有害物质被使用到农产品生产经营中。

农作物种子、水产苗种、种畜禽、农药、兽药、饲料和饲料添加剂、肥料等农业投入品是农业生产不可或缺的重要物资，直接关系到农产品产量和质量安全。但若使用不当，也会对农产品质量安全和农业生产环境带来严重损害。本条对科学合理使用农业投入品作了规定。

● **条文解读**

一、科学合理使用农药、兽药、饲料和饲料添加剂、肥料等农业投入品

实践中，农产品生产者不按照操作规程科学合理使用农业投入品，甚至违反规定使用禁用、限用农业投入品的问题，是当前影响农产品质量安全的主要隐患。因此，必须强化对农业投入品使用过程的规范和管理，保证农业投入品的合理使用。

1. 我国有关农业投入品管理的法律、行政法规和标准对农业投入品的规范合理使用问题作了规定，本条第一款作了衔接。例如，乡村振兴促进法规定，国家对农业投入品实行严格管理，对剧毒、高毒、高残留的农药、兽药采取禁用、限用措施。农产品生产经营者不得使用国家禁用的农药、兽药或者其他有毒有害物质，也不得违反农产品质量安全标准和国家有关规定超剂量、超范围使用农药、兽药、肥料、饲料添加剂等农业投入品。食品安全法规定，食用农产品生产者应当按照食品安全标准和国家有关规定使用农药、肥料、兽药、饲料和饲料添加剂等农业投入品，严格执行农业投入品使用安全间隔期或者休药期的规定，不得使用国家明令禁止的农业投入品。禁止将剧毒、高毒农药用于蔬菜、瓜果、茶叶和中草药材等国家规定的农作物。农业法强调各级人民政府应当建立健全农业生产资料的安全使用制度。《农药管理条例》要求县级以上人民政府农业主管部门应当加强农药使用指导、服务工作，建立健全农药安全、合理使用制度，并按照预防为主、综合防治的要求，组织推广农药科学使用技术，规范农药使用行为。国家通过推广生物防治、物理防治、先进施药器械等措施，逐步减少农药使用量。农药使用者应当严格按照农药的标签标注的使用范围、使用方法和剂量、使用技术要求和注意事项使用农药，不得扩大使用范围、加大用药剂量或者改变使用方法。农药使用者不得使用禁用的农药。标签标注安全间隔期的农药，在农产品收获前应当按照安全间隔期的要求停止使用。剧毒、高毒农药不得用于防治卫生害虫，不得用于蔬菜、瓜果、茶叶、菌类、中草药材的生产，不得用于水生植物的病虫害防治。《兽药管理条例》要求兽药使用单位遵守国务院兽医行政管理部门制定的兽药安全使用规定，并建立用药记录；不得将原料药直接添加到饲料及动物饮用水中或者直接饲喂动物；不得将人用药品用于动物。《饲料和饲料添加剂管理条例》第二十五条规定，养殖者应当按照产品使用说明和注意事项使用饲料。在饲料或者动物饮用水中添加饲料添加剂的，应当符合饲料添加剂使用说明和注意事项的要求，遵守国务院农业行政主管部门制定的饲料添加剂安全使用规范。禁止在饲料、动物饮用水中添加国务院农业行政主管部门公布禁用的物质以及对人体具有直接或者潜在危害的其他物质，或者直接使用上述物质养殖动物。禁止在反刍动物饲料中添加乳和乳制品以外的动物源性成分。应当加强饲料、饲料添加剂质量安全知识的宣传，提高养殖者的质量安全意识，指导养殖者安全、合理使用饲料、饲料添加剂。有关部门还发布了一批公告对农业投入品生产和使用进行规定，明确规定了在我国范围内禁止生产销售和使用的农药品种。同时，制定实施了一批有关农药、兽药、饲料及饲料添加剂等农业投入品强制性标准，如 GB 38400—2019《肥料中有毒有害物质的限量要求》、GB 13078—2017《饲料卫生标准》、HJ 556—2010《农药使用环境安全技术导则》、《兽药典》

等，通过上述法律、行政法规等强制性手段加以实施，强化对农业投入品使用过程的规范和管理，指导和要求农产品生产者合理使用农业投入品，严格按照农药、兽药标注的安全间隔期、休药期使用，确保农产品质量安全。

2. 严格执行农业投入品使用安全间隔期或者休药期的规定。安全间隔期是指农作物最后一次施农药到作物收获时要间隔的天数，也就是作物收获前禁止使用农药的天数。设定农作物安全使用间隔期，主要是为了保证收获的农产品中农药残留量不会超过规定标准，避免危害食用者的身体健康以及生命安全。每一种农药因其种类、性质、剂型、使用方法和施药浓度不同，其分解消失速度也会有差异，再加上各种作物的生长趋势和季节不同，使用农药后的安全间隔期也不同。休药期也可以叫"停药期"，是指食品动物从最后一次给药到许可屠宰或它们的产品（乳、蛋）许可上市的间隔时间。休药期的制定是为了防止供人食用的肉、蛋、奶等动物食品中有药物或其他外源性化学物残留，影响人的健康。休药期因动物种属、药物种类、制剂形式、用药剂量、给药途径及组织中的分布情况等不同而有差异。经过休药期，暂时残留在动物体内的药物被分解至完全消失或对人体无害的浓度。如果违反安全间隔期或者休药期的规定，将直接造成农药、兽药的残留超标问题，给消费者带来健康乃至生命威胁。

3. 不得超范围、超剂量使用农业投入品危及农产品质量安全。农药、兽药等农业投入品的使用范围、使用方法和使用剂量是经过科学实验和法定程序确定的，使用者应该根据产品标签（说明书）规范使用。超过标签载明的使用范围和剂量，就有可能危及人的生命健康和生态环境安全。为此，《农药管理条例》规定，不按照农药的标签标注的使用范围、使用方法和剂量、使用技术要求和注意事项、安全间隔期使用农药，由县级人民政府农业主管部门责令改正，农药使用者为农产品生产企业、食品和食用农产品仓储企业、专业化病虫害防治服务组织和从事农产品生产的农民专业合作社等单位的，处5万元以上10万元以下罚款，农药使用者为个人的，处1万元以下罚款；构成犯罪的，依法追究刑事责任。《兽药管理条例》规定，未按照国家有关兽药安全使用规定使用兽药的、未建立用药记录或者记录不完整真实的，或者使用禁止使用的药品和其他化合物的，或者将人用药品用于动物的，责令其立即改正，并对饲喂了违禁药物及其他化合物的动物及其产品进行无害化处理；对违法单位处1万元以上5万元以下罚款；给他人造成损失的，依法承担赔偿责任。本条从法律层面强调不得超范围、超剂量使用农业投入品，以免危及农产品质量安全。

二、禁止在农产品生产经营过程中使用国家禁止使用的农业投入品以及其他有毒有害物质

由于某些农业投入品经实践检验对动植物生长、人体健康、生态环境有严重危害，国家已明令禁止使用。随着科技不断进步，新型低毒低残留的农药、兽药不断被研制出来，也逐步替代传统品种。在农药方面，截至2022年3月底，我国已禁限用约70种农药。在兽药方面，为进一步规范养殖用药行为，保障动物源性食品安全，2019年农业农村部发布了《食品动物中禁止使用的药品及其他化合物清单》，列明了食品动物禁用的兽药及其他化合物清单。在饲料方面，发布了《禁止在饲料和动物饮用水中使用的药物品种目录》，收载了5类40种禁止在饲料和动物饮用水中使用的药物品种。此外，实践中，有些农产品生产经营者会在生产经营过程中违法添加某种有毒有害物质，也可能会对人体健康造成严重危害，本条第二款明确禁止在农产品生产经营过程中使用国家禁止使用的农业投入品，以及其他有毒有害物质。农业农村等有关部门除要依法加强对农业投入品使用环节的监督管理外，还要做好法律法规和国家禁限用农业投入品以及其他有毒有害物质的生产经营监督管理。

第三十条 农产品生产场所以及生产活动中使用的设施、设备、消毒剂、洗涤剂等应当符合国家有关质量安全规定，防止污染农产品。

● 条文主旨

本条是关于农产品生产场所及生产活动设施、设备等的管理规定。

◐ **立法背景**

本条在原法的基础上作了修改完善：一是将"包装、保鲜、贮存、运输"活动修改为"生产场所以及生产活动中"，涵盖面更广；二是明确应当符合国家有关质量安全规定，其中，包括强制性技术规定；三是明确该条规定的目的是防止污染农产品。

近年来，随着农业现代化水平不断提升，农产品生产新技术、新装备、新模式不断涌现，动植物种养规模化、机械化、清洁化程度不断提高。农业生产场所以及生产活动中使用的设施、设备、产品洗消剂及产地生态环境中如果存在有毒有害物质，有可能污染农产品，从而影响农产品质量安全。因此，有必要在本法中作出规定。

◐ **条文解读**

一、农产品生产场所以及生产活动中使用的设施、设备应符合相关规定

农产品生产场所和生产过程中使用的设施、设备包括直接用于作物种植、畜禽、水产养殖及采后、宰后、捕后储运等生产活动中涉及的设施、设备。其中，种植业产品生产场所和生产活动中使用的设施、设备，包括作物生产场所，为生产服务的看护房，农资农机具存放等场所和其中的设施、设备，以及与生产直接关联的烘干晾晒、分拣包装、保鲜存储等活动中使用的设施、设备，如粮食烘干机、水果分拣机、冷库等；畜禽、水产养殖场所和设施、设备包括养殖生产、粪污处置等场所和其中的设施、设备，以及与生产直接关联的检验检疫、屠宰加工、分拣包装、保鲜存储等活动中使用的设施、设备，如自动喂食设备、屠宰流水线等。

总的来看，农产品生产场所应当大小适宜，与生产规模相适应，特别是温室大棚、养殖场等相对密闭的生产场所应当保持干净、整洁，与有毒、有害场所以及其他污染源保持距离。生产活动中使用的设施、设备，如采光、照明、通风、防尘、防鼠、洗涤及处理废水废物、存放垃圾和废弃物的设施、设备，也应当符合国家有关部门制定的有关质量安全标准或管理规定，避免因其不符合规定而污染农产品。

二、农产品生产场所以及生产活动中使用的消毒剂、洗涤剂等应当符合国家有关质量安全规定

使用的消毒剂、洗涤剂，是指直接用于消毒或洗涤生产场所、农用设施、设备、农产品，以及直接接触农产品的工具、水、包装材料和容器等的物质。使用的消毒剂、洗涤剂应当符合国家有关部门制定的有关质量安全标准或规定，达到安全、无害，使用不洁净的消毒剂、洗涤剂容易与农产品接触造成污染，从而影响农产品质量安全。比如，畜禽养殖场在消毒过程中，所使用的消毒剂应当经过有关部门批准生产、具有生产文号和生产厂家等，并严格按照说明在规定的范围内使用。选择的消毒剂应当具有广谱、高效、杀菌作用强、刺激性低，对人和动物安全，低

残留低毒性等特点。

第三十一条 县级以上人民政府农业农村主管部门应当加强对农业投入品使用的监督管理和指导，建立健全农业投入品的安全使用制度，推广农业投入品科学使用技术，普及安全、环保农业投入品的使用。

▌ 条文主旨

本条是关于建立健全农业投入品安全使用制度的规定。

▌ 立法背景

本条在原法规定的农业投入品安全使用制度基础上，进一步拓展相关内容，规定推广农业投入品科学使用技术，普及安全、环保农业投入品的使用，加强对农业投入品的引导。

本法规定合理使用农业投入品，通过建立健全农业投入品的安全使用制度，减少或避免农药、兽药、重金属等污染，以保障农产品质量安全和农业可持续发展。

▌ 条文解读

一、加强农业投入品使用的管理和指导

农作物种子种苗、种畜禽、水产苗种、肥料、农药、兽药、饲料和饲料添加剂、兽医器械、农机及零配件、渔机渔具等农业投入品是农业活动中重要的生产要素，农业投入品使用不当或不合理是影响农产品质量安全和导致环境污染的重要因素。由于农业投入品使用者不按照操作规程科学、安全、合理使用甚至违反国家规定使用禁用农业投入品的现象偶有发生，加之相关配套技术和器械不完备，导致农产品中有毒有害残留超标，同时也对农产品产地环境造成危害。在我国，从事农产品生产的除少数是农产品生产企业和农民专业合作社外，大多数是农民。但无论是农产品生产企业和农民专业合作社，还是分散生产经营的农户，大多生产规模小，获得信息能力弱，特别是农民科学文化素质相对较低，没有政府部门相应的管理和指导，难以做到科学合理使用农业投入品，因而加强农业投入品使用的管理和指导是必要的。其中，针对农业生产者文化水平偏低，科学用药、合理用药知识缺乏的现状，农业农村部连续多年开展"百万农民科学安全用药培训活动"，普及认识农药、科学选药、合理用药，以及施药安全防护等相关知识技能，提高农业生产者科学安全用药意识。

二、建立健全农业投入品安全使用制度

农业投入品安全使用制度是一种既保障农产品质量安全，又保护人类健康、动植物卫生和生态环境的制度。早在20世纪60年代，农药、兽药等在农产品及食品中的安全问题就引起了国际社会的关注，1961年成立的国际食品法典委员会（CAC）设立专门的农药残留委员会、兽药残留委员会、食品添加剂和污染物委员会，研究制定一系列

农药残留、兽药残留和食品及饲料中添加剂、污染物最大允许量国际标准。我国也相应制定了食品中农药最大残留量标准、食品中污染物限量；同时农业农村部还相继制定了动物性食品中兽药最高残留限量标准、农药合理使用准则、肥料合理使用准则、饲料合理使用准则、兽药合理使用准则等一系列规定，并陆续发布了一系列公告，明令禁止一部分农药、兽药在农产品生产中使用。农业农村部每年召开全国农资打假视频会，印发农资打假监管工作要点、放心农资下乡进村活动通知，引导农业生产者科学合理使用农业投入品，保障了农资和农产品质量安全。但总体来讲，我国农业投入品安全使用制度尚不健全，与国际社会相比，农药残留和兽药残留的差距不仅体现在规定的药物的种类和数量上，而且体现在残留规定的水平上，建立健全农业投入品安全使用制度仍任重而道远。

落实本条关于建立健全农业投入品安全使用制度的规定，重点需要做好以下工作：一是技术培训，使农业生产经营者掌握并遵循安全生产技术规程，科学选用农作物和动物品种，合理施用农药、肥料、兽药、饲料和饲料添加剂，科学交替、轮换使用农药和兽药；二是做好法律法规和国家禁止、限用和淘汰的农业投入品目录和范围的宣传，确保广大农产品生产企业、农民专业合作社和农民知晓国家的相关法律法规及相关禁令；三是加强农产品质量安全标准制修订，按标准组织生产经营和实行规范化管理，从根本上杜绝无标生产、无标流通、无标监管的现象；四是加强科学研究，培育产量高、质量优、抗性强、效益高的农作物和动物新品种，加紧研发高效、低毒、低残留的农药、兽药，努力提高肥料、饲料和农业用水的利用率；五是加强对农业投入品安全使用的监管，依法查处使用国家明令淘汰的和禁用的农业投入品和其他禁用产品（如瘦肉精）。不断完善农业投入品安全使用制度。任何一项制度都不可能是一劳永逸的，都会随着科技进步、社会经济发展而不断发展变化。农业投入品安全使用制度在建立和实施过程中，既要严格执行制度，保障制度落实到位，又要跟踪制度实施，结合实际变化，不断修改完善制度，保持制度的科学性和可操作性。

三、农业投入品安全使用的管理、指导和制度建设是县级以上人民政府农业农村主管部门的责任和义务

我国农业法、种子法、畜牧法、渔业法、农业机械化促进法和《农药管理条例》《兽药管理条例》《饲料和饲料添加剂管理条例》等法律法规，都授权农业农村部门负责农业投入品监管，同时在全国整顿和规范经济秩序活动中，国务院又授权农业农村部负责农资打假的牵头工作。因此，本法把农业投入品安全使用的管理、指导和制度建设的责任赋予县级以上人民政府农业农村主管部门，既明确了责任，又做到与现有法律法规的有机衔接；既有利于发挥农业农村主管部门的管理和技术优势，又有利于建立健全和实施农业投入品的安全使用制度。县级以上人民政府农业农村主管部门应当认真履行法律赋予的责任和义务，会同有关部门，采取切实可行的政策和措施，严格把好农业投入品的生产关、经营销售关、使用关，对农业投入品的生产、经营和使用进行全方位的监督管理。

四、推广农业投入品科学使用技术，普及安全、环保农业投入品的使用

农业投入品的科学合理使用是从源头防范农产品质量安全风险隐患的关键，是保障农产品质量安全的重要环节。综合应用生态调控、理化诱杀、天敌释放、生物农药等绿色防控技术，推广农业投入品科学使用技术，大力推广病虫害统防统治，做到节约用药、科学用药，有效降低化学农药使用量。

安全、环保农业投入品能够满足农业绿色生产、环境友好、提升终端农产品特定需求品质，具有生态性、环保性和优质性，包括肥料、农药、兽药、饲料及饲料添加剂、植保器械、农膜、营养钵、灌溉设施设备等。普及安全、环保农业投入品可以促进农业投入品生产企业不断提升产品工艺，优化管理制度，推进农业投入品的规范使用，加快农业投入品生产与使用方式的转型升级。普及使用安全、环保农业投入品可以实现三个方面的作用。一是实现生态性，即生态相容性和生物多样性，不破坏土壤（水体和大气）理化结构和肥力，不伤害施用者和非靶标生物。二是实现环保性，即安全无害，无残留或低残留；可降解，不污染环境。三是实现优质性，即保障农产品优质率高，功能独特，能满足终端农产品特定需求。

为践行农业绿色发展理念，引领农业投入品生产与应用向生态环保优质化方向发展，农业农村部自2020年7月开始先后启动肥料产品和植保产品生产与应用试点工作。

本条在执行中应注意的问题：

1. 严格农产品生产者的责任。农产品生产者是农业投入品安全使用的直接责任人，县级以上人民政府农业农村主管部门不仅要加强对农业投入品使用者的指导，而且要加强对农业投入品使用者的管理。对于不按照规定使用农业投入品的，要批评教育，监督整改；对于教育不改的，要依法依规处理。

2. 严格农业投入品经营者的责任。禁止以次充好、以假充真、以不合格产品冒充合格产品，以及生产和销售国家明令淘汰的农业投入品现象的发生。一旦出现假冒伪劣农业投入品行为，就要采取果断的措施，依法予以严惩，净化农业投入品使用环境，保障农产品安全生产。

第三十二条 国家鼓励和支持农产品生产经营者选用优质特色农产品品种，采用绿色生产技术和全程质量控制技术，生产绿色优质农产品，实施分等分级，提高农产品品质，打造农产品品牌。

● 条文主旨

本条是关于促进农业生产和农产品"三品一标"发展的规定。

● 立法背景

围绕增加绿色优质农产品供给、提升农业质量效益竞争力，对标高品质生活需求，本次修改增加了鼓励和支持选用优质特色农产品品种、生产绿色优质农产品的规定，并明确要提高农产品品质，打造农产品品牌。

近年来，绿色发展理念逐步深入人心，农业绿色发展加快推进，绿色优质农产品供给能力不断提升。但农业发展方式仍然粗放、农产品供给还不完全适应消费升级需求，需要加强引导、加大投入，提高农业供给的适应性，促进农业高质量发展。2021年，农业农村部启动实施农业生产"三品一标"（品种培优、品质提升、品牌打造和标准化生产）提升行动，更高层次、更深领域推进农业绿色发展。2022年，部署农产品"三品一标"（绿色、有机、地理标志和达标合格农产品）优质农产品生产基地建设行动、品质提升行动、消费促进行动和达标合格农产品亮证行动，通过产管并举、产销联动，不断提高农产品质量品质，全产业链拓展增值增效空间，让农产品既要产得出、产得优，也要卖得出、卖得好，打造成高品质、有口碑的农业"金字招牌"。

● 条文解读

一、选用优质特色农产品品种

种子是农产品的"芯片",种子好坏对农产品质量有着决定性影响。目前,我国通过实施打好种业翻身仗,抢救性收集一批珍稀、濒危、特有资源和特色地方品种,提纯复壮一批地方特色品种,选育一批高产优质突破性品种,为选用优质特色农产品品种奠定坚实的基础。

二、采用绿色生产技术和全程质量控制技术,生产优质农产品

鼓励和支持生产优质农产品,是实现农业增效、农民增收的必由之路。本条明确国家鼓励和支持农产品生产经营者选用优质特色农产品品种,采用绿色生产技术和全程质量控制技术,生产绿色优质农产品,从政策导向上促进优质农产品的生产和发展,重点是采用绿色生产技术和全程质量控制技术,保障农产品品质。对此,2021年,农业农村部印发《农业生产"三品一标"提升行动实施方案》,提出要推广绿色投入品,实施病虫害绿色防控,集成创新一批土壤改良培肥、节水灌溉、精准施肥用药、废弃物循环利用、农产品收储运和加工等绿色生产技术模式,全程质量控制,为生产优质农产品提供技术保障。2022年农业农村部印发《关于实施农产品"三品一标"四大行动的通知》,该文件的附件中提出实施优质农产品生产基地建设行动,建立健全绿色优质农产品标准体系。围绕主导品种,

按照"有标贯标、缺标补标、低标提标"的原则，加快产地环境、品种种质、生产技术、投入品管控、加工储运、包装标识、分等分级、品牌营销等方面标准的修订，建立健全现代农业全产业链标准体系。

当前绿色优质农产品的内涵范围已大大拓展，既包括原有的绿色食品、有机食品，也包括名特优新农产品、良好农业规范农产品等。名特优新农产品是绿色优质农产品的重要组成部分，是指在特定区域（原则上以县域为单元）内生产、具备一定生产规模和商品量、具有显著地域特征和独特营养品质、有稳定的供应量和消费市场、公众认知度和美誉度高的农产品。通过名特优新农产品营养品质评价鉴定，发掘3~5个农产品独特营养品质特性的关键指标，彰显不同地域、不同品种农产品的特征品质。实时了解地域特色农产品信息，培育地方特色农产品品牌，推动区域优势农业产业发展，促进农产品产销对接，引导构建多元化、优质化的农产品供给体系，满足消费者既要吃得饱、吃得好，更要吃得营养健康的需求。

集成推广可持续的绿色生产模式。加强产地环境保护，严防工业"三废"、不符合标准的畜禽粪污和投入品废弃物等污染基地环境。加强产学研合作，推行种养结合、农牧循环等绿色模式，支持应用绿色生资，推广减肥减药、有机肥替代化肥、畜禽粪污资源化利用等绿色生产技术。

三、实施分等分级，提高农产品品质，打造农产品品牌

在推进农业高质量发展的新阶段，尤其是现在城乡居民食物消费结构在不断升级，农产品保供，既要保数量，也要保多样、保质量。本次修改，新增加了实施农产品分等分级，提高品质，打造品牌的规定。我国农产品质量分级标准起步较晚，20世纪80年代末至90年代制定的分等分级方面的内容都包含在产品质量标准中，与国际接轨的专门的农产品质量分级标准很少。近年来，国家逐步加大这方面的工作力度。从2004年开始，原农业部启动农产品全国统一质量分等分级标准制定工作。地方政府和企业也逐渐认识到农产品分级的重要性。目前，我国制定的各级涉及食用农产品质量分级内容的标准主要集中在蔬菜、水果、粮食、畜禽产品。我国农产品优质评价体系总体原则应为按目标需求导向，开展分类评价。对常规大宗品种产品，一方面可以进行产品类型认证；另一方面可以开展全国统一的质量分级。2021年《农业生产"三品一标"提升行动实施方案》提出，要构建农产品品质核心指标体系，分行业、分品种筛选农产品品质核心指标，建立品质评价方法标准，推动农产品分等分级和包装标识。2022年《关于实施农产品"三品一标"四大行动的通知》的附件中提出，实施农产品品质提升行动，选取典型品种，突出特色风味、口感和营养品质，通过比对分析国内外相关产品指标参数和先进标准，结合现代检验检测手段，挖掘农产品特征品质指标，构建与国际接轨、符合高质量发展要求的农产品品质指标体系。2022年8月，国家发展改革委联合多部门发布《关于新时代推进品牌建设的指导意见》，指出要加强绿色、有机和地理标志及名特优新农产品培育发展，打造一批绿色优质农产品品牌。开展脱贫地区农业品牌帮扶，聚焦特色产业，支持培育一批特色农产品品牌。加强科技创新、质量管理、市场营销，打造一批产品优、信誉好、产业带动性强、具有核心竞争力的合作社品牌、家庭农场品牌和农业领军企业品牌。

第三十三条 国家支持农产品产地冷链物流基础设施建设，健全有关农产品冷链物流标准、服务规范和监管保障机制，保障冷链物流农产品畅通高效、安全便捷，扩大高品质市场供给。

从事农产品冷链物流的生产经营者应当依照法律、法规和有关农产品质量安全标准，加强冷链技术创新与应用、质量安全控制，执行对冷链物流农产品及其包装、运输工具、作业环境等的检验检测检疫要求，保证冷链农产品质量安全。

● 条文主旨

本条是关于推动农产品产地冷链物流建立及运行的相关要求。

● 立法背景

随着国民经济的不断发展，人们的生活水平不断提高，冷链物流需求日趋旺盛，但是我国的冷链基础设施还比较薄弱，生鲜农产品的腐损率较高，本条规定支持农产品产地冷链物流基础设施建设，并要求完善相关标准，保障农产品质量安全。

我国冷链物流需求日趋旺盛，市场规模不断扩大，但是，由于起步较晚、基础薄弱，冷链物流行业还存在标准体系不完善、基础设施相对落后、专业化水平不高、有效监管不足等问题。本次修改，增加有关农产品产地冷链建设等方面的要求，也是顺应发展需要，为冷链物流健康、快速发展提供法律基础。

● 条文解读

一、明确国家支持农产品产地冷链物流基础设施建设，健全有关农产品冷链物流标准、服务规范和监管保障机制

冷链物流是利用温控、保鲜等技术工艺和冷库、冷藏车、冷藏箱等设施设备，确保冷链产品在初加工、储存、运输、流通加工、销售、配送等全过程始终处于规定温度环境下的专业物流。推动冷链物流高质量发展，是减少农产品产后损失和食品流通浪费，扩大高品质市场供给，更好满足人民日益增长的美好生活需要的重要手段；是支撑农业规模化产业化发展，促进农业转型和农民增收，助力乡村振兴的重要基础；是满足城乡居民个性化、品质化、差异化消费需求，推动消费升级和培育新增长点，深入实施扩大内需战略和促进形成强大国内市场的重要途径；是健全"从农田到餐桌、从枝头到舌尖"的生鲜农产品质量安全体系，提高物流全过程品质管控能力，支撑实施食品安全战略和建设健康中国的重要保障。

当前，我国冷链物流发展不平衡不充分问题突出，跨季节、跨区域调节农产品供需的能力不足，农产品产后损失和食品流通浪费较多，与发达国家相比还有较大差距。2021年，国务院办公厅印发《"十四五"冷链物流发展规划》，提出"结合我国国情和冷链产品生产、流通、消费实际，聚焦制约冷链物流发展的突出瓶颈和痛点难点卡点，补齐基础设施短板，畅通通道运行网络，提升技术装备水平，健全监管保障机制，加快建立畅通高效、安全绿色、智慧便捷、保障有力的现代冷链物流体系"。

本条明确国家支持农产品产地冷链物流基础设施建设，健全有关农产品冷链物流标准、服务规范和监管保障机制。落实好本条要求，重点工作包括：

一是依托农产品优势产区、重要集散地和主销区，布局建设国家骨干冷链物流基地；围绕服务农产品产地集散、优化冷链产品销地网络，建设一批产销冷链集配中心；聚焦产地"最先一公里"和城市"最后一公里"，补齐两端冷链物流设施短板，建成以国家骨干冷链物流基地为核心、产销冷链集配中心和两端冷链物流设施为支撑的三级冷链物流节点设施网络,支撑冷链物流深度融入"通道+枢纽+网络"现代物流运行体系。

二是加强冷链基础通用标准和冷链基础设施、技术装备、作业流程、信息追溯等重点环节,以及冷链物流绿色化、智慧化等重点领域标准制修订,建立形成全链条有机衔接的冷链物流标准体系;开展冷链物流标准监督检查和实施效果评价,充分发挥标准支撑冷链物流高质量发展作用。

三是分类优化冷链服务流程与规范,提升专业化冷链物流服务能力。完善仓储、运输、流通加工、分拨配送、寄递、信息等冷链服务功能,强化一体化服务能力,打造运转顺畅的供应链,支撑冷链产品产销精准高效对接。丰富数字化、智慧化技术应用场景,深化冷链物流与相关产业融合发展,推动冷链物流业态、模式、组织与技术创新,提升协同化、平台化服务水平,拓展上下游产业价值空间。

四是进一步完善冷链物流监管法律法规,建立"政府监管、企业自管、行业自律、社会监督"的监管机制,形成贯穿冷链物流全流程的监测监管体系。加快建设全国性冷链物流追溯监管平台,完善全链条监管机制,针对冷链物流环境、主要作业环节、设施设备管理等重点,规范实时监测、及时处置、评估反馈等监管过程,逐步分类实现全程可视可控、可溯源、可追查。创新监管手段,加大现代信息技术和设施设备应用力度,强化现场和非现场监管方式有机结合。同时优化完善工作机制,建立科学、可靠、高效的冷链物流检验检测检疫体系,尤其是针对冷链等可能引发的输入性疫情,排查入境、仓储、加工、运输、销售等环节,建立健全进口冻品集中监管制度,压实行业主管部门责任,健全进口冷链食品检验检疫制度,加强检验检疫结果、货物来源去向等关键数据共享,做到批批检测、件件消杀,全程可追溯、全链条监管。

二、落实从事农产品冷链物流的生产经营者的质量管理责任

建立健全"政府监管、企业自管、行业自律、社会监督"的监管机制,"企业自管"是关键。本条第二款规定,从事农产品冷链物流的生产经营者应当遵守法律、法规和有关农产品质量安全标准。一方面,要加强冷链技术创新与应用、质量安全控制。《"十四五"冷链物流发展规划》提出,要推进冷链物流全流程创新,包括加快数字化发展步伐、提高智能化发展水平、加速绿色化发展进程、提升技术装备创新水平等。同时,提高企业专业化、规模化、网络化发展程度,提升自我监管水平,确保各环节数据实时监控和动态更新,实现全程质量可控。另一方面,要执行对冷链物流农产品及其包装、运输工具、作业环境等的检验检测检疫要求。从事农产品冷链物流的生产经营者应当依法依规适应不同农产品的检验检测检疫要求,结合自身发展需要，加强检验检测检疫设施建设和设备配置，强化冷链检验检测检疫专业技能培训，提高农产品质量安全意识，严格执行对农产品以及冷链物流包装、运载工具、作业环境等的检验检测检疫要求，保证冷链农产品质量安全。

第五章 农产品销售

第三十四条　销售的农产品应当符合农产品质量安全标准。

农产品生产企业、农民专业合作社应当根据质量安全控制要求自行或者委托检测机构对农产品质量安全进行检测；经检测不符合农产品质量安全标准的农产品，应当及时采取管控措施，且不得销售。

农业技术推广等机构应当为农户等农产品生产经营者提供农产品检测技术服务。

● **条文主旨**

本条是关于农产品销售保障质量安全的规定。

● **立法背景**

本条主要增加了两个方面的内容：一是不符合农产品质量安全标准的农产品，应当及时采取管控措施，防止不合格农产品流入市场或被食用；二是明确农业技术推广等机构应当为农户等农产品生产经营者提供农产品检测技术服务，在法律上强调农业技术推广机构等的检测技术服务职责。

● 条文解读

一、强调销售的农产品必须符合农产品质量安全标准

所有销售的农产品都应是安全的,即符合保障人的健康、安全的要求,是否符合农产品质量安全标准,是判断农产品是否安全的法定依据。目前,我国农产品质量安全水平整体稳中向好,主要农产品合格率超过97%,[①]但农产品质量安全问题仍然存在。因此,本条作为"农产品销售"这一章的第一个条文,首先强调销售的农产品必须符合农产品质量安全标准这一底线要求。

二、落实农产品生产企业和农民专业合作社实施生产过程管控的责任

检测是验证农产品是否符合农产品质量安全标准的主要手段,也是农产品生产者实施质量安全管控的重要措施。本条针对农产品生产企业和农民专业合作社两类生产主体作出特别规定,要求其应当对农产品的质量安全状况进行自检,确保销售的农产品符合农产品质量安全标准。这里所说的开展检测主要包括三种方式:一是农产品生产企业和农民专业合作社自身具备检测条件,自行进行检测;二是通过基层农业技术推广等机构提供的农产品检测技术服务开展检测;三是通过委托有关检测机构进行检测。农产

---

① 《我国农产品合格率连续六年97%以上》,载中国政府网,https://www.gov.cn/xinwen/2021-06/15/content_5617617.htm,2023年11月21日访问。

品生产企业和农民专业合作社在开展自检时，应当重点关注自身在生产过程中使用的农药兽药，这样不仅有助于降低自检成本，更能够使自检结果更有针对性和实用性。

三、明确检测不合格农产品不得销售

经检测不符合农产品质量安全标准的农产品，即为不合格农产品，不得销售。所有农产品生产经营者都有义务防止生产出不合格农产品，防止不合格农产品流入市场。当生产经营者通过检测发现不合格农产品时，需要及时采取有效措施，如对于常规农药兽药残留超标的问题，采取延长采收、出栏时间等措施；对发现禁用药物、非法添加等问题，采取无害化处理等措施，并及时向当地农业农村部门报告。

四、推动农业技术推广等机构为农户等农产品生产经营者提供农产品检测技术服务

农业技术推广法规定，各级国家农业技术推广机构属于公共服务机构，其职责包括农产品生产过程中的检验、检测、监测咨询技术服务，农业投入品使用的监测服务等。本条所述的农业技术推广等机构主要定位在基层，包括农产品质量安全监管站、畜牧兽医站等监管服务机构。自2018年以来，全国多数乡镇对农产品质量安全监管站、农业技术推广站等有关机构进行了整合，成立了农业农村综合服务中心或农业农村综合服务办公室等综合性管理服务机构，这些机构具有农产品质量安全监管职能，是对农产品生产经营者提供农产品检测技术服务的主要力量。根据

本条要求，农户等农产品生产经营者可以通过接受农业技术推广等有关机构服务的方式，对其生产销售的农产品开展检测验证，以进一步推动解决农户农产品质量安全自我管控、把关的问题。

第三十五条 农产品在包装、保鲜、储存、运输中所使用的保鲜剂、防腐剂、添加剂、包装材料等，应当符合国家有关强制性标准以及其他农产品质量安全规定。

储存、运输农产品的容器、工具和设备应当安全、无害。禁止将农产品与有毒有害物质一同储存、运输，防止污染农产品。

● 条文主旨

本条是对农产品包装、保鲜、储存、运输过程中使用相关材料要求的规定。

● 立法背景

农产品在包装、保鲜、储存、运输中所使用的保鲜剂、防腐剂、添加剂等材料应当符合国家有关强制性技术规范。考虑到包装材料和运输过程也是农产品可能被污染的重要因素、环节，本次修改，增加了相关内容，以更完备的法律制度防止污染农产品。

为规范农产品包装、保鲜、储存、运输过程中保鲜剂、防腐剂、添加剂等材料的使用，防止农产品二次污染，确保农产品消费安全，本条明确了农产品包装、保鲜、储存、运输的有关要求。

● 条文解读

一、农产品在包装、保鲜、储存、运输中所使用的保鲜剂、防腐剂、添加剂、包装材料等，应当符合国家有关强制性标准以及其他农产品质量安全规定

农产品以鲜活产品为主，在包装、储存、运输过程中极易腐烂变质，失去原有的色香味和营养品质，失去相应的商品价值和消费功能。随着现代物流业迅猛发展，农产品买全国卖全国已经成为常态。为保障农产品的品质品相，减少损耗，对农产品实施必要的包装、采取相应的保鲜储存手段、合理运输，是农产品生产和流通发展的基本趋势。但在实际操作过程中，一些农产品生产者和营销者片面追求商业利益，使用有毒有害包装和化学制剂来保鲜、储存、运输农产品，对广大消费者的身体健康和生命安全造成风险隐患，也破坏了农产品的品质。为保障公众消费安全，保证农产品质量，我国制定了食品包装材料（GB 9683—1988《复合食品包装袋卫生标准》）、食品添加剂（GB 2760—2014《食品安全国家标准　食品添加剂使用标准》）方面的强制性国家标准，在农产品保鲜剂防腐剂方面，通过农药登记明确了产品目录、质量要求和用法用量规定等。为强化规范农产品保鲜剂、防腐剂、添加剂的使用要求，本法规定农产品在包装、保鲜、储存、运输中使用的保鲜剂、防腐剂、添加剂等材料，必须符合国家强制性标准和其他农产品质量安全规定。

二、储存、运输农产品的容器、工具和设备应当安全、无害，禁止将农产品与有毒有害物质一同储存、运输，防止污染农产品

本条第二款是对储存、运输农产品的要求。储存、运输是农产品生产经营过程中的重要环节，操作不当容易导致污染，形成安全隐患，甚至直接影响农产品质量安全。由于农产品在储存、运输过程中，有关容器、工具和设备卫生问题可能对农产品质量安全造成影响，因此，本次修订时增加了储存、运输农产品的容器、工具和设备应当安全、无害的规定。同时，由于将农产品与有毒有害物质一同储存可能导致农产品被污染，影响质量安全，因此，本次修订时还增加了不得将农产品与有毒有害物质一同储存的规定，确保农产品不被二次污染。

第三十六条 有下列情形之一的农产品，不得销售：

（一）含有国家禁止使用的农药、兽药或者其他化合物；

（二）农药、兽药等化学物质残留或者含有的重金属等有毒有害物质不符合农产品质量安全标准；

（三）含有的致病性寄生虫、微生物或者生物毒素不符合农产品质量安全标准；

（四）未按照国家有关强制性标准以及其他农产品质量安全规定使用保鲜剂、防腐剂、添加剂、包装材料等，或者使用的保鲜剂、防腐剂、添加剂、包装材料等不符合国家有关强制性标准以及其他质量安全规定；

（五）病死、毒死或者死因不明的动物及其产品；

（六）其他不符合农产品质量安全标准的情形。

对前款规定不得销售的农产品，应当依照法律、法规的规定进行处置。

● 条文主旨

本条是对禁止销售的农产品种类的规定。

● 立法背景

本条对原法的有关表述作了修改完善，并与动物防疫法相衔接，在第一款第五项明确"病死、毒死或者死因不明的动物及其产品"不得销售。

● 条文解读

一、含有国家禁止使用的农药、兽药或者其他化学物质的农产品不得销售

我国在《农药管理条例》中明确要求农药使用者不得

将剧毒、高毒农药用于蔬菜、瓜果、茶叶、菌类和中草药材，严禁用农药毒鱼、虾、鸟、兽等；《兽药管理条例》要求兽药使用单位不得将原料药直接添加到饲料及动物饮用水中或者直接饲喂动物，不得将人用药品用于动物；《饲料和饲料添加剂管理条例》要求禁止在饲料、动物饮用水中添加国务院农业行政主管部门公布禁用的物质，以及对人体具有直接或者潜在危害的其他物质，或者直接使用上述物质养殖动物，禁止在反刍动物饲料中添加乳和乳制品以外的动物源性成分。由于某些农业投入品和化学物质影响农产品质量安全进而对人体健康有急性或严重危害，为此，我国连续发布了多个农药、兽药、饲料等领域禁用名录。使用禁限用农业投入品或其他化学物质生产农产品、销售该类农产品属于违法行为。

二、农药、兽药等化学物质残留或者含有的重金属等有毒有害物质不符合农产品质量安全标准的农产品不得销售

农药残留是指所有因使用农药而残留在农产品中的特定物质，包括所有农药的衍生物，如代谢产物、反应产物及被认为具有毒理学意义的杂质。兽药残留是指动物产品的任何可食部分所含兽药的母体化合物和/或其代谢物，以及与兽药有关的杂质残留。兽药残留既包括原药，也包括药物在动物体内的代谢产物。重金属：一般指密度大于 $4.5g/cm^3$ 的金属。农产品中具有危害的重金属主要有镉、汞、铅、砷、铬等。

我国发布了一系列食品安全国家标准，超量就可能产生危害。销售农药、兽药等化学物质残留和重金属等有毒有害物质超标的农产品也是违法行为。

三、含有的致病性寄生虫、微生物或者生物毒素不符合农产品质量安全标准的农产品不得销售

以人和动物为寄生的寄生虫可诱发人畜共患病，所以寄生虫也是农产品相关安全卫生检验的重要项目。寄生虫是动物性寄生物的总称，其中通过食用农产品感染人体的寄生虫称为食源性寄生虫，主要包括原虫、节肢动物、吸虫、绦虫和线虫。常见的致病性寄生虫有旋毛虫、猪绦虫、囊尾蚴、钩端螺旋体、肺吸虫、姜片虫、弓形虫、蛔虫卵等。微生物是一类肉眼难以窥见、形体微小的生物的总称。包括原核生物界中的细菌、放线菌、蓝细菌；真菌界中的酵母菌、霉菌；原生生物界中的大多数藻类和原生动物；非细胞结构的病毒。有些微生物能引起人类和动植物的病害和工农业产品的腐烂变质。致病性微生物主要有肉类中的炭疽杆菌、口蹄疫病毒、布氏杆菌、破伤风杆菌、猪丹毒杆菌、沙门氏菌等。生物毒素种类繁多，分布广泛，主要有真菌毒素、细菌毒素、藻毒素、植物毒素、动物毒素等。生物毒素又称为天然毒素，是指动植物和微生物中存在的某种对其他生物物种有毒害作用的、非营养性天然物质成分，或因贮存方法不当，在一定条件下产生的某种有毒成分。生物毒素能够引起人和动物的急性中

毒、致癌、致畸或致突变。在农产品中发现了许多生物毒素，如玉米、花生作物中的真菌霉素等都已经证明是地区性肝癌、胃癌、食道癌的主要诱导物质；现代研究还发现自然界中存在与细胞癌变有关的多种具有强促癌作用的毒素，如海兔毒素等。这些寄生虫、微生物和生物毒素对人体健康都有损害，因此在销售的农产品中必须强化对这些卫生指标的检验控制，超过标准（如 GB 2761—2017《食品安全国家标准 食品中真菌毒素限量》等）的产品不得上市销售。

四、未按照国家有关强制性标准以及其他农产品质量安全规定使用保鲜剂、防腐剂、添加剂、包装材料等，或者使用的保鲜剂、防腐剂、添加剂、包装材料等不符合国家有关强制性标准以及其他质量安全规定的农产品不得销售

本法第三十五条第一款规定，农产品在包装、保鲜、储存、运输中所使用的保鲜剂、防腐剂、添加剂、包装材料等，应当符合国家有关强制性标准以及其他农产品质量安全规定。不符合上述规定的农产品不得上市销售。

五、病死、毒死或者死因不明的动物及其产品不得销售

这一项内容是新增要求，食品安全法第三十四条对此亦有同样要求。为保持两法对禁止销售产品类型的统一要求，本次修订增加此项。病死、毒死或死因不明的动物及其产品往往含有致病性微生物或寄生虫，人们在食用这类肉类及其制品后可能导致食物中毒，发生病患甚至死亡。

六、其他不符合农产品质量安全标准的情形

本项内容为兜底性条款。影响农产品质量安全的因素除上述提到的五种化学性、生物性危害外,还包括物理性危害等。这些危害包括各种可以称为外来物质的、在农产品消费过程中可能致病或致伤的、任何非正常的杂质,如玻璃、金属、石头、塑料等。如果在质量安全标准中有这些指标要求的,其农产品也同样必须符合标准要求,否则不得上市销售。

本条第二款规定,销售上述不得销售的农产品,应当依照法律法规的规定进行处置,其中所依照的法律法规既包括法律、行政法规,也包括地方性法规。

第三十七条 农产品批发市场应当按照规定设立或者委托检测机构,对进场销售的农产品质量安全状况进行抽查检测;发现不符合农产品质量安全标准的,应当要求销售者立即停止销售,并向所在地市场监督管理、农业农村等部门报告。

农产品销售企业对其销售的农产品,应当建立健全进货检查验收制度;经查验不符合农产品质量安全标准的,不得销售。

食品生产者采购农产品等食品原料,应当依照《中华人民共和国食品安全法》的规定查验许可证和合格证明,对无法提供合格证明的,应当按照规定进行检验。

● 条文主旨

本条是关于批发市场农产品质量安全检测、销售企业对农产品质量安全检查验收责任和进行采购查验的规定。

● 立法背景

本条在原法的基础上作了修改完善,新增加了与市场监督管理部门职责相关的内容,与食品安全法作了衔接:一是与农业农村部门、市场监督管理部门的职责划分相对应,规定发现不符合农产品质量安全标准的,应当要求销售者立即停止销售,并向所在地市场监督管理、农业农村等部门报告;二是与食品安全法相衔接,明确食品生产者采购农产品等食品原料,应当依照食品安全法的规定查验许可证和合格证明,筑牢农产品从"田间地头"到"百姓餐桌"的全链条监管防线。

本条明确农产品批发市场和销售企业的农产品质量安全责任,加强农产品批发市场和销售企业的内部管理制度,避免不符合农产品质量安全标准的农产品流入市场。同时,也明确了食品生产者采购农产品等食品原料时的查验规定,确保食品生产者采购农产品等食品原料的质量安全。

● 条文解读

一、农产品批发市场的农产品质量安全管理义务

1. 农产品批发市场是指依法设立的,为农产品进行

集中、大宗交易提供场所的有形市场，是我国改革开放以后形成的商业业态，是食用农产品流通的主渠道，食用农产品大多经过批发市场进入百姓的"菜篮子"。农产品批发市场作为提供农产品销售场所的法人，负有对所销售农产品质量安全状况进行把关的义务，以确保所销售的农产品质量安全状况符合国家规定农产品质量安全标准的要求。

2. 农产品批发市场对所销售的农产品进行抽查检测，可以由自己建立的内部检测机构进行，也可以委托社会其他具备能力条件的农产品质量安全检测机构进行；承担抽查检测任务的机构由批发市场自行选择决定，但检测规则和方法必须符合国家有关规定。

3. 农产品批发市场主要是由国家投资的提供农产品交易场所的公益性事业独立法人单位：一方面，应当承担进入市场的农产品的质量安全责任，并有义务保证市场上销售的农产品符合质量安全要求；另一方面，满足我国城市消费的农产品主要通过批发市场流通，农产品批发市场是联系农产品生产、运输、消费等链条的关键环节，是农产品流通承上启下的重要节点，应承担起质量安全的把关责任。

4. 农产品批发市场一旦发现不符合农产品质量安全标准的农产品，必须立即采取措施停止交易销售，并向市场监督管理、农业农村等部门报告，目的是防止存在质量安全隐患的农产品继续进入流通环节，流入消费市场，危害消费者健康。此款在修订时明确报告的部门包括市场监督管理、农业农村主管部门，主要目的是要求农业农村部门、市场监管部门分工协作及时追查不符合质量安全标准农产品问题根源，跟进采取有针对性的治理措施，及时消除问题隐患。

二、农产品销售企业的进货查验义务

进货检查验收制度是指销售者根据国家有关规定和合同约定，对购进农产品的承诺达标合格证及其他质量安全相关标志、标识、证明、记录等进行检查，必要时可以抽样检测，符合要求予以验收的制度。进货检查验收制度是农产品销售企业建立追溯体系的具体手段：一方面有利于农产品可追溯，确保监管链条不断；另一方面也可以保护农产品生产经营企业自身的权益。

检查验收制度包括采购索证、进货验收和台账记录过程。第一，在采购索证方面。采购时，要查验承诺达标合格证及其他质量安全相关标志、标识、证明、记录等，以便溯源。例如，从农产品生产企业、农民专业合作社采购蔬菜、水果等农产品时，要查验承诺达标合格证是否符合要求。第二，在进货验收方面，应有专人负责验收，查验农产品和承诺达标合格证及其他质量安全相关标志、标识、证明、记录等是否相符，是否存在农产品质量安全隐患，必要时可以抽样检测，确保采购的农产品符合农产品质量安全标准。第三,在台账记录方面,应如实做好承诺达标合格证收取、保存,对没有出具承诺达标合格证的农产品,如实记录采购农产品的名称、规格、数量、生产日期或生产批号、进货日期、供货者名称及其联络方式等内容。一旦发生农产品质量安全事故,能够确保迅速地追溯到源头和具体责任人。

三、食品生产者的查验义务

食品生产者采购农产品等食品原料的品质、来源、安全状况,直接决定了其生产的食品是否安全。如果采购的农产品类食品原料不符合农产品质量安全标准,就难以生产出符合食品安全标准的食品。为从源头上保障食品安全,需要加强食品生产者生产活动的监管,杜绝不合格农产品进入生产环节。为此,本条第三款与食品安全法第五十条相衔接,要求食品生产者在采购农产品等食品原料时,应当查验供货者的许可证和产品合格证明。也就是说,食品生产者在采购时需要履行检查或者检验的义务,应当索取并查验供货者资格,检查供货者是否是获得许可证的合法企业,同时还要检验采购的原料是否有检验单位出具的同批次产品检验合格证明,如产品生产许可证、动物检疫合格证明、进口卫生证书等,并对物料进行验收审核。根据本法第三十九条的规定,农产品生产企业、农民专业合作社销售农产品时应当开具承诺达标合格证,从事农产品收购的单位或个人,分装或者混装销售农产品时应当开具承诺达标合格证,据此承诺达标合格证可以作为合格证明之一。对于无法提供合格证明的,食品生产者应当依照食品安全标准进行检验,不符合食品安全标准的,不得采购。

第三十八条 农产品生产企业、农民专业合作社以及从事农产品收购的单位或者个人销售的农产品,按照规定应当包装或者附加承诺达标合格证等标识的,须经包装或者附加标识后方可销售。包装物或者标识上应当按照规定标明产品的品名、产地、生产者、生产日期、保质期、产品质量等级等内容;使用添加剂的,还应当按照规定标明添加剂的名称。具体办法由国务院农业农村主管部门制定。

● 条文主旨

本条是关于农产品包装和标识管理的规定。

● 立法背景

本条对原法的有关表述作了个别修改,同时明确承诺达标合格证是一种标识,应当按照规定添加到相应的农产品中。

本条明确农产品包装有关规定,应当包装的农产品须包装后上市销售,实行农产品附带包装或者标识销售。

◐ **条文解读**

一、对包装或附加标识的行为主体和产品对象作了原则性规定

本条明确应当按照规定对销售的农产品进行包装或者添加标识的主体为农产品生产企业、农民专业合作社以及从事农产品收购的单位或者个人。对于规定应当包装或附加标识的农产品，只有经过包装或附加标识后才可以上市销售；未经包装或者未附加标识的，不允许上市销售。对于其他农产品，生产销售者可以根据自身需求决定是否进行包装，但如果进行包装，则必须符合法律法规、部门规章、强制性标准等规定。2006年，原农业部制定了《农产品包装和标识管理办法》。其中第七条规定："农产品生产企业、农民专业合作经济组织以及从事农产品收购的单位或者个人，用于销售的下列农产品必须包装：（一）获得无公害农产品、绿色食品、有机农产品等认证的农产品，但鲜活畜、禽、水产品除外。（二）省级以上人民政府农业行政主管部门规定的其他需要包装销售的农产品。符合规定包装的农产品拆包后直接向消费者销售的，可以不再另行包装。"根据我国农产品质量安全工作发展实际，关于农产品包装或者附加标识的具体办法，本条授权国务院农业农村主管部门制定。

二、明确包装或者标识应当注明的事项

农产品包装是指农产品分等、分级、分类后实施装箱、装盒、装袋、包裹等活动的过程和结果。农产品包装或者标识具有保护产品、承载信息、方便流通和销售、有利于品牌宣传等优势，从发达国家农产品生产和销售情况看，大多都要在产地进行分级、包装，满足不同用户和市场对农产品等级、贮存、运输的需要。我国的农产品包装，总体上包装率仍然较低，但随着我国农业产业进入高质量发展阶段，农产品市场与消费持续转型升级，近年来也有越来越多的农产品根据需求实行包装或者附加标识上市。根据本条规定，销售的农产品按照规定在包装物或者标识上需要标注品名、产地、生产者、生产日期、保质期、产品质量等级等内容。农产品在包装、保鲜、贮藏、运输过程中使用过添加剂的，按照规定必须标明使用过的添加剂名称。上市销售的农产品明确标识质量安全信息，客观、真实地标明品种、产地、生产者、销售者和质量等级等信息，既是生产者或者销售者宣传、营销的手段，也是消费者选择的重要途径。

三、关于农产品标识

农产品标识是指用来表达农产品生产信息和质量安全信息的所有标示行为和结果的总称，可以用文字、符号、数字、图案及相关说明物进行表达和标示。当前，食品、工业产品均已实现全部附带合格证等标识上市，以承诺达标合格证等作为农产品质量安全标识，实行农产品标识上市已成为农产品销售的发展趋势，标识的具体形式可以根据农产品特点和生产经营者自身情况自主选择。国家对农产品实施标识销售，是一个基本的要求，但标识的内容对不同农产品可以区别对待，标识的方式方法也可以多种多样，具体标识要求按国务院农业农村主管部门规定执行。例如，承诺达标合格证是农产品标识中的一种。销售农产品名称、重量或数量、产地、生产者、联系方式、开具日期等信息在承诺达标合格证或其他标识上标注均可，无须重复标注。

第三十九条 农产品生产企业、农民专业合作社应当执行法律、法规的规定和国家有关强制性标准，保证其销售的农产品符合农产品质量安全标准，并根据质量安全控制、检测结果等开具承诺达标合格证，承诺不使用禁用的农药、兽药及其他化合物且使用的常规农药、兽药残留不超标等。鼓励和支持农户销售农产品时开具承诺达标合格证。法律、行政法规对畜禽产品的质量安全合格证明有特别规定的，应当遵守其规定。

从事农产品收购的单位或者个人应当按照规定收取、保存承诺达标合格证或者其他质量安全合格证明，对其收购的农产品进行混装或者分装后销售的，应当按照规定开具承诺达标合格证。

农产品批发市场应当建立健全农产品承诺达标合格证查验等制度。

县级以上人民政府农业农村主管部门应当做好承诺达标合格证有关工作的指导服务，加强日常监督检查。

农产品质量安全承诺达标合格证管理办法由国务院农业农村主管部门会同国务院有关部门制定。

● 条文主旨

本条是关于农产品质量安全承诺达标合格证制度的规定。

● 立法背景

确保农产品质量安全，特别是在生产过程中严格执行投入品使用等强制性规定，保证销售的农产品符合国家质量安全强制性标准，是生产者必须做到的底线要求，这是合格证制度要体现的核心内涵。实施这项制度，就是要求生产者长期坚持，将质量安全自我管控转化为行为规范。农产品的合格证既包含质量安全信息，也包含生产者的具体信息。从事农产品购销的各类主体只要养成收取保存合格证的习惯，就能够说清所经营农产品的来源，有利于实现责任追溯。同时，根据这些信息，有关部门可以实施更有效、更精准的监管，社会各方面可以更方便地行使监督权力，有利于形成农产品质量安全社会共治良好局面。这些力量汇聚起来，就是一道新的有力的质量安全防线。

◐ 条文解读

一、国家建立农产品质量安全承诺达标合格证（以下简称承诺达标合格证）制度

承诺达标合格证制度是党的十八大以来，农产品质量安全治理顺应新形势新要求的一项重要制度创新。食用农产品合格证制度自2016年开始推行，2019年在全国试行，2021年更名为承诺达标合格证制度。在本法修订完成前，全国所有涉农县均已推动实施承诺达标合格证制度，经过多年实践，承诺达标合格证形成了生产主体"承诺书"，压实了实施主体的责任，提高了生产主体的质量安全意识；建立了市场准入"入场券"，畅通了全程监管，推动了产地准出与市场准入有效衔接；打造了质量安全"新名片"，带动了开证主体的品牌宣传，带证上市的品牌农产品均有一定程度的溢价。

本条在法律层面明确了农产品生产者、从事农产品收购的单位或者个人、农产品批发市场、农业农村部门四类主体在制度管理中的责任与义务。具体的农产品质量安全承诺达标合格证管理办法则授权农业农村部会同有关部委制定，以进一步明确承诺达标合格证制度的定义、范围、职责分工，对各类主体开具、收取、查验、保存承诺达标合格证的要求，承诺达标合格证的内容、样式、开具方式，承诺达标合格证的监督管理，等等。

二、农产品生产企业、农民专业合作社应按规定开具承诺达标合格证

这类主体在销售农产品时，要自行开具承诺达标合格证，开具的前提是主体执行法律、法规的规定和国家有关强制性标准，保证其销售的农产品符合农产品质量安全标准；开具的依据是根据生产主体自行开展的质量安全控制和检测等情况。开具的承诺达标合格证包含承诺声明和农产品信息，承诺的内容包括"不使用禁用农药兽药、停用兽药和非法添加物""常规农药兽药残留不超标""对承诺的真实性负责"等，农产品信息包括产品名称、重量或数量、产地、生产者、联系方式、开具日期等。

除农产品生产企业、农民专业合作社外的种植养殖农户，鼓励和支持其在销售农产品时开具承诺达标合格证。

三、从事农产品收购的单位或者个人应按规定收取、保存及开具承诺达标合格证

这类主体收购农产品时，要收取并保存供货者的承诺达标合格证，并核实承诺达标合格证的真实性。从事农产品收购的单位或者个人根据承诺达标合格证信息掌握所销售农产品的来源。从事农产品收购的单位或者个人对收购的农产品分装或混装销售的，要按照规定以销售者的名义自行开具承诺达标合格证；对收购的农产品直接销售的，可以直接使用该产品原有的承诺达标合格证提供给下一环节。

四、农产品批发市场应当建立健全农产品承诺达标合格证查验等制度

农产品批发市场依据本法、食品安全法和《食用农产品市场销售质量安全监督管理办法》规定,建立农产品承诺达标合格证查验等制度并严格落实。对于承诺达标合格证符合要求的农产品,可以进入市场销售;对于无法提供承诺达标合格证或者其他质量安全合格证明的农产品,须进行检测,检测合格后方可进入市场销售,检测不合格的不得进入市场销售。

五、农业农村部门应当做好承诺达标合格证有关工作的指导服务,加强日常监督检查

农业农村部门负责承诺达标合格证有关的指导服务和日常监督检查,指导服务内容包括标准化生产、科学合理使用农业投入品、质量安全管控技术、承诺达标合格证规范化开具使用等;日常监督检查的内容包括生产记录情况、投入品购买及使用情况、承诺达标合格证开具使用情况、开具承诺达标合格证农产品的农药兽药残留检测等。

本条在执行中应注意的问题:

1. 对种植养殖农户,承诺达标合格证为鼓励性规定,本法对未开具承诺达标合格证的农户没有规定罚则。农业农村部门应加强对农户的指导帮助,引导支持其规范开具承诺达标合格证。

2. 本条规定法律、行政法规对畜禽产品的质量安全合格证明有特别规定的，应当遵守其规定。这里主要指的是《乳品质量安全监督管理条例》《生猪屠宰管理条例》《进出口食品安全管理办法》。

《乳品质量安全监督管理条例》对生鲜乳收购、储运、出厂等全链条的质量安全管控和记录都作出了明确规定：一是生鲜乳收购站应当按照乳品质量安全国家标准对收购的生鲜乳进行常规检测，并建立生鲜乳收购、销售和检测记录。生鲜乳收购、销售和检测记录应当包括畜主姓名、单次收购量、生鲜乳检测结果、销售去向等内容，并保存2年。二是乳制品生产企业应当建立生鲜乳进货查验制度，逐批检测收购的生鲜乳，如实记录质量检测情况、供货者的名称以及联系方式、进货日期等内容，并查验运输车辆生鲜乳交接单。查验记录和生鲜乳交接单应当保存2年。三是乳制品生产企业应当对出厂的乳制品逐批检验，并保存检验报告，留取样品。检验内容应当包括乳制品的感官指标、理化指标、卫生指标和乳制品中使用的添加剂、稳定剂以及酸奶中使用的菌种等；婴幼儿奶粉在出厂前还应当检测营养成分。对检验合格的乳制品应当标识检验合格证号；检验不合格的不得出厂。检验报告应当保存2年。由于《乳品质量安全监督管理条例》中对生鲜乳各环节的规定都包含了承诺达标合格证的所有信息内容和要求，因此生产经营者应当遵守其规定，无须重复开具、收取、保存承诺达标合格证。

《生猪屠宰管理条例》对包括屠宰地点、检疫、生猪屠宰质量管理规范、肉品品质检验等进行了限制和说明，通过加强生猪屠宰管理，保证生猪产品质量安全，保障人民身体健康。

《进出口食品安全管理办法》对包括食用农产品在内的食品进口和出口的审查、把关、合格评定等作出了明确的规定。进口食用农产品合格评定活动包括：向中国境内出口食品的境外国家（地区）食品安全管理体系评估和审查、境外生产企业注册、进出口商备案和合格保证、进境动植物检疫审批、随附合格证明检查、单证审核、现场查验、监督抽检、进口和销售记录检查以及各项的组合。出口食用农产品监督管理措施包括：出口食品原料种植养殖场备案、出口食品生产企业备案、企业核查、单证审核、现场查验、监督抽检、口岸抽查、境外通报核查以及各项的组合。由于该办法的有关规定更加严格，生产经营者应当遵守其规定，无须重复开具、收取、保存承诺达标合格证。

3. 生产经营者开具承诺达标合格证必须以执行法律、法规的规定和国家有关强制性标准，保证其销售的农产品符合农产品质量安全标准为必要前提，依据质量安全控制、检测结果等开具。生产经营者开具的承诺达标合格证都具有法律效力，开证者要承担相应的法律责任。为确保生产经营者真实、规范、有效开具承诺达标合格证，地方农业农村部门应加强指导和监管。

第四十条 农产品生产经营者通过网络平台销售农产品的,应当依照本法和《中华人民共和国电子商务法》、《中华人民共和国食品安全法》等法律、法规的规定,严格落实质量安全责任,保证其销售的农产品符合质量安全标准。网络平台经营者应当依法加强对农产品生产经营者的管理。

● 条文主旨

本条是关于网络农产品生产经营者责任和网络平台经营者义务的规定。

● 立法背景

电子商务的发展使农产品经营活动具有了更丰富的形式,对现行的监管方式也带来新的挑战。保障通过网络平台进行交易的农产品质量安全,是本次修改过程中新增加的一项内容,主要包括:一是落实农产品生产经营者质量安全责任;二是强调网络平台经营者的管理责任;三是做好与食品安全法、电子商务法的衔接。

随着近年来我国电子商务环境的不断改善,农产品借助电商平台销售的渠道也逐步兴起。然而,相较于传统的农产品销售,网络营销的农产品来源复杂,而且电子商务环境下的农产品销售依托互联网,交易过程均在互联网虚拟环境下进行,交易过程具有隐蔽性、随机性、非透明性等特点,导致农产品质量监管难度进一步加大。因此,有必要通过立法加强对网络销售的农产品生产经营者和网络平台经营者管理,并与食品安全法、电子商务法等法律法规做好衔接,以确保网络平台销售农产品质量安全。

近年来,我国网络交易快速发展,根据国家统计局数据,2020年全国网上零售额达11.76万亿元,同比增长10.9%;[①] 为稳增长、促消费、扩就业发挥了重要作用。但是,伴随着网络技术发展和网络交易模式创新,假冒伪劣、虚假宣传等违法违规行为屡禁不止,这对监管提出新的挑战。目前,涉及网络交易农产品的法律主要有电子商务法、食品安全法等,有关部门还制定了多部部门规章,来规范网络交易活动,维护网络交易秩序,保障各方合法权益。

▰ 条文解读

一、农产品经营者通过网络平台销售农产品时的主体责任

网络平台销售是一种电子商务。根据电子商务法第二条第二款规定,电子商务是指通过互联网等信息网络销售商品或者提供服务的经营活动。2015年修订的食品安全法设定了网络食品交易的基本规则。之后出台的《网络食品安全违法行为查处办法》和《网络餐饮服务食品安全监督管理办法》进一步细化了相关规定。电子商务法第二章对电子商务经营者的责任义务作出规定,特别是第十三条规定电子商务经营

[①] 《网络零售市场规模再创新高》,载中国政府网,https://www.gov.cn/xinwen/2021-01/25/content_5582319.htm,2023年11月21日访问。

者销售的商品或者提供的服务应当符合保障人身、财产安全的要求和环境保护要求。考虑到上述法律和有关管理办法对包括农产品在内的网络销售食品等行为进行了规定，农产品质量安全法与其衔接，进一步强调并落实农产品生产经营者、网络平台经营者在网络平台销售农产品时的责任。

二、关于网络平台经营者的义务

网络平台经营者即第三方交易平台经营者，是指从事网络交易平台运营并为交易双方或多方提供服务的企业法人。2015年修订的食品安全法中第六十二条对网络食品交易第三方平台提供者的义务作了规定：一是实名登记制度，入网食品经营者须在网络食品交易第三方平台进行实名登记，这是平台提供者的食品安全管理责任，同时还应对依法应当取得的许可证进行审查；二是网络食品交易第三方平台提供者应当对入网食品经营者及其发布的食品信息建立检查监控制度，并履行制止、报告和停止提供服务的义务，发现入网食品经营者有违反本法规定行为的，应当履行及时制止违法行为的义务。此外，该法第一百三十一条还规定了网络食品交易违法行为应当承担相应的法律责任。国家市场监督管理总局制定的《网络交易监督管理办法》中第二节也专门对网络交易平台经营者作了规定。本法对农产品生产、农产品销售行为作出一系列规定，农产品生产经营者在进行网络交易时，需要遵守上述有关规定，确保所销售的农产品质量安全。

第四十一条 国家对列入农产品质量安全追溯目录的农产品实施追溯管理。国务院农业农村主管部门应当会同国务院市场监督管理等部门建立农产品质量安全追溯协作机制。农产品质量安全追溯管理办法和追溯目录由国务院农业农村主管部门会同国务院市场监督管理等部门制定。

国家鼓励具备信息化条件的农产品生产经营者采用现代信息技术手段采集、留存生产记录、购销记录等生产经营信息。

条文主旨

本条是关于农产品质量安全追溯管理的法律规定。

立法背景

党中央高度重视农产品追溯工作,要求产品质量和食品安全追溯体系,尽快把全国统一的农产品和食品安全信息追溯平台建起来,实现农产品生产、收购、储存、运输、销售、消费全链条可追溯,用可追溯制度倒逼和引导生产。要抓紧建立健全农产品和食品安全信息追溯平台,把所有农户、合作社、龙头企业、收储运商贩等都纳入监管视野,落实好生产者第一责任。完善农产品原产地可追溯制度和质量标识制度。2015—2020年、2022年中央1号文件对农产品质量安全追溯体系建设提出要求。2015年国务院办公厅印发

《关于加快推进重要产品追溯体系建设的意见》，对农产品追溯作出全面部署。此次修改，将有关政策要求法律化，为开展农产品质量安全追溯管理提供了明确有力的法律依据。

● 条文解读

一、国家对列入农产品质量安全追溯目录的农产品实施追溯管理

农产品质量安全追溯是指农产品生产经营者通过传统方式或采用现代信息技术手段采集、留存生产记录、购销记录等生产经营信息，全过程记录农产品生产、收购、贮藏、运输、加工、销售、消费等各个环节所必须记载的农产品质量安全生产过程信息和产品流向信息，满足政府监管、企业经营和公众查询需要的管理措施。

我国农产品质量安全追溯体系建设总体上要根据国情，按照急用先行、分步实施的原则稳步推进，同时支持重点地区、重点品种、重点领域先行先试。自2004年以来，全国各地政府、企业主体和相关行业协会都在开展农产品质量安全追溯体系建设试点，取得重要进展和经验。国家层面，农业农村部门先后建立了"农业部种植业产品质量追溯系统""农垦农产品质量追溯展示平台""动物标识及疫病可追溯体系""中央级水产品质量安全监管追溯平台"。2018年，"国家农产品质量安全追溯管理信息平台"正式建成并全面推广运用。国务院相关部门也在大力推进农产品质量安全追溯体系建设。当前，农产品追溯工作已进入

新的发展阶段，迫切需要建立统一的管理规范、技术标准和协作机制等。2015年修订的食品安全法第四十二条明确提出，国家建立食品安全全程追溯制度。食品生产经营者应当依照本法的规定，建立食品安全追溯体系，保证食品可追溯。国家鼓励食品生产经营者采用信息化手段采集、留存生产经营信息，建立食品安全追溯体系。国务院食品药品监督管理部门会同国务院农业农村等有关部门建立食品安全全程追溯协作机制。食用农产品作为食品的重要内容和主要原料，应当同步建立追溯制度。本条规定的农产品质量安全追溯目录要综合考虑食用农产品对人民群众身体健康和生命财产安全的重要程度、质量安全危害事件发生概率，以及追溯技术成熟度等方面进行科学评估，依法制定并公布。对于列入追溯目录的，依法实施全链条、全过程追溯管理，实现农产品来源可查、去向可追、风险可控、责任可究。参照国际经验，自愿参与国家级各类产品认证的农产品也要纳入追溯管理。对未列入追溯目录的，采取自愿实施原则，但要参照相关规定制度进行管理。农产品质量安全追溯目录实行动态管理。各地可以根据本地实际，建立地方追溯目录。

对风险较高的重点农产品和自愿参与产品认证的农产品实施追溯管理，是国外发达国家和地区的通行做法，如欧盟制定《食品安全白皮书》《通用食品法》等法案；美国制定《公共健康安全与生物恐怖应对法》《食品安全跟踪条例》等法规制度；日本制定《牛肉跟踪体制法》《食品可追溯制度指南》等法规标准。此外，还通过建立产地准出、市场准入制度，大力推进产品认证，多方面推动相关企业实施追溯管理。

二、国务院农业农村主管部门应当会同国务院市场监督管理等部门建立农产品质量安全追溯协作机制

农产品追溯涉及生产、流通、加工、消费等多个环节，应当建立地区间、部门间有效的协作机制；应当明确相关农产品生产经营者主体责任、地方人民政府属地责任和相关部门的监督管理职责。尤其是我国农产品质量安全实行分段管理，农业农村部门负责农产品进入批发市场、零售市场和加工企业前的农产品质量安全监督管理职责，市场监督管理部门负责农产品进入批发市场、零售市场和加工企业后的监督管理职责。商务、海关、工信、林草以及其他相关部门都是农产品质量安全追溯体系建设的重要参与者、应用者，应当协调解决相关政策、制度、技术、标准等问题，逐步形成工作合力。

三、农产品质量安全追溯管理办法和追溯目录由国务院农业农村主管部门会同国务院市场监督管理等部门制定

根据国务院食品安全委员会办公室分工，农产品质量安全追溯由国务院农业农村主管部门、市场监督管理部门等部门分头负责。为保证相关法规制度得到有效落实，农产品质量安全追溯管理办法和追溯目录的制定，需要由相

关部门共同研究制定。

四、国家鼓励具备信息化条件的农产品生产经营者采用现代信息技术手段采集、留存生产记录、购销记录等生产经营信息

现阶段我国各地经济发展水平不平衡,可追溯农产品市场机制还不完善,农产品追溯管理应当允许传统追溯方式与现代追溯方式并存,由企业自愿选择。传统追溯方式,是指农产品生产经营者通过建立生产记录、购销档案、进货查验、索证索票等制度,采集、留存生产记录、购销记录等生产经营信息,对农产品生产、收购、贮藏、运输、加工、销售等各个环节实施追溯管理。现代追溯方式,是指农产品生产经营者采用现代信息技术手段,主要是物品编码技术、物联网信息技术、区块链防伪技术等,采集、留存生产记录、购销记录等生产经营信息,对农产品生产、收购、贮藏、运输、加工、销售等各个环节实施追溯管理。根据相关法规制度和标准,各类电子追溯码、包装说明、承诺达标合格证以及产品认证标识、动植物检疫合格证明、购销凭证等都是有效的追溯方式。实践中,各类追溯方式大多合并使用,较好地满足了各方面监管要求。

比较而言,传统追溯方式操作简便,但也存在各个环节票据或证据容易缺失,生产和交易的产品批次关联度不够,追溯效率低等问题。信息化追溯方式操作虽然相对复杂,对生产经营主体素质和设备条件有较高要求,但读取、查询信息比较快速、准确，数据存储更安全，有利于快速预警、快速召回问题产品。当前，我国手机用户超过 10 亿人①，全面推广运用信息化追溯方式已具备较好基础。因此，国家鼓励有条件的农产品生产经营者采用现代信息技术手段采集、留存生产记录、购销记录等生产经营信息，完全切实可行。据了解，目前发达国家普遍采用"电子码+标签标识"相结合的追溯方式。随着我国相关法规制度不断推进、市场机制不断成熟，信息化追溯将是重要方向和发展趋势，应当积极引导生产经营者使用国家和省级农产品追溯平台实施全链条、全过程追溯，加快推进数字农业和智慧监管。

第四十二条 农产品质量符合国家规定的有关优质农产品标准的，农产品生产经营者可以申请使用农产品质量标志。禁止冒用农产品质量标志。

国家加强地理标志农产品保护和管理。

● **条文主旨**

本条是关于农产品质量标志的规定。

● **立法背景**

农产品质量标志是对农产品质量的一种认可，是获取

---

① 《我国手机用户突破 10 亿》，载央广网，https：//china.cnr.cn/xwwgf/201203/t20120303_509236624.shtml，2023 年 11 月 21 日访问。

市场信任的重要参考。本条规定生产经营者可以申请使用农产品质量标志，并在原法的基础上增加规定国家加强地理标志农产品的保护和管理，保障健康的农产品市场秩序和社会管理秩序。

标准化是现代农业发展的重要内容，是保障农产品质量安全、增加绿色优质农产品供给的根本途径。《"十四五"全国农产品质量安全提升规划》明确了对标"最严谨的标准"，架构以安全、绿色、优质、营养为梯次的农业高质量发展标准体系。这意味着在安全底线之上，农产品质量的考量可以有绿色、优质、营养多个维度。从实现路径来看，这可以是聚焦绿色发展，加快健全产地环境、循环农业等标准，也可以是聚焦消费升级和营养健康需求，推动建立农产品品质评价和检测方法标准，鼓励制定高于国家和行业标准要求的优质农产品团体和企业标准。本条对农产品质量标志的使用和地理标志农产品保护、管理作了规定。

条文解读

一、符合优质农产品标准的农产品，其生产经营者可以申请使用农产品质量标志

农产品质量标志是指由国家有关部门制定并发布，加施于获得特定质量认证的农产品的证明性标识，如绿色食品、有机农产品、良好农业规范农产品等。标志的使用涉及有关部门对优质农产品质量的保证和防止欺诈行为的监管，关系到生产者、经营者及消费者合法权益的维护，是国家有关部门对优质农产品质量进行有效监督和管理的重要手段。农产品质量标志的申请、认证和管理采取"政府推动、市场引导"的方式，目的在于实现"优质优价"，是市场和消费者选择的结果。为统一质量标志的内容共识和使用规范，农业农村部门等相关主管部门已针对具体的质量标志颁布了部门规章、行业标准等规范要求。例如，原农业部于2012年公布的《绿色食品标志管理办法》旨在加强绿色食品标志使用管理，确保绿色食品信誉，促进绿色食品事业健康发展，维护生产经营者和消费者的合法权益。

禁止不符合优质农产品标准的农产品冒用农产品质量标志。冒用农产品质量标志包括多种情形，如未经认证擅自在农产品上使用质量标志；擅自扩大该质量标志的使用范围；质量标志认证到期或被撤销后继续使用质量标志。对于冒用农产品质量标志的行为，本法第七十四条规定了相应的法律责任。

二、加强地理标志农产品的保护与管理

地理标志农产品是指来源于特定地域，产品品质和相关特征主要取决于自然生态环境和历史人文因素，并以地域名称冠名的特有农产品。当前，地理标志农产品保护培育已成为推进农业生产和农产品"三品一标"的重要内容，是增加绿色优质农产品供给、促进农业高质量发展的重要举措。自2019年起，农业农村部会同财政部等有关部门启动实施地理标志农产品保护工程,在全国培育和打造一批地理标志农产品示范样板。通过实施"六个一"建设标准,推动生产标准化、产品特色化、身份标识化、全程数字化,培优了一批区域特色品种,建立了一套质量品质保障体系,唱响了一批乡土区域品牌,壮大了一批乡村特色产业,带动了一方农民增收致富,形成了一套持续发展机制,全面提升地理标志农产品知名度、美誉度和市场占有率,有力推动乡村特色产业发展,助力农业高质量发展。

第四十三条 属于农业转基因生物的农产品,应当按照农业转基因生物安全管理的有关规定进行标识。

● 条文主旨

本条是关于转基因农产品标识的衔接性规定。

● 立法背景

属于农业转基因生物的农产品一直备受社会关注,此次修订本法,未对相关内容作修改。

农业转基因生物是指利用基因工程技术改变基因组构成,用于农业生产或者农产品加工的动植物、微生物及其产品,主要包括:转基因动植物(含种子、种畜禽、水产苗种)和微生物;转基因动植物、微生物产品;转基因农产品的直接加工品;含有转基因动植物、微生物或者其产品成分的种子、种畜禽、水产苗种、农药、兽药、肥料和添加剂等产品。本条与食品安全法、《农业转基因生物安全管理条例》的规定相衔接，保护消费者的知情权。

● 条文解读

一、属于农业转基因生物的农产品应当进行标识

农业转基因生物标识是标识的一种，旨在向消费者传递产品信息，表明产品含有转基因成分或者由转基因生物生产、加工而成，帮助消费者了解产品的属性，保障消费者的知情权和选择权。转基因农产品进入市场前必须通过食用安全评价和环境安全评价，获得农业转基因生物安全证书，其安全性是有保障的。20世纪90年代末期尤其是进入21世纪以来，转基因作物产业化应用迅猛发展，截至2019年，全球转基因作物累计种植面积超过400亿亩，转基因商业化应用的国家和地区已经有71个[①]，对转基因产品实施标识管理是国际共同做法。国务院2001年5月23日公布的《农业转基因生物安全管理条例》建立了农业转基因生物标识制度，规范农业转基因生物的销售行为，引导农业转基因生物的生产和消费，保护消费者的知情权。从农产品质量的角度出发，本法作了衔接性规定，强调属于农业转基因生物的农产品应当进行标识。

---

① 《重科学严监管，打好种业翻身仗——权威专家谈推进生物育种产业化应用》，载新华网，http://www.news.cn/2021-12/23/c_1128194513.htm，2023年11月21日访问。

二、标识要依据农业转基因生物安全管理的有关规定进行

目前，农业转基因生物标识的主要依据是《农业转基因生物安全管理条例》及其配套的《农业转基因生物标识管理办法》。根据上述法规规章，在我国境内销售的列入农业转基因生物目录的农业转基因生物，应当有明显的标识，否则不得销售，标识由生产、分装单位和个人负责。经营单位和个人在进货时，应当对货物的标识进行核对；经营单位和个人拆开原包装进行销售的，应当重新标识。农业转基因生物标识应当载明产品中含有转基因成分的主要原料名称；有特殊销售范围要求的，还应当载明销售范围，并在指定范围内销售。此外，还对农业转基因生物标识的标注方法等作了具体规定，并明确了第一批实施标识管理的农业转基因生物目录，包括：大豆种子、大豆、大豆粉、大豆油、豆粕；玉米种子、玉米、玉米油、玉米粉；油菜种子、油菜籽、油菜籽油、油菜籽粕；棉花种子；番茄种子、鲜番茄、番茄酱。属于农业转基因生物的农产品，应当按照上述规定的要求进行标识。

由于本条属于与《农业转基因生物安全管理条例》相衔接的规定，故在"法律责任"一章中未设定相应的处罚。在具体执法中，应依据《农业转基因生物安全管理条例》第五十条的规定进行处罚，即"违反本条例关于农业转基因生物标识管理规定的，由县级以上人民政府农业行政主管部门依据职权，责令限期改正，可以没收非法销售的产品和违法所得，并可以处1万元以上5万元以下的罚款"。

第四十四条 依法需要实施检疫的动植物及其产品，应当附具检疫标志、检疫证明。

● 条文主旨

本条是关于动植物及其产品检疫标志与证明的规定。

● 立法背景

现行法律法规对动植物及其产品的检疫作了规定，按照规定应当附具检疫标志、检疫证明。本条为强化动植物及其产品检疫，保障动植物及其产品的质量安全，与有关动植物检疫的法律法规作了衔接，此次修订，对检疫标志、检疫证明的表述作了个别调整。

动植物检疫是指法定检疫机关（机构）根据国家检疫法律法规，运用相应的技术、方法，对动植物及其产品的疫病、害虫、杂草等有害生物进行检疫检验和监督处理，以防止危害动植物的疫病、害虫、杂草传播蔓延，保障农业生产安全。为强化动植物及其产品检疫，保障动植物及其产品的质量安全，本条重申依法需要实施检疫的动植物及其产品，应当附具检疫标志、检疫证明，与有关动植物检疫的法律法规作了衔接。

● **条文解读**

一、动植物及其产品应当依法实施检疫

动植物疫病不仅影响动植物本身的健康，而且影响农产品质量安全，加强动植物及其产品的检疫，也是保障农产品质量安全的重要措施。比如，小麦赤霉病、玉米螟和玉米穗腐病不仅影响农业发展，其引发的霉菌毒素还可导致人畜中毒和致癌、致畸，非洲猪瘟、口蹄疫、高致病性禽流感等动物疫情的暴发，不仅使畜牧业发展受到重创，而且严重影响畜产品的消费，有的甚至可能引发公共卫生安全事件。近年来，美国、韩国等一直以桔小实蝇为由对我国柑橘、龙眼和荔枝等水果采取进口限制，日本、菲律宾等一直以苹果蠹蛾为由禁止进口我国苹果和梨等水果。随着国际贸易的发展，一些新的有害生物不断传入并迅速扩散，我国动植物检疫工作面临严峻的考验。20世纪70年代，我国新发现的检疫性有害生物只有1种，80年代有2种，90年代达到10种，最近5年新发现18种[①]。

为加强动植物检疫，我国已出台进出境动植物检疫法及其实施条例、动物防疫法和《植物检疫条例》，对检疫实施主体、检疫对象、检疫措施分别作了规定。进出境动植物检疫法规定国家动植物检疫机关和口岸动植物检疫机关

---

① 《我国进境植物检疫性有害生物名录修订并发布实施》，载中国政府网，https://www.gov.cn/gzdt/2007-06/07/content_640209.htm?eqid=c4b343670006a5ff000000066457c40d，2023年11月21日访问。

对进出境动植物、动植物产品实行检疫监督。动物防疫法规定动物卫生监督机构依法对动物、动物产品实施检疫。《植物检疫条例》规定农业、林业部门所属的植物检疫机构根据应施检疫对象名单，对植物及其产品实施检疫。

二、依法应当实施检疫的动植物及其产品应当附具检疫标志、检疫证明

进出境动植物检疫法规定经检疫合格的，口岸动植物检疫机关签发检疫证书或者在海关报关单上加盖印章。动物防疫法规定屠宰、经营、运输的动物，以及用于科研、展示、演出和比赛等非食用性利用的动物，应当附有检疫证明；经营和运输的动物产品，应当附有检疫证明、检疫标志。《植物检疫条例》规定经检疫未发现植物检疫对象的，发给植物检疫证书。按照上述法律法规，对经过法定检疫合格的动植物及其产品，应当加贴检疫标志或者附上检疫证明。在销售上述农产品时，应当按照规定附具相应的检疫标志或者检疫证明。

本条在执行中应注意的问题：

1. 动植物及其产品的检疫应当执行有关检疫法律法规，检疫实施主体、检疫范围和检疫措施应当符合有关检疫法律法规的规定。

2. 本条中"检疫标志"和"检疫证明"包括依据有关检疫法律法规规定的单证、印章、标志、标识等形式，含电子证照式的检疫证明。

第六章 监督管理

第四十五条 县级以上人民政府农业农村主管部门和市场监督管理等部门应当建立健全农产品质量安全全程监督管理协作机制，确保农产品从生产到消费各环节的质量安全。

县级以上人民政府农业农村主管部门和市场监督管理部门应当加强收购、储存、运输过程中农产品质量安全监督管理的协调配合和执法衔接，及时通报和共享农产品质量安全监督管理信息，并按照职责权限，发布有关农产品质量安全日常监督管理信息。

● 条文主旨

本条是关于加强农产品质量安全监督管理协作的规定。

● 立法背景

农产品质量安全涉及链条长，由农业农村部门、市场监督管理部门等分工负责监管，实践中存在执法衔接不畅等问题。本次修改，增加了建立健全全程监督管理协作机制，加强协调配合和执法衔接等内容，确保有关部门紧密配合，保障农产品质量安全。

近年来，农业农村部门和市场监督管理部门出台了《关于加强食用农产品质量安全监督管理工作的意见》等指导性文件，在农产品生产和流通领域建立了"三前"与"三后"相互衔接的工作机制，两部门密切配合，加强合作，有效提升了农产品质量安全监管工作效能。本条要求农业农村和市场监督管理等部门加强协调配合，建立信息互通、结果通报、会商研判、联合行动的协作机制，实现对农产品质量安全全程监督管理，确保农产品从生产到消费各环节的农产品质量安全。

● 条文解读

一、建立健全农产品质量安全全程监督管理协作机制

农产品质量安全监督管理一般在同级人民政府领导下，由农业农村部门、市场监管部门以及各有关部门共同参加，实施农产品从生产到消费各环节全程监管。县级以上人民政府农业农村和市场监管等部门应当建立健全种植、养殖、收购、储存、运输、加工、销售、餐饮环节信息及时通报共享、协调配合、联合行动等农产品质量安全全程监督管理协作机制。

二、重点环节农产品质量安全监督管理的协调配合和执法衔接

县级以上人民政府农业农村和市场监督管理等部门要

加强收购、储存、运输三个重点环节的协调配合和执法衔接，建立风险评估结果共享制度和违法案件信息相互通报制度。加强农产品质量安全突发事件、重大舆情跟踪监测，建立重大舆情会商分析和信息通报机制。及时联合研究处置农产品质量安全突发事件和相关舆情热点问题，加强农产品质量安全违法线索、重大农产品质量安全事故等通报和处置。

三、通报和共享农产品质量安全监督管理信息

县级以上人民政府农业农村、市场监督管理部门要按照食用农产品质量安全监管信息共享制度，定期或者不定期互换食用农产品质量安全监管中的相关信息。农业农村部门要建立农产品生产环节日常监管台账，收集农产品产地及其环境检测、农业生产者、农业投入品使用、农产品日常检测和例行抽查、农产品承诺达标合格证及其他质量安全合格证明等信息，市场监督管理部门要建立农产品进入批发、零售市场或者生产加工企业后日常监管台账，收集市场日常检测和抽查、销售者收取保存承诺达标合格证及其他质量安全合格证明等信息。农业农村部门要及时将查处的农产品质量安全案件、存在的农产品质量安全隐患、日常监管等信息向市场监督管理部门通报；市场监督管理部门须及时将流通领域承诺达标合格证及其他质量安全合格证明查验情况、有关农产品案件查处情况、存在农产品质量安全隐患的生产经营主体等信息向农业农村部门通报。

四、农产品质量安全日常监督管理信息的发布

县级以上人民政府农业农村和市场监督管理等部门要按照职责权限，严格履行信息发布程序，发布监测结果、违法信息、监督检查、执法查处等农产品质量安全日常监督管理信息。农产品质量安全日常监督管理信息是指在履行农产品质量安全监管职责过程中制作或获取的，以一定形式记录、保存的相关信息，包括：（1）农产品质量安全例行监测、监督抽查、专项监测结果等信息；（2）农产品质量安全问题隐患处理情况等信息；（3）消费者或媒体反映的农产品质量安全问题的调查核实及处理情况等信息；（4）其他依法发布的农产品质量安全信息。

信息通报、共享、发布要遵循"依法科学、准确全面、客观公正、严格程序"的原则，有利于加强农产品质量安全监管，有利于维护消费者和生产者的知情权和监督权，有利于市场消费和农业产业的健康发展。切实加强媒体监督、保证消费者知情权，但对容易造成社会恐慌、影响产业发展的农产品质量安全信息和风险监测信息要慎重发布，如果确有必要发布，需要经过国务院有关部门共同协商和组织专家评估。一些不实信息可能会引起一定程度的社会恐慌并对产业发展造成很大影响，所以发布此类农产品质量安全信息和风险监测信息一定要严格评判，慎重发布。

第四十六条 县级以上人民政府农业农村主管部门应当根据农产品质量安全风险监测、风险评估结果和农产品质量安全状况等，制定监督抽查计划，确定农产品质量安全监督抽查的重点、方式和频次，并实施农产品质量安全风险分级管理。

● 条文主旨

本条是关于农产品质量安全监督抽查计划和实施风险分级管理的规定。

● 立法背景

本条是在原法的基础上，对风险监测的规定进行了细化、完善。同时，考虑到农产品质量安全风险分析是实施科学管理的重要举措，此次修改还增加了"实施农产品质量安全风险分级管理"的内容。

● 条文解读

一、县级以上人民政府农业农村主管部门应当根据农产品质量安全风险监测、风险评估结果和农产品质量安全状况等，制订监督抽查计划

农产品质量安全监督抽查是指为了监督农产品质量安全，依法对生产中或市场上销售的农产品进行抽样检测的活动。督管抽查计划是监管部门开展农产品质量安全年度监管工作的重要依据。制订全面系统科学有效的农产品质

量安全监督抽查计划，可以有效适应农产品生长和企业生产的季节性，有利于合理安排监管资源，科学确定监管重点，提高监督抽查的靶向性和问题发现率，提高农产品质量安全监管工作的效率。县级以上人民政府农业农村主管部门制订农产品质量安全监督抽查计划要依据本区域近三年农产品质量安全风险监测情况、农产品生产经营主体风险评估结果、不同种类农产品农业投入品使用等实际情况，有针对性制订相应农产品质量安全监督抽查计划。农业农村部负责组织制订国家农产品质量安全监督抽查计划，并指导地方开展农产品质量安全监督抽查工作；县级以上地方人民政府农业农村主管部门制订本辖区的监督抽查计划，确定农产品质量安全监督抽查的重点、方式和频次。一般而言，农产品质量安全监督抽查计划包括重点产品和地区、抽查时间和频次、抽样地点、抽查项目、检测方法、判定依据和原则、抽查报告要求、结果上报时间等内容。

二、农产品质量安全监督抽查的重点

农产品质量安全监督抽查重点应包括重点品种、重点地区、重点投入品和重点环节几个方面。确定重点主要依据以下三个方面：（1）风险监测时发现的问题隐患。主要指在例行监测、专项监测等风险监测活动中发现的存在风险的农产品和投入品。（2）媒体报道和群众投诉举报的质量安全问题。这里是指收到农产品质量安全投诉举报较多或在新闻媒体上报道并引起关注的农产品。（3）国家有关部门日常监管中发现的问题。主要是市场监管部门、地方的监督抽查或其他国家相关部门公开公布的不合格农产品。

三、监督抽查的方式

监督抽查是对农产品质量安全进行动态监管的具体监管执法行为，可采取定期或者不定期的方式进行，其抽样具有随机性，其结果是行政执法和处罚的重要依据。监督抽查可以分为年度监督抽查、专项监督抽查和重大事项监督抽查。年度监督抽查是指每年年初制订的监督抽查计划，用于指导全年监督抽查工作。专项监督抽查是指针对重点品种、重点参数开展的监督抽查，无固定时间，可根据工作需要随时开展。例如，曾经开展的禽蛋监督抽查、"瘦肉精"监督抽查、三聚氰胺监督抽查和2021年开展的重点品种农药兽药残留专项抽检（监督抽查）都属于专项监督抽查。重大事项监督抽查是指针对某项重大活动，为保障农产品质量安全开展的有针对性的监督抽查活动。例如，冬奥会重点品种监督抽查、杭州APEC[①]会议重点品种监督抽查等。

四、农产品质量安全风险分级管理的实施

农产品质量安全风险分析是实现农产品质量安全科学管理的有效手段，通过风险评估、风险管理和风险交流三个步骤能够最大限度地降低农产品质量安全风险。风险管理作为农产品质量安全风险分析方法的核心步骤，应当体现农产品质量安全风险监测、风险评估和风险交流的作用，

---

① 指亚太经合组织。

努力实现农产品质量安全管理工作的科学高效。欧盟、日本等在食品安全风险管理方面的一条重要经验就是综合运用食品安全风险分析方法，实施食品安全风险分级管理；以食品安全风险评估结果等为依据，对于高风险食品实行严格监管，对于高风险企业增加监督检查频次。

目前，我国农产品质量安全分级管理包含两个方面内容：一是对农产品生产销售主体进行风险分级。根据风险监测等情况，对于连续监测合格的主体，可确定为低风险等级，减少监管频次；对于多次监测不合格的主体可确定为高风险等级，加大监管频次。二是对辖区内主要农产品品种进行风险分级管理。根据风险监测等情况，对于连续监测都合格的品种，可以确定为低风险等级，减少监管频次，对于多次监测不合格的品种，可以确定为高风险等级，加大监管频次。地方人民政府农业农村主管部门要对辖区内的农业生产主体和主要农产品按照风险等级实施分级管理，加强监督抽查的靶向性，提高问题发现率。

需要说明的是，本条中的农产品质量安全风险分级管理并不是指中央和地方政府之间的分级管理，因为农产品质量安全监管主要是县级以上地方人民政府及其有关部门的责任。农产品质量安全风险分级管理是指根据食品安全风险等级等实际情况，科学确定农产品质量安全监督管理的重点、方式和频次。

第四十七条 县级以上人民政府农业农村主管部门应当建立健全随机抽查机制,按照监督抽查计划,组织开展农产品质量安全监督抽查。

农产品质量安全监督抽查检测应当委托符合本法规定条件的农产品质量安全检测机构进行。监督抽查不得向被抽查人收取费用,抽取的样品应当按照市场价格支付费用,并不得超过国务院农业农村主管部门规定的数量。

上级农业农村主管部门监督抽查的同批次农产品,下级农业农村主管部门不得另行重复抽查。

☞ 条文主旨

本条是关于开展农产品质量安全监督抽查的规定。

☞ 立法背景

本条主要是规范农产品质量安全监督抽查行为,针对实践中可能存在的不正当监督抽查行为,此次修改,明确"随机"抽查机制,并规定抽取的样品应当按照市场价格支付费用。

● 条文解读

一、县级以上人民政府农业农村主管部门应当建立健全随机抽查机制，按照监督抽查计划，组织开展农产品质量安全监督抽查

农产品质量安全监督工作由县级以上人民政府农业农村主管部门负责组织实施，在实施前要建立健全农产品质量安全监督随机抽查机制。2015年7月，国务院办公厅发布《关于推广随机抽查规范事中事后监管的通知》，要求在政府管理方式和规范市场执法中，全面推行在监管过程中随机抽取检查对象，随机选派执法检查人员，抽查情况及查处结果及时向社会公开的"双随机、一公开"监管模式。县级以上人民政府农业农村主管部门负责组织实施农产品质量安全监督抽查工作时，要严格按照"双随机、一公开"原则随机选取抽查对象，随机选派执法人员。例如，在所有的生产经营主体名单中通过摇号、微信小程序等方式随机选取抽查对象。按照《农产品质量安全监测管理办法》的规定，监督抽查按照抽样机构和检测机构分离的原则实施；抽样工作由当地农业农村主管部门或其执法机构负责，检测工作由农产品质量安全检测机构负责；检测机构根据需要可以协助实施抽样和样品预处理等工作。需要说明的是，随机选择抽查对象是指在问题突出、风险隐患大的地区和产品中开展。监督抽查结果是行政执法的依据。实施监督抽查工作时，必须制订完善的工作方案，并严格遵守有关抽样、检测、结果反馈、异议处理、结果上报、信息发布等具体规定。

二、农产品质量安全监督抽查检测应当委托符合本法规定条件的农产品质量安全检测机构进行，监督抽查不得向被抽查人收取费用，抽取的样品应当按照市场价格支付费用，并不得超过国务院农业农村主管部门规定的数量

承担监督抽查样品检测工作的农产品质量安全检测机构必须符合本法规定的相应的检测条件和能力，由省级以上人民政府农业农村主管部门或者其授权的部门考核合格，并依法进行资质认定。具体检测机构由监督抽查工作任务下达单位确定。

各级农业农村部门组织的监督抽查，所需费用由各级财政安排的农产品质量安全经费中列支，抽取的样品费用应按照市场价格支付。不得向被抽查方收取费用。按照规定，县级以上人民政府应将农产品质量安全监督抽查制度实施所需经费列入财政预算，并加强资金使用的监督管理，切实保证农产品质量安全监督抽查工作正常开展。根据本条第二款规定，抽取的样品不得超过国务院农业农村主管部门规定的数量。这里的数量主要是指单一样品取样量的公斤或个数，按照相关规定的数量要求执行。例如，《农药残留分析样本的采样方法》（NY/T 789—2004）规定，黄瓜、番茄、茄子、西葫芦取样量采集样为6~12个个体，不少于3公斤；《动物及动物产品兽药残留监控抽样规范》

(NY/T 1897—2010）规定，鸡蛋从产蛋架上抽取，取样量不少于6~10枚。根据饲养基数计算抽样量时，小于1000只鸡取鸡蛋2个，大于10000只鸡，取鸡蛋8个。《水产品抽样规范》（GB 30891—2014）规定，鲈鱼、鲫鱼、大黄鱼取样量不少于3尾，不少于400克。

三、上级农业农村主管部门监督抽查的同批次农产品，下级农业农村主管部门不得另行重复抽查

对于上级农业农村主管部门已经实施监督抽查的同批次农产品，下级农业农村主管部门不得另行重复监督抽查。这里同批次农产品指的是同一地块同一作物的一个生长周期的农产品或一个生产周期的养殖农产品。本法规定，避免在同一农产品生产主体的同一个地块或同一养殖场所反复抽样，重点解决抽样覆盖面不广、增加主体负担等问题。

第四十八条 农产品质量安全检测应当充分利用现有的符合条件的检测机构。

从事农产品质量安全检测的机构，应当具备相应的检测条件和能力，由省级以上人民政府农业农村主管部门或者其授权的部门考核合格。具体办法由国务院农业农村主管部门制定。

农产品质量安全检测机构应当依法经资质认定。

● **条文主旨**

本条是关于农产品质量安全检测机构资质管理的规定。

● **立法背景**

为贯彻落实 2006 年农产品质量安全法相关要求，原农业部制定《农产品质量安全检测机构考核办法》，省级以上人民政府农业农村主管部门或者其授权的部门按照法律、法规以及相关标准和技术规范的要求，对向社会出具具有证明作用的数据和结果的农产品质量安全检测机构进行条件与能力评审和确认。从事农产品质量安全检测的机构的检测条件和能力，应当符合国务院农业农村主管部门的规定。本次修订重申了这一要求。

● **条文解读**

一、农产品质量安全检测应当充分利用现有的符合条件的检测机构

国家高度重视农产品质量安全检测体系建设。"十二五""十三五"期间先后实施《全国农产品质量安全检验检测体系建设规划（2006—2010 年）》《全国农产品质量安全检验检测体系建设规划（2011—2015 年）》，累计投资 130 亿元，共投资建设了部、省、地（市）、县农产品质量安全检测机构建设项目2770个。① 在国家和各地有关部门共同努力下，我国农产品质量安全检测体系建设取得显著成效。近年来，在各地机构改革背景下，一些地方将农产品质量安全检测机构、人员等整合到其他部门。

2019年，中共中央、国务院印发《关于深化改革加强食品安全工作的意见》，要求"健全以国家级检验机构为龙头，省级检验机构为骨干，市县两级检验机构为基础的食品和农产品质量安全检验检测体系"。为贯彻落实本法和党中央、国务院有关精神，各级要担起属地管理责任，切实把稳定和加强农产品质量安全检验检测体系工作摆上重要位置，充分利用已建成的、现有符合条件的检测机构，进一步建立健全农业农村部门的农产品质量安全检验检测体系，强化对农产品质量安全检验检测工作的整体谋划、组织协调和业务指导，进行科学规划和合理布局，引导部门内检测资源的整合与优化，稳定加强农产品质量安全检测体系，避免资源浪费和重复建设。

二、从事农产品质量安全检测的机构，应当具备相应的检测条件和能力，由省级以上人民政府农业农村主管部门或者其授权的部门考核合格

2007年，原农业部制定《农产品质量安全检测机构考核办法》等制度，明确农产品质量安全检测机构的机构与

---

① 《对十三届全国人大二次会议第3279号建议的答复》，载农业农村部网站，https://www.moa.gov.cn/gk/tzgg_1/tz/201911/t20191111_6331601.htm，2023年12月13日访问。

人员、检测工作、仪器设备、记录报告等方面的具体要求。从事农产品质量安全检测的机构，必须具备与承检工作范围相适应、符合国务院农业农村主管部门规定的检测条件和能力。

三、农产品质量安全检测机构应当依法经资质认定

农产品质量安全检测机构不仅应由省级以上人民政府农业农村主管部门或者其授权的部门考核合格，还应当依法经资质认定，即市场监督管理部门依照法律、行政法规规定，对向社会出具具有证明作用的数据、结果的检验检测机构的基本条件和技术能力是否符合法定要求实施的评价许可。取得相应资质后，才能向社会出具具有证明作用的数据、结果。

第四十九条 从事农产品质量安全检测工作的人员，应当具备相应的专业知识和实际操作技能，遵纪守法，恪守职业道德。

农产品质量安全检测机构对出具的检测报告负责。检测报告应当客观公正，检测数据应当真实可靠，禁止出具虚假检测报告。

● 条文主旨

本条是关于农产品质量安全检测从业人员及检测报告的规定。

● **立法背景**

本条规定农产品质量安全检测从业人员基本要求，明确农产品质量安全检测机构对出具的检测报告负主体责任，禁止出具虚假报告。虚假检测报告是指在农产品质量安全检测过程中，检测机构和人员为谋求经济利益或其他利益等，伪造的检测数据或报告，主要指以下情形：对未经检验的产品或项目出具检测数据或报告，通过伪造、编造原始数据、记录等出具虚假、失实的数据或报告，等等。国家市场监督管理总局颁布的《检验检测机构监督管理办法》也对出具虚假检验检测报告的具体情形进行了规定，主要是指未经检验检测、伪造记录、伪造公章等出具检验检测报告的行为。

● **条文解读**

一、从事农产品质量安全检测工作的人员，应当具备与其开展的检测工作相适应的专业知识和实际操作技能，遵纪守法，恪守职业道德

农产品质量安全检测是运用科学的检验技术和方法，对农产品进行检验、测试，并将这些特性与法律、法规、标准等规定的要求进行比较，以确定农产品质量安全等特性与其是否符合的评定活动，是一项科学性、技术性、规范性、专业性很强的工作。与食品、工业产品相比，农产品种类繁多，生产储运链条长，鲜活、保存时间短，影响质量安全的风险因子众多。农产品质量安全检测涉及的产品、参数、环节多且复杂，管理要求也不同于其他检测机构，因此从事农产品质量安全检测工作的人员，应当具备与其开展的检测工作相适应的专业知识和实际操作技能。农产品质量安全检测涉及产品、参数、环节多且复杂，应对农产品质量安全检测人员的能力严格要求，关注其专业背景或培训经历是否能满足能力要求，特别是抽样、结果分析等能力。作为从事农产品质量安全检测工作的法律主体，相应的检测机构也应当树立依法施检、依规运行的意识。一些法律法规对检测人员提出要求。例如，食品安全法规定，检验人应当依照有关法律、法规的规定，并按照食品安全标准和检验规范对食品进行检验，尊重科学，恪守职业道德，保证出具的检验数据和结论客观、公正，不得出具虚假检验报告。《检验检测机构监督管理办法》规定，检验检测机构及其人员从事检验检测活动应当遵守法律、行政法规、部门规章的规定，遵循客观独立、公平公正、诚实信用原则，恪守职业道德，承担社会责任。检验检测机构及其人员应当独立于其出具的检验检测报告所涉及的利益相关方，不受任何可能干扰其技术判断的因素影响，保证其出具的检验检测报告真实、客观、准确、完整。

二、农产品质量安全检测机构对出具的检测报告负责。检测报告应当客观公正，检测数据应当真实可靠，禁止出具虚假检测报告

农产品质量安全检测是农产品质量安全监管的重要环

节和技术支撑，对发现问题隐患、开展风险预警、加强风险防控、组织风险评估和加强执法监管发挥着不可替代的作用，同时也对维护正常的市场经济秩序、保护消费者的合法权益等都具有十分重要的意义。因此，检测报告客观公正、检测数据真实可靠对于支撑农产品质量安全监管和保障人民群众"舌尖上的安全"至关重要，一旦检测过程出现弄虚作假等行为，将直接威胁到正常的市场经济秩序和广大人民群众的身体健康。检测报告是检测机构直接面向用户的"产出品"和"载体"，检测数据是检测报告的核心内容，在确保检测数据真实、可靠的基础上，还应当加强检测报告质量管理。检测机构对检测报告负有不可推卸的直接责任，应当为其出具的每一项数据和每一份报告负责，并承担相应的法律责任。

第五十条 县级以上地方人民政府农业农村主管部门可以采用国务院农业农村主管部门会同国务院市场监督管理等部门认定的快速检测方法，开展农产品质量安全监督抽查检测。抽查检测结果确定有关农产品不符合农产品质量安全标准的，可以作为行政处罚的证据。

● 条文主旨

本条是关于快速检测方法及结果运用的规定。

● **立法背景**

现阶段，我国农业生产经营主体分散而且规模化程度不高，大型仪器设备难以满足田间地头、种植养殖基地的快速检测要求；农产品具有鲜活易腐的特点，不宜长时间保存，据地方农业综合执法部门反映，定量检测时间较长，往往等结果出来后，食用农产品难以作为证据保存，给执法带来困难；食用农产品农药兽药残留具有降解的特点，检测不及时，容易造成结果不准确，因此发展低成本、便携的快速检测技术和方法，对于我国的农产品质量安全管理工作具有特殊意义。快速检测经过20余年的发展，免疫分析、分子生物学检测技术已越发成熟，农业农村部也组织了农药残留、兽药残留、违禁添加物等快速检测产品的验证评价，验证评价结果表明快速检测产品的灵敏度、准确度等核心指标已能满足农产品质量安全监督抽查检测的要求。

开展农产品质量安全监督抽查检测时，利用快速检测方法进行检测，可有效解决样品储运难的问题，同时还可以及时得到检测结果，降低检测费用。此次修订过程中，充分考虑基层农业农村部门的呼声，为克服农产品检测周期长、证据不易保存等问题，同时也为避免检测资源的浪费和执法效率不高等问题，从法律层面肯定了快速检测技术和方法，明确了采用快速检测方法得出抽查检测结果的法律效力。

● 条文解读

一、县级以上地方人民政府农业农村主管部门可以采用国务院农业农村主管部门会同国务院市场监督管理等部门认定的快速检测方法，开展农产品质量安全监督抽查检测

本条中的快速检测方法是指检测速度相对较快、便于现场筛查的检测方法，是一个约定俗成的概念，是指具有快速、简便、灵敏等特点，能够在短时间内制备样品并出具农产品质量安全初步筛查结果的检测手段。所谓快速检测方法，首要目的是能缩短检测时间，以及在样品制备、实验准备、操作过程和自动化上采用简化的方法，表现为：使用较少的试剂，简化实验准备过程；使用高效快速的样品处理方式，样品经简单处理后即可测试；使用简单、快速和准确的分析方法，能将处理好的样品在很短时间内测试出结果。从广义上讲，能将原有检测时间缩短的都可以称为快速检测方法，但从严格意义上讲，快速检测方法与常规方法相比，应具有明显的简洁性、经济性与便捷性。当前比较常用的农产品质量安全快速检测方法主要有酶抑制法、免疫分析法和分子生物学检测方法。

快速检测方法原理众多，检测灵敏度和准确性差别较大，农业农村部会同国家市场监督管理总局等部门可以采用多种方式认定快速检测方法，如两个部门组织专家评审、发布标准、发布方案、发文确认等方式均可，认定过程中

要考虑快速检测方法的灵敏度、假阳性率、假阴性率、适用性、重现性等因素，保证快速检测方法的统一性、可靠性和权威性，经认定的快速检测方法才可以用于农产品质量安全监督抽查检测。未经认定的快速检测方法，不得用于农产品质量安全监督抽查的检测工作。

二、抽查检测结果确定有关农产品不符合农产品质量安全标准的，可以作为行政处罚的证据

随着快速检测技术和方法的发展，快速检测方法得出的抽查检测结果越来越准确，尤其是在定性方面能够得出确定结果的，如果不承认其法律效力就会造成检验检测资源的浪费和执法效率的降低。但是也考虑到，利用快速检测方法虽然能够简单便捷地得出抽查检测结果，但其方法准确度与确证检测方法相比仍有一定距离。因此，本法规定，对于抽查检测结果确定有关农产品不符合农产品质量安全标准的，可以作为行政处罚的证据。根据本法第五十一条的规定，采用快速检测方法进行监督抽查检测，被抽查人对检测结果有异议开展复检的，复检结果可以直接作为确定不符合农产品质量安全标准的依据。

第五十一条 农产品生产经营者对监督抽查检测结果有异议的，可以自收到检测结果之日起五个工作日内，向实施农产品质量安全监督抽查的农业农村主管部门或者其上一级农业农村主管部门申请复检。复检机构与初检机构不得为同一机构。

采用快速检测方法进行农产品质量安全监督抽查检测，被抽查人对检测结果有异议的，可以自收到检测结果时起四小时内申请复检。复检不得采用快速检测方法。

复检机构应当自收到复检样品之日起七个工作日内出具检测报告。

因检测结果错误给当事人造成损害的，依法承担赔偿责任。

● 条文主旨

本条是关于农产品质量安全监督抽查检测结果存在异议时如何处理的规定。

● 立法背景

监督抽查不合格的检验结论，是执法机关对农产品生产经营者采取行政强制措施或进行行政处罚的依据。因此，监督抽查不合格的检验结论事关被监督抽查农产品生产经营者的切身利益，为了维护其合法权益，有必要从法律上为其提供救济途径，所以本条规定了复检制度。复检是指对监督抽查的结果有异议，对被抽查样品进行再次检测的行为。

● **条文解读**

一、农产品生产经营者对监督抽查检测结果有异议的，可以自收到检测结果之日起五个工作日内，向实施农产品质量安全监督抽查的农业农村主管部门或者其上一级农业农村主管部门申请复检。复检机构与初检机构不得为同一机构

当事人对农产品质量安全监督抽查检测结果有异议的，不能盲目申请复检，需要经过详细周密的自行检验，在比较有把握的情况下再申请复检。修订前的农产品质量安全法第三十六条规定，自收到检测结果之日起五日内提出复检申请。这里的五日为五个自然日，考虑到企业自查自检涉及多个环节和多个相关人员，需要一定的时间，如遇节假日五个自然日难以完成，故将异议期调整为五个工作日。对于复检机构的确定，本款明确复检机构须符合本法规定的相应的能力和资质，且不得由初检机构承担，由受理复检申请的农业农村主管部门确定。

二、采用快速检测方法进行农产品质量安全监督抽查检测，被抽查人对检测结果有异议的，可以自收到检测结果时起四小时内申请复检。复检不得采用快速检测方法

快速检测方法得出的抽查检测结果虽然能够简单快捷地得出是否符合农产品安全标准的结论，但并不能保证百分百的科学、准确。如果农产品生产者或销售者对监管部门或其委托的检测机构采用快速检测方法进行检测的结果有异议的，可以自收到检测结果时起四小时内向实施监督

抽查的监管部门或其上级监管部门申请复检。考虑食用农产品许多属于鲜活易腐产品,存在运输保管难、储存难的问题,因此法律规定了四个小时的申请复检时间。检测机构在进行复检时不得采用快速检测方法,而应当采用规定的检测方法,进行准确定量检测。

三、复检机构应当自收到复检样品之日起七个工作日内出具检测报告。因检测结果错误给当事人造成损害的,**依法承担赔偿责任**

影响农产品检测报告出具时间的因素较多,包括前处理、检测项目测试周期、检测难度、检测环节、检测结果再确认等,一般周期为七个到十个工作日。但是,考虑到复检样品已经完成前期抽样制样工作,且长期存储样品会导致农药残留自然降解,因此法律明确复检机构自收到样品后七个工作日内出具检测报告。因检测结果错误给当事人造成损害的,任务委托方应当依照国家赔偿法等法律法规承担赔偿责任。

第五十二条 县级以上地方人民政府农业农村主管部门应当加强对农产品生产的监督管理,开展日常检查,重点检查农产品产地环境、农业投入品购买和使用、农产品生产记录、承诺达标合格证开具等情况。

国家鼓励和支持基层群众性自治组织建立农产品质量安全信息员工作制度,协助开展有关工作。

● 条文主旨

本条是关于主管部门日常检查农产品质量安全和信息员协助开展工作的规定。

● 立法背景

加强农产品质量安全监督管理,是各级农业农村部门的法定职责,也是一项重要的政治责任。在实施监督管理的具体实践中,部级负责顶层设计,省级负责安排部署,市级负责督查指导,县级重点建立制度机制、制定监督管理计划、落实监督管理措施,乡镇、村(居)建立监管员和信息员队伍,落实网格化管理要求,协助开展日常巡查检查等工作,有效解决农产品质量安全"最初一公里"问题。

● 条文解读

一、县级以上地方人民政府农业农村主管部门应当加强对农产品生产的监督管理,开展日常检查,重点检查农产品产地环境、农业投入品购买和使用、农产品生产记录、承诺达标合格证开具等情况

县级以上地方人民政府农业农村主管部门开展对农产品生产监督管理的日常检查工作时,要重点检查以下几个方面:

1. 农产品产地环境:可以按照本法关于特定农产品禁止生产区域划定有关要求,检查农产品生产基地是否为特

定农产品禁止生产区域，基地环境有无对产地造成潜在危害的污染源，有无农药包装等生产及生活废弃物，基地周边是否有化工厂，或养殖场等其他污染源等情形。

2. 农业投入品购买和使用：在对农业投入品的购买和使用的日常检查中，一是检查农业投入品库房，查验是否存在禁限用、过期、假劣农业投入品等；二是核对投入品购买发票和台账是否一致，查验是否与用药农产品品种相匹配；三是检查投入品使用记录，查验是否存在超量、超范围用药，以及是否落实农药安全间隔期、兽药休药期规定等情况。

3. 农产品生产记录：一是检查生产主体是否记录生产档案；二是检查生产记录是否规范并保存二年以上；三是检查生产记录的真实性，是否存在伪造、变造等情况。

4. 承诺达标合格证开具：对承诺达标合格证的日常检查，既要检查生产主体是否规范开具承诺达标合格证，又要检查承诺达标合格证的真实性，防止出现随意开具、冒名开具、虚假开具的情形。

二、国家鼓励和支持基层群众性自治组织建立农产品质量安全信息员工作制度，协助开展有关工作

国家鼓励和支持基层群众性自治组织建立农产品质量安全信息员工作制度，协助开展有关工作，进一步夯实基层监管基础。农产品质量安全信息员是由村或社区聘任协助乡镇农产品质量安全监督管理人员开展农产品质量安全相关工作的人员。建立农产品质量安全信息员工作制度：一是要明确信息员工作职责和内容，重点承担日常巡查、快速检测、技术培训、指导开具承诺达标合格证、农产品质量安全信息报送等工作；二是明确信息员协助开展农产品质量安全日常检查等工作的要求、方法、发现问题处置程序以及培训等要求，因地制宜加强信息员工作规范以及生产记录内容、农业投入品购买和使用情况、承诺达标合格证开具等日常检查要求方面的培训。

第五十三条 开展农产品质量安全监督检查，有权采取下列措施：

（一）进入生产经营场所进行现场检查，调查了解农产品质量安全的有关情况；

（二）查阅、复制农产品生产记录、购销台账等与农产品质量安全有关的资料；

（三）抽样检测生产经营的农产品和使用的农业投入品以及其他有关产品；

（四）查封、扣押有证据证明存在农产品质量安全隐患或者经检测不符合农产品质量安全标准的农产品；

（五）查封、扣押有证据证明可能危及农产品质量安全或者经检测不符合产品质量标准的农业投入品以及其他有毒有害物质；

（六）查封、扣押用于违法生产经营农产品的设施、设备、场所以及运输工具；

（七）收缴伪造的农产品质量标志。

农产品生产经营者应当协助、配合农产品质量安全监督检查，不得拒绝、阻挠。

● 条文主旨

本条是关于监督检查过程中有权采取的措施和生产经营者配合义务的规定。

● 立法背景

开展农产品质量安全监督检查，需要农产品生产经营者的协助、配合。如果出现农产品生产经营者不协助、不配合的情况，就需要赋予农业农村主管部门必要的监督检查措施。本条规定的七项监督检查措施可分为行政检查措施和行政强制措施，其中"进入生产经营场所进行现场检查""查阅、复制农产品生产记录、购销台账等与农产品质量安全有关的资料""抽样检测生产经营的农产品和使用的农业投入品以及其他有关产品"属于行政检查措施；"查封、扣押有证据证明存在农产品质量安全隐患或者经检测不符合农产品质量安全标准的农产品""查封、扣押有证据证明可能危及农产品质量安全或者经检测不符合产品质量标准的农业投入品以及其他有毒有害物质""查封、扣押用于违法生产经营农产品的设施、设备、场所以及运输工具""收缴伪造的农产品质量标志"属于行政强制措施。其中，查封是一种临时性的执行措施，执法人员在行政执法过程中，对涉案农产品以及生产经营农产品的设施、设备、场所以及运输工具就地加贴农业农村主管部门封条，进行处置的行为。扣押是指在行政执法过程中，执法人员为防止涉案物品被转移、变卖，而对涉案物品，如书证、物证、动产等采取的扣留、保管的强制措施。

● **条文解读**

一、开展农产品质量安全监督检查，有权采取的措施

1. 现场检查。是指进入生产经营场所，对生产经营者是否按照本法要求进行生产经营活动，如是否具有相应的生产经营设备设施，生产经营者是否使用法律法规禁止使用的农业投入品、添加剂等情况进行检查。

2. 查阅、复制有关资料。主要是指查阅、复制农产品生产记录、购销台账等与农产品质量安全有关的资料，如农业投入品使用记录、动物疫病、农作物病虫害的发生和防治情况记录等。

3. 抽样检测。从监督检查农产品中随机抽取部分样本进行检测，根据对样本的检验结果，判断农产品是否合格。

4. 查封、扣押有关物品和查封从事生产经营活动的场所。查封、扣押有证据证明存在农产品质量安全隐患或者经检测不符合农产品质量安全标准的农产品，可能危及农产品质量安全或者经检测不符合产品质量标准的农业投入品以及其他有毒有害物质和用于违法生产经营农产品的设施、设备、场所以及运输工具等。

5. 收缴伪造的农产品质量标志。对现场检查过程中发现的伪造农产品质量标志予以收缴。

二、农产品生产经营者应当协助、配合农产品质量安全监督检查，不得拒绝、阻挠

一方面，县级以上农业农村部门在开展农产品质量安全监督检查过程中，农产品生产经营者应当协助、配合农产品质量安全监督检查，不得拒绝、阻挠。实践中，有些企业以各种理由拒绝农业农村等监管部门进入现场进行检查，甚至暴力抗拒执法事件也时有发生。因此，法律明确规定县级以上农业农村部门有权进入生产经营现场进行检查，被检查单位不得拒绝、阻挠。否则，可以依照本法第七十六条规定，由有关主管部门按照职责责令停产停业，并处二千元以上五万元以下罚款，构成违反治安管理行为的，由公安机关依法给予治安管理处罚。另一方面，农产品质量安全监督管理部门进入生产经营场所，也应当遵循法定程序，避免影响生产经营者合法、正常的生产经营活动。

第五十四条 县级以上人民政府农业农村等部门应当加强农产品质量安全信用体系建设，建立农产品生产经营者信用记录，记载行政处罚等信息，推进农产品质量安全信用信息的应用和管理。

● 条文主旨

本条是关于农产品质量安全信用体系建设的规定。

● 立法背景

诚信是社会发展的基石。农安信用体系是社会信用体系建设的重要内容，农安信用监管主要是用农产品质量安全保障能力来衡量生产经营主体信用的方式，并依据主体信用状况实施差异化的动态监管手段，实现对守信者"无事不扰"，对失信者"利剑高悬"，从而提升农产品质量安全监管效能和治理水平。建设农安信用体系，推进农安信用监管是农产品质量安全工作发展的必然方向。

● 条文解读

一、县级以上人民政府农业农村等部门应加强农产品质量安全信用体系建设

农业农村部应整体部署和推动国家农安信用体系建设，建立健全农安信用建设规范、管理规范、评价准则、信息共享等标准，建设国家农安信用服务平台，加快构建以信用为基础的新型监管机制，支持并指导地方农业农村部门开展农安信用试点探索等。省级农业农村部门可根据本省的实际情况，制定农安信用的推进实施方案，组织省内开展农安信用评价、应用、监管等工作，加强与有关部门的协作，拓展农安信用应用场景。市、县级农业农村部门根据职责分工和工作实际，引导生产经营者实施农安信用管理，归集农安信用数据，加强对农安信用评价结果的应用，如开展分级分类监管、推行农安信用贷款优待政策、支持区域高信用农产品品牌培育等。

2014年，国务院印发《社会信用体系建设规划纲要（2014—2020年）》，原农业部按照国务院总体部署要求，出台了《关于加快推进农产品质量安全信用体系建设的指导意见》，原农业部办公厅印发了《关于建立农资和农产品生产经营主体信用档案的通知》；联合国家发改委等29个部门签署《关于对农资领域严重失信生产经营单位及其有关人员开展联合惩戒的合作备忘录》；在部级官网开设了农产品质量安全信用频道，定期将部本级行政许可和行政处罚等信用信息推送至全国信用信息共享平台。各地也在积极探索农产品质量安全信用体系建设，开展农安信用信息评价与应用。浙江省厅印发《浙江省食用农产品生产主体信用综合监管实施办法（试行）》，山东省厅印发《山东省农产品质量安全信用红黑名单管理办法（试行）》（已失效）等。围绕"信用+执法监管""信用+保险信贷""信用+项目申报""信用+产品认证""信用+品牌建设""信用+绿色通道"等方面开展试点探索，如浙江湖州把新型农业经营主体信用与扶持补贴、评优评先、试点示范、创建认定、品牌推选等工作"五挂钩"。

二、建立农产品生产经营者信用记录，记载行政处罚等信息

生产经营者信用记录也称为信用档案，是农产品质量安全信用体系建设的基础性工作。信用记录包括生产经营者的基本信息；管理制度、检测报告、承诺达标合格证开具等质量安全管理信息；产品认证、品牌信息；政府监管、社会反馈等评价信息；政府奖励、行政处罚信息等。各地农业农村部门可以首先建立健全生产经营者名录和信息库，在此基础上再持续完善有关信息，与行政处罚等信息对接，建立信息归集共享机制，逐步形成农产品生产经营者信用记录。例如，江苏省于2021年起实施"十万规模主体入网监管行动"，实现了主体基本情况、承诺达标合格证管理等信息的常态化采集，为进一步完善信用记录打下了很好的基础。[①]

三、推进农安信用信息的应用和管理

农产品质量安全信用管理包括对信用信息归集、共享、评价、公开、应用和修复等，通过主体建立信用记录、归集共享信用信息，政府部门组织信用评价、公开信用评价结果实现农安信用的基本工作机制。农安信用信息的应用是建立在信用评价的基础上的，应用场景并不局限于农产品质量安全监管，更包括农业产业服务等。

[①] 《对省十三届人大五次会议第2052号建议的答复》，载农业农村部网站，https：//nynct.jiangsu.gov.cn/art/2022/6/27/art_52252_10516943.html，2024年2月15日访问。

在监管应用上，主要是开展分级分类监管，以信用评价结果为依据，对生产经营主体采取不同的监管措施和力度，提升监管效率；实施守信激励和失信惩戒，对违法违规行为主体实施联合惩戒，为农产品质量安全执法增加有力手段。

在服务应用上，农安信用可以拓展至各个领域，如：创新"农安信用+市场准入"模式，将信用评价结果作为农产品市场准入的前置条件，适度提高失信主体生产销售农产品的入场门槛，形成入市查信用的准入机制；推行"农安信用+项目申报""农安信用+产品认证"服务应用，将信用等级作为主体项目申报、产品认证等工作的重要参考依据，采取优先办理、告知承诺等有效措施，提高主体"立信""评信"的积极性；开发具有地域特色的"农信贷""农信保"等系列产品与服务，为信用评级高的主体提供优先贷款、快速放款、优惠利率等优待政策。

第五十五条 农产品生产经营过程中存在质量安全隐患，未及时采取措施消除的，县级以上地方人民政府农业农村主管部门可以对农产品生产经营者的法定代表人或者主要负责人进行责任约谈。农产品生产经营者应当立即采取措施，进行整改，消除隐患。

● 条文主旨

本条是关于对农产品生产经营者进行责任约谈的规定。

● 立法背景

本条是此次修订新增加的条文。2015年修订后的食品安全法,对食品生产经营者进行责任约谈作出了规定。近年来,多个知名食品企业被市场监管部门约谈,并取得了良好的监管控制的效果。实践中,一些农产品生产经营者也存在质量安全管理不规范等问题,可以通过约谈及时遏制风险隐患,避免危害结果的发生。因此,此次修订本法,借鉴了食品领域责任约谈制度,对农产品生产经营主体进行责任约谈也予以规定。

一、责任约谈概念

本条所说的责任约谈,是指依法享有监督管理职权的行政主体,发现其所监管的行政相对人出现了特定问题,为了防止发生违法行为,在事先约定的时间、地点与行政相对人进行沟通、协商,然后给予警示、告诫的一种非强制行政行为。责任约谈实现了行政监管方式由事后处罚打击型向事前监督指导型的转变。

二、法定约谈事由

责任约谈不是简单的谈话聊天,而是要给予警示或告诫,涉及农产品生产经营者的责任承担问题,是一种对农产品生产经营活动的干预,不符合法定事由不能动辄搞责任约谈。因此，开展约谈，需要有事实、有证据，发现农产品质量安全风险隐患未及时采取措施消除的，方可对农产品生产经营者的法定代表人或者主要负责人进行责任约谈。一般而言，农产品质量安全风险隐患可经风险监测、风险评估、监督抽查、举报、投诉等方式发现。

三、约谈对象

本条规定，约谈对象应当是农产品生产经营者的法定代表人或者主要负责人。约谈法定代表人固然可以提高农产品生产企业的重视程度，但有时候并不必要。对于农产品生产经营者的某些具体行为，其法定代表人也未必知情。因此，法律规定约谈对象不限于法定代表人，出于监管实际工作需要，也可以约谈农产品生产经营者的主要负责人。

四、责任约谈的效力或后果

法律规定，农产品生产经营者应当在责任约谈后立即采取措施，进行整改，消除隐患。这种法律效力与传统行政指导的自愿性或者说非强制性有着本质的区别。行政指导往往是针对不特定人群，通过奖励措施、导向性政策来进行宏观指导；而责任约谈是针对特定的行政相对人，目的在于警示或告诫，有一定威慑性，属于"责任告诫"。如果不按照农产品质量安全监管部门提出的意见采取措施进行整改，农业农村主管部门可以进一步跟踪调查、监督检查，发现确实存在违法行为的，可以启动行政处罚程序。

第五十六条 国家鼓励消费者协会和其他单位或者个人对农产品质量安全进行社会监督,对农产品质量安全监督管理工作提出意见和建议。任何单位和个人有权对违反本法的行为进行检举控告、投诉举报。

县级以上人民政府农业农村主管部门应当建立农产品质量安全投诉举报制度,公开投诉举报渠道,收到投诉举报后,应当及时处理。对不属于本部门职责的,应当移交有权处理的部门并书面通知投诉举报人。

● **条文主旨**

本条是关于对农产品质量安全进行社会监督的规定。

● **立法背景**

为调动社会各界参与农产品质量安全工作的积极性,鼓励社会团体组织、社会公众依法对农产品质量安全进行监督、对农产品质量安全工作建言献策。本条明确规定了单位和个人的权利,并明确县级以上人民政府农业农村主管部门受理农产品质量安全检举控告、投诉举报法定职责,为社会各界监督农产品质量安全违法行为提供便利条件,避免出现因部门职能设定不明确导致的相互敷衍与推诿。

● **条文解读**

一、国家鼓励消费者协会和其他单位或者个人对农产品质量安全进行社会监督,对农产品质量安全监督管理工作提出意见和建议。任何单位和个人有权对违反本法的行为进行检举控告、投诉举报

对于违反本法的行为,任何单位和个人都有权以电话、信函等方式实施社会监督。一是社会监督的主体可以是普通社会公众、违法行为的受害人,也可以是新闻媒体或者消费者协会等其他社会非政府组织。二是本条社会监督的范围必须是违反本法的行为,如在农产品生产经营过程中使用国家禁止使用的农业投入品以及其他有毒有害物质,违法向农产品产地排放或者倾倒废水、废气、固体废物等,对于本法规定以外的其他事项社会问题,不属于本法社会监督范围。

本条社会监督的对象是不特定的,既包括行政相对人的违法行为,如销售不符合质量安全标准的农产品,也包括行政机关的不作为或者乱作为,如不履行查处违法行为职责、在执法时不出示执法证件、随意确定罚款金额、利用职权敲诈他人钱财等。

二、县级以上人民政府农业农村主管部门应当建立农产品质量安全投诉举报制度,公开投诉举报渠道,收到投诉举报后,应当及时处理。对不属于本部门职责的,应当移交有权处理的部门并书面通知投诉举报人

1. 县级以上人民政府农业农村主管部门要建立包括检

举、控告、投诉、举报等具体形式的农产品质量安全投诉举报制度，依法受理社会团体组织、社会公众对农产品质量安全违法行为的检举控告、投诉举报。监督者可以通过检举、控告或者投诉举报形式，采取诉讼、复议等向执法监督机关投诉等方式进行社会监督。

2. 县级以上人民政府农业农村主管部门要明确受理农产品质量安全投诉举报的责任单位、处置时限等相关要求；及时向社会公告投诉举报渠道，明确投诉举报电话、收信地址、电子邮箱等相关信息。

3. 县级以上人民政府农业农村主管部门收到检举控告、投诉举报后，应当按照法律规定及时处理，不得敷衍和推诿，更不得打击报复检举控告、投诉举报人。

4. 投诉举报的查处结果，应当及时反馈。经查证，对没有发现违法行为的，向检举控告、投诉举报人说明事实情况；对涉及农产品进入批发、零售市场或者生产加工企业后违法行为的检举控告、投诉举报，应当移交市场监督管理等有权处理的部门，并书面告知检举控告、投诉举报人；对下级主管部门的行政不作为，有关人民政府或者上级主管部门可以责令下级主管部门立即履行法定职责，必要时可以直接纠正。

第五十七条 县级以上地方人民政府农业农村主管部门应当加强对农产品质量安全执法人员的专

业技术培训并组织考核。不具备相应知识和能力的，不得从事农产品质量安全执法工作。

● 条文主旨

本条是关于加强农产品质量安全执法人员培训和考核的规定。

● 立法背景

法律的生命在于实施，法律的权威也在于实施。加强农产品质量安全执法，严厉打击违法违规行为，才能从源头上为农产品质量安全构筑起一道坚固的防线，为农产品放心消费提供有力的法治保障。实施好农产品质量安全法，关键在于加强农产品质量安全执法人员能力建设，而培训则是提升执法能力最直接、最有效的方式。

一、县级以上地方人民政府农业农村主管部门应当加强对农产品质量安全执法人员的专业技术培训

2018年，中央开展综合执法体制改革后，农产品质量安全的行政处罚以及与行政处罚相关的行政检查、行政强制职能由整合组建后的农业综合行政执法机构集中行使，以农业农村部门的名义统一执法。从当前农产品质量安全监管实践来看，农产品质量安全领域的执法工作具有一定的复杂性和专业性，农业综合行政执法人员需要运用法律思维，结合相关法律知识和行业专业知识开展执法工作。因此，农业综合执法机构内从事农产品质量安全领域的执法人员的专业技术培训应重点开展行政法律基础知识、农产品质量安全相关法律法规、农产品质量安全有关标准等专业知识学习，同时要通过案例教学、实践教学、研讨交流等方式，培养分析问题、解决问题的能力，以更好地指导执法实践。要加大执法培训力度，着力培养通专结合、一专多能执法人才，提高执法人员素质。农业农村部印发的《关于实施农业综合行政执法能力提升行动的通知》对在编在岗执法人员每年培训时间作出了具体规定。

二、强调对农产品质量安全执法人员的考核要求，不具备相应知识和能力的，不得从事农产品质量安全执法工作

要严格落实执法人员持证上岗和资格管理制度，未取得执法证不得从事执法活动。2021年农业农村部印发的《全国农业综合行政执法人员培训大纲》和《全国农业综合行政执法人员考试大纲》指出，农业综合行政执法培训考核可以采取笔试、模拟执法、现场执法等方式。将执法考试结果作为执法资格和执法证件管理的基本依据；将培训考核情况作为执法人员任职、晋升、奖励和年度考核的依据之一，由所在单位人事部门按有关规定记入人事档案。此外，2020年农业农村部印发《关于实施农业综合行政执法能力提升行动的通知》要求，要完善执法人员持证上岗和资格管理、行政执法案例指导、行政执法案卷管理、行政执法投诉举报以及行政执法评价和考核监督等制度；要把培训考试情况作为执法证件核发的基本条件，使执法人员尤其是新进人员尽快适应新形势、新任务、新要求。

第五十八条 上级人民政府应当督促下级人民政府履行农产品质量安全职责。对农产品质量安全责任落实不力、问题突出的地方人民政府，上级人民政府可以对其主要负责人进行责任约谈。被约谈的地方人民政府应当立即采取整改措施。

● **条文主旨**

本条是关于对下级地方人民政府进行责任约谈的规定。

● **立法背景**

本条是此次修订新增加的规定。虽然也是关于责任约谈的规定，但是与本法第五十五条规定的对生产经营者的责任约谈在性质上有很大差异，属于一种行政层级监督。行政层级监督，是指行政机关系统内负有行政监督职能的上级行政机关监督下级行政机关是否依法行使职权的一种监督制度体系，是预防和解决行政机关不作为、行政乱作为和违法行政的最直接和最有效手段。对下级地方人民政府进行责任约谈，具有行政层级监督的内部性、专业性、高效性、广泛性等特点，是完善和规范行政层级监督的有益立法实践，能够使上级对下级的行政层级监督落到实处，促使和推动农产品质量安全领域实现政令畅通，落实好农产品质量安全监督管理责任制。

● **条文解读**

一、对农产品质量安全责任落实不力、问题突出的地方人民政府，上级人民政府可以对其主要负责人进行责任约谈

上级人民政府对下级地方人民政府的责任约谈的法定事由是，农产品质量安全责任落实不力、问题突出。经农产品质量安全风险监测、风险评估，或者接受投诉、举报获知存在农产品质量安全隐患的，上级就可以对下级进行责任约谈，要求下级积极履行相应的监督管理职责，及时消除农产品质量安全隐患。

关于约谈对象。我国宪法规定，地方各级人民政府实行省长、市长、县长、区长、乡长、镇长负责制。因此，将法定的约谈对象确定为下级人民政府主要负责人，可以提高下级政府的重视程度，以最快的速度促进农产品质量安全隐患的消除。

二、被约谈的地方人民政府应当立即采取整改措施

本条所规定的"责任约谈"，是一种具有法律效力的行政层级监督行为，是上级对下级提出警示或者告诫，甚至是下达命令。被约谈的地方人民政府应当立即采取整改措施。

第五十九条 国务院农业农村主管部门应当会同国务院有关部门制定国家农产品质量安全突发事件应急预案，并与国家食品安全事故应急预案相衔接。

县级以上地方人民政府应当根据有关法律、行政法规的规定和上级人民政府的农产品质量安全突发事件应急预案，制定本行政区域的农产品质量安全突发事件应急预案。

发生农产品质量安全事故时，有关单位和个人应当采取控制措施，及时向所在地乡镇人民政府和县级人民政府农业农村等部门报告；收到报告的机关应当按照农产品质量安全突发事件应急预案及时处理并报本级人民政府、上级人民政府有关部门。发生重大农产品质量安全事故时，按照规定上报国务院及其有关部门。

任何单位和个人不得隐瞒、谎报、缓报农产品质量安全事故，不得隐匿、伪造、毁灭有关证据。

● 条文主旨

本条是关于农产品质量安全突发事件应急预案和农产品质量安全事故报告及处理的规定。

● 立法背景

农产品质量安全是重大民生问题，直接关系到人民群众的身体健康与生命安全，农产品质量安全必须强调关口前移。农产品质量安全突发事件一般是突然发生的，为最大限度地减少人员伤亡、财产损失，必须反应迅速，协调一致，及时有效采取应对措施。因此，建立健全农产品质量安全突发事件应急预案体系，是筑牢农产品质量安全防线的重要内容，是有效预防、积极应对农产品质量安全突发事件的重要制度保障。建立农产品质量安全报告和处理制度，有利于主管部门及时掌握情况，采取有效措施；有利于农产品质量安全突发事件得到及时、妥善处理，防止损害后果扩大。

● 条文解读

一、国家农产品质量安全突发事件应急预案

突发事件应对法规定，国家建立健全突发事件应急预案体系。突发事件应急预案的编制遵循"统一领导、分级负责"原则，建立健全分类管理、分级负责，条块结合、属地管理为主的应急管理体制。应急预案包括国家和地方两个层面：国家突发事件应急预案体系包括突发事件总体应急预案、专项应急预案和部门应急预案；地方突发事件应急预案体系包括省级人民政府的突发公共事件总体应急预案、专项应急预案和部门应急预案；各市（地）、县（市）人民政府及其基层政权组织的突发公共事件应急预案。食品安全法规定，国务院组织制定国家食品安全事故应急预案。县级以上地方人民政府应当根据有关法律、法

规的规定和上级人民政府的食品安全事故应急预案以及本行政区域的实际情况，制定本行政区域的食品安全事故应急预案，并报上一级人民政府备案。据此，本条规定了农产品质量安全应急预案分为国家和地方两个层面。

2014年，原农业部修订《农产品质量安全突发事件应急预案》，用于Ⅰ级农产品质量安全突发事件处置，指导全国农产品质量安全突发事件应对工作。预案旨在建立健全应对农产品质量安全突发事件运行机制，有效预防、积极应对农产品质量安全突发事件，提高应急处置工作效率，最大限度地减少农产品质量安全突发事件的危害，保障公众健康、生命安全和产业健康发展，维护正常的社会经济秩序。预案内容包括总则、组织指挥体系与职责任务、预测预警和报告评估、应急响应、后期处置、应急保障、监督管理、附则等。本条规定国家农产品质量安全突发事件应急预案应与国家食品安全事故应急预案相衔接，制定时需要遵循的法律、法规，包括突发事件应对法、食品安全法，以及《中华人民共和国食品安全法实施条例》《突发公共卫生事件应急条例》等。

此外，为了保障农产品质量安全突发事件应急预案体系内部相互衔接、协调一致，各县级以上地方人民政府在制定本行政区域的农产品质量安全突发事件应急预案时，除考虑本行政区域特点外，还要根据有关法律、行政法规和上级人民政府的农产品质量安全突发事件应急预案，与上级应急预案共同形成农产品质量安全突发事件应急预案体系，内容参照但不限于国家层面农产品质量安全突发事件应急预案。

为落实本条规定，国家及地方层面需提高突发公共事件处置保障能力，加强应急保障体系建设，加强农产品质量安全突发事件应急处置所需设施、设备、物资和资金配套，加强对农产品生产经营者和广大消费者的农产品质量安全知识培训。

二、农产品质量安全事故报告及处理流程

农产品质量安全事故发生时，相关单位或者个人有两项义务：一是采取控制措施的义务；二是报告的义务。

事故发生单位是农产品质量安全事故的源头，处在事故第一线，掌握事故第一手资料，反应是否快速，采取的措施是否得当，直接影响到事故的涉及面和危害程度。因此，本条明确规定：发生农产品质量安全事故时，有关单位和个人应当采取控制措施。要求事故发生有关单位或个人及时、主动、有效地采取应急处置措施，控制事态发展和蔓延。

事故报告是农产品质量安全突发事件应急处置的重要环节。报告制度主要包括以下内容：

一是报告责任主体。有义务报告农产品质量安全事故的主体是指发生农产品质量安全事故的市场主体，包括单位和个人。根据现行《农产品质量安全突发事件应急预案》

的规定，有报告义务的主体包括：农产品种植、养殖、收购、贮藏、运输单位和个人；农产品质量安全风险评估、检验检测机构和科研院所；农产品质量安全突发事故所发生的单位；其他单位和个人。另外，事故信息来源还包括经核实的公众举报信息、经核实的媒体披露与报道信息、世界卫生组织等国际机构、其他国家和地区通报我国的信息，这些主体也可以报告农产品质量安全事故。

二是接收报告的部门。乡镇人民政府和县级农业农村主管部门是农产品生产经营活动的监督管理部门，相关报告责任主体应当向事故发生地乡镇人民政府和县级农业农村主管部门报告，由其统一汇总信息，按照应急预案进行处理，并逐级向本级人民政府、上级人民政府有关主管部门报告。发生重大农产品质量安全事故时，应按照规定及时上报国务院及有关部门，报告程序应遵循自下而上逐级报告原则，紧急情况可以越级上报。

农产品质量安全事故发生后，应当及时做好情况通报、事件评估、级别核定，根据预案开展分级响应、指挥协调、紧急处置、响应终止及后期处置。

三、任何单位和个人不得隐瞒、谎报、缓报农产品质量安全事故，不得隐匿、伪造、毁灭有关证据

隐瞒是指明知农产品质量安全事故的真实情况，故意不按照规定报告的行为。谎报是指明知农产品质量安全事故的真实情况，故意编造虚假或者不真实的农产品质量安全事故情况。缓报是指未按照规定的时限，拖延报告农产品质量安全事故的行为。隐瞒、谎报、缓报不同于一般的漏报，主要区别在于有无故意隐瞒农产品质量安全事故的主观动机以及是否对农产品质量安全事故知晓。隐瞒、谎报、缓报农产品质量安全事故行为的危害性大，不利于及时处置和危害控制，不利于保护人民群众生命健康。隐匿、伪造、毁灭有关证据不利于查清事实真相，不利于追究相关责任人的法律责任。本法禁止任何单位或者个人有隐瞒、谎报、缓报，隐匿、伪造、毁灭有关证据的行为，并在第六十三条规定了相应的法律责任。

第六十条 县级以上地方人民政府市场监督管理部门依照本法和《中华人民共和国食品安全法》等法律、法规的规定，对农产品进入批发、零售市场或者生产加工企业后的生产经营活动进行监督检查。

● **条文主旨**

本条是关于市场监督管理部门对农产品进入批发、零售市场或者生产加工企业后监督检查方面的规定。

● **立法背景**

本条为此次修订新增加条款，目的是加强市场监督管理部门和农业农村主管部门在农产品质量安全监管工作上的衔接。

一、明确县级以上地方人民政府市场监督管理部门的监督检查职责

《国家市场监督管理总局职能配置、内设机构和人员编制规定》明确规定，农业农村部负责农产品从种植养殖环节到进入批发、零售市场或者生产加工企业前的质量安全监督管理，国家市场监督管理总局负责农产品进入批发、零售市场或者生产加工企业后监督管理，此条款与之相衔接，而且将农产品进入批发市场、零售市场或者生产加工企业后生产经营活动的监督检查职责明确到了县级以上地方人民政府市场监督管理部门，保证农业农村部门和市场监管部门在农产品质量安全监管工作上的有效衔接。

二、明确了法律适用问题

县级以上地方人民政府市场监督管理部门对农产品进入批发、零售市场或者生产加工企业后的生产经营活动进行监督检查，既可以适用食品安全法，也可以适用本法中的有关规定，如根据本法第三十九条的规定，市场监管部门可以对农产品批发市场建立健全承诺达标合格证制度情况进行监督检查；根据本法第四十条的规定，市场监管部门可以对农产品生产经营者通过网络平台销售农产品的经营活动进行监督检查。同时明确了其他法律法规有相关规定的，也可以适用。应注意的是，农产品进入批发、零售市场或者生产加工企业指的是首次进入批发、零售市场或者生产加工企业。

第六十一条 县级以上人民政府农业农村、市场监督管理等部门发现农产品质量安全违法行为涉嫌犯罪的，应当及时将案件移送公安机关。对移送的案件，公安机关应当及时审查；认为有犯罪事实需要追究刑事责任的，应当立案侦查。

公安机关对依法不需要追究刑事责任但应当给予行政处罚的，应当及时将案件移送农业农村、市场监督管理等部门，有关部门应当依法处理。

公安机关商请农业农村、市场监督管理、生态环境等部门提供检验结论、认定意见以及对涉案农产品进行无害化处理等协助的，有关部门应当及时提供、予以协助。

● **条文主旨**

本条是关于涉嫌农产品质量安全犯罪案件处理的规定。

● **立法背景**

本条是此次修订新增加的规定，旨在加强行政处罚和刑事责任追究之间的无缝衔接，规定了农产品质量安全犯罪案件的双向移送和协同处理机制。

条文解读

一、涉嫌农产品质量安全犯罪案件

遵循罪刑法定原则，依照刑法和有关司法解释的规定，涉嫌农产品质量安全犯罪案件主要有以下几种：生产、销售不符合安全标准的食品罪，生产、销售有毒、有害食品罪，生产、销售伪劣产品罪，食品、药品监管渎职罪，徇私舞弊罪，渎职罪等。

二、双向案件移送制度

依照我国刑事诉讼法的规定，对一般刑事案件的侦查、拘留、执行逮捕、预审，由公安机关负责。除法律有特别规定的外，其他任何机关、团体和个人都无权行使这些权力。因此，处理涉嫌农产品质量安全的犯罪案件，本法确立了双向移送制度，体现了先刑事后行政的责任追究机制。

本条第一款规定了农业农村、市场监督管理等部门向公安机关的案件移送制度。县级以上人民政府农业农村、市场监督管理等部门发现农产品质量安全违法行为涉嫌犯罪的，应当及时将案件移送公安机关。对移送的案件，公安机关应当及时审查；认为有犯罪事实需要追究刑事责任的，应当立案侦查。

第二款规定了公安机关向农业农村、市场监督管理等部门的案件移送制度。公安机关对依法不需要追究刑事责任但应当给予行政处罚的，应当及时将案件移送农业农村、市场监督管理等部门，有关部门应当依法处理。关于及时移送的时间节点、移送的具体程序等，应当按照国务院颁布的《行政执法机关移送涉嫌犯罪案件的规定》等执行。

三、公安机关商请有关部门协助

本条第三款规定了公安机关和农业农村、市场监督管理、生态环境等部门在处理农产品质量安全犯罪案件中的协作机制。为了充分发挥有关部门的专业技术优势，法律规定公安机关商请农业农村、市场监督管理、生态环境等部门提供检验结论、认定意见，以及对涉案农产品进行无害化处理等协助的，有关部门应当及时提供、予以协助。例如，对于"足以造成严重食物中毒事故或者其他严重食源性疾病""有毒、有害的非食品原料"等专门性问题难以确定的，往往需要监督管理部门协助提供书面意见。在处理涉案物品时，可能还需要环境保护等部门对受污染农产品或有毒有害非食品原料进行无害化处理等协助。

第七章　法律责任

第六十二条　违反本法规定，地方各级人民政府有下列情形之一的，对直接负责的主管人员和其他直接责任人员给予警告、记过、记大过处分；造成严重后果的，给予降级或者撤职处分：

（一）未确定有关部门的农产品质量安全监督管理工作职责，未建立健全农产品质量安全工作机制，或者未落实农产品质量安全监督管理责任；

（二）未制定本行政区域的农产品质量安全突发事件应急预案，或者发生农产品质量安全事故后未按照规定启动应急预案。

● **条文主旨**

本条是关于地方各级人民政府未落实有关法定职责的法律责任的规定。

● **立法背景**

本条为此次修订新增加的条款，目的是强化落实地方各级人民政府属地管理责任。本条对地方各级人民政府未履行法定职责的行为及其法律后果进行了列举。

● 条文解读

一、本条规定的违法行为

1. 未确定有关部门的农产品质量安全监督管理工作职责，未建立健全农产品质量安全工作机制，或者未落实农产品质量安全监督管理责任。本法第六条规定，县级以上地方人民政府对本行政区域的农产品质量安全工作负责，统一领导、组织、协调本行政区域的农产品质量安全工作，建立健全农产品质量安全工作机制，确定本级农业农村主管部门、市场监督管理部门和其他有关部门的农产品质量安全监督管理工作职责。如果县级以上地方人民政府未按照上述规定履职，未确定有关部门的农产品质量安全监督管理职责，未建立健全农产品质量安全工作机制，或者未落实农产品质量安全监督管理责任，就要依法承担本条规定的法律责任。

2. 未制定本行政区域的农产品质量安全突发事件应急预案，或者发生农产品质量安全事故后未按照规定启动应急预案。本法第五十九条规定，国务院农业农村主管部门应当会同国务院有关部门制定国家农产品质量安全突发事件应急预案，并与国家食品安全事故应急预案相衔接。县级以上地方人民政府应当根据有关法律、行政法规的规定和上级人民政府的农产品质量安全突发事件应急预案，制定本行政区域的农产品质量安全突发事件应急预案。发生农产品质量安全事故时，有关单位和个人应当采取控制措施，及时向所在地乡镇人民政府和县级人民政府农业农村等部门报告；收到报告的机关应当按照农产品质量安全突发事件应急预案及时处理并报本级人民政府、上级人民政府有关部门。发生重大农产品质量安全事故时，按照规定上报国务院及其有关部门。地方各级人民政府没有遵守这些规定的，依法应当承担本条规定的法律责任。

二、本条规定的法律责任

对于所列上述两项情形，本条规定的法律责任主要是行政处分，包括警告、记过、记大过、降级和撤职。为了体现过罚相当原则，本条根据情节轻重作了区分：对直接负责的主管人员和其他直接责任人员给予警告、记过或者记大过处分；造成严重后果的，给予降级或者撤职处分。根据公务员法、公职人员政务处分法、《行政机关公务员处分条例》的规定，行政机关公务员受处分的期间为：警告，6个月；记过，12个月；记大过，18个月；降级、撤职，24个月。行政机关公务员在受处分期间不得晋升职务和级别，其中，受记过、记大过、降级、撤职处分的，不得晋升工资档次；受撤职处分的，应当按照规定降低级别。

第六十三条 违反本法规定，县级以上人民政府农业农村等部门有下列行为之一的，对直接负责的主管人员和其他直接责任人员给予记大过处分；情节较重的，给予降级或者撤职处分；情节严重的，给予开除处分；造成严重后果的，其主要负责人还应当引咎辞职：

（一）隐瞒、谎报、缓报农产品质量安全事故或者隐匿、伪造、毁灭有关证据；

（二）未按照规定查处农产品质量安全事故，或者接到农产品质量安全事故报告未及时处理，造成事故扩大或者蔓延；

（三）发现农产品质量安全重大风险隐患后，未及时采取相应措施，造成农产品质量安全事故或者不良社会影响；

（四）不履行农产品质量安全监督管理职责，导致发生农产品质量安全事故。

条文主旨

本条是关于县级以上人民政府农业农村等部门未履行农产品质量安全监督管理职责的法律责任的规定。

立法背景

本条是此次修订新增加的条款。原农产品质量安全法规定了农产品质量安全监督管理人员不依法履行监督职责，或者滥用职权的，依法给予行政处分。为了便于对农产品质量安全监管部门的监督和责任追究，此次修订对有关违法行为进行了列举。

▶ 条文解读

一、本条规定的违法行为

1. 隐瞒、谎报、缓报农产品质量安全事故或者隐匿、伪造、毁灭有关证据。本法第五十九条规定，发生农产品质量安全事故时，有关单位和个人应当采取控制措施，及时向所在地乡镇人民政府和县级人民政府农业农村等部门报告；收到报告的机关应当按照农产品质量安全突发事件应急预案及时处理并报本级人民政府、上级人民政府有关部门。发生重大农产品质量安全事故时，按照规定上报国务院及其有关部门。同时规定，任何单位和个人不得隐瞒、谎报、缓报农产品质量安全事故，不得隐匿、伪造、毁灭有关证据。违反这些规定的，就要承担本条规定的法律责任。

2. 未按照规定查处农产品质量安全事故，或者接到农产品质量安全事故报告未及时处理，造成事故扩大或者蔓延。本法第五十九条规定，收到农产品质量安全事故报告的机关，应当按照农产品质量安全突发事件应急预案及时处理并报本级人民政府、上级人民政府有关部门。如果没有依法及时处理，造成事故扩大或者蔓延，就要承担本条规定的法律责任。

3. 发现农产品质量安全重大风险隐患后，未及时采取预警、整治、评估、信息发布、召回等相应措施，造成农产品质量安全事故或者不良社会影响。本法规定，农业农村部门有权开展农产品质量安全监督检查，查封、扣押有证据证明存在农产品质量安全隐患或者经检测不符合农产品质量安全标准的农产品。如未按照法律规定及时采取相应措施，造成农产品质量安全事故或者不良社会影响，需承担本条规定的法律责任。

4. 不履行农产品质量安全监督管理职责，导致发生农产品质量安全事故。不依法履行监督管理职责，是指不按照法律、法规、规章规定的权限、条件、方式、程序和期限履行监督职责。农业农村部门因行政不作为导致农产品质量安全事故发生，应当依法承担相应的法律责任。

二、承担法律责任的形式

对于本条所列四项情形，规定的法律责任主要是行政处分，包括记大过、降级、撤职、开除。为了体现过罚相当原则，根据情节轻重作了区分：一般情况下，对直接负责的主管人员和其他直接责任人员给予记大过处分；情节较重的，给予降级或者撤职处分；情节严重的，给予开除处分。除此之外，为了强化问责，对于造成严重后果的，其主要负责人还应当引咎辞职。引咎辞职是指担任领导职务的公务人员因工作严重失误、失职造成重大损失或者恶劣社会影响的，或者对重大事故负有领导责任的，鉴于自身所犯的过错，由本人主动辞去领导职务的行为。

第六十四条　县级以上地方人民政府农业农村、市场监督管理等部门在履行农产品质量安全监督管理职责过程中，违法实施检查、强制等执法措施，给农产品生产经营者造成损失的，应当依法予以赔偿，对直接负责的主管人员和其他直接责任人员依法给予处分。

● 条文主旨

本条是关于农业农村、市场监督管理等部门违法实施检查、强制等执法措施的法律责任的规定。

● 立法背景

本条是此次修订新增加的条款。为保障农业农村、市场监督管理等部门有效履行农产品质量安全监督管理职责，本法赋予其行政检查权和行政强制权。

本法规定，县级以上地方人民政府农业农村、市场监管部门要加强对农产品生产经营的监督管理，有权进入生产经营场所调查了解农产品质量安全的有关情况，查阅、复制农产品生产记录、购销台账等与农产品质量安全有关的资料，对生产经营的农产品和使用的农业投入品以及其他有关产品进行抽样检测，这些都属于行政检查行为。同时规定有权查封、扣押有证据证明存在农产品质量安全隐患或者经检测不符合农产品质量安全标准的农产品，查封、扣押有证据证明可能危及农产品质量安全或者经检测不符合产品质量标准的农业投入品，以及其他有毒有害物质，查封、扣押用于违法生产经营农产品的设施、设备、场所以及运输工具，收缴伪造的农产品质量标志，这些都属于行政强制措施。

● 条文解读

行政强制法对违法实施行政强制措施的法律责任作了规定。该法第六十二条规定，行政机关有下列情形之一的，由上级行政机关或者有关部门责令改正，对直接负责的主管人员和其他直接责任人员依法给予处分：（1）扩大查封、扣押、冻结范围的；（2）使用或者损毁查封、扣押场所、设施或者财物的；（3）在查封、扣押法定期间不作出处理决定或者未依法及时解除查封、扣押的；（4）在冻结存款、汇款法定期间不作出处理决定或者未依法及时解除冻结的。该法还规定，行政机关将查封、扣押的财物或者划拨的存款、汇款以及拍卖和依法处理所得的款项，截留、私分或者变相私分的，由财政部门或者有关部门予以追缴；对直接负责的主管人员和其他直接责任人员依法给予记大过、降级、撤职或者开除的处分。行政机关工作人员利用职务上的便利，将查封、扣押的场所、设施或者财物据为己有的，由上级行政机关或者有关部门责令改正，依法给予记大过、降级、撤职或者开除的处分。在赔偿方面，国家赔偿法规定，行政机关及其工作人员在行使行政职权时，违法对财产采取查封、扣押、冻结等行政强制措施的，受害人有取得赔偿的权利。

行政处罚法第八十一条对违法实施检查或执行措施规定了相应的法律责任,即行政机关违法实施检查措施或者执行措施,给公民人身或者财产造成损害、给法人或者其他组织造成损失的,应当依法予以赔偿,对直接负责的主管人员和其他直接责任人员依法给予处分;情节严重构成犯罪的,依法追究刑事责任。

另外,对于因违法实施检查、强制等执法措施,给农产品生产经营者造成损失的,应当依照国家赔偿法予以赔偿。

第六十五条 农产品质量安全检测机构、检测人员出具虚假检测报告的,由县级以上人民政府农业农村主管部门没收所收取的检测费用,检测费用不足一万元的,并处五万元以上十万元以下罚款,检测费用一万元以上的,并处检测费用五倍以上十倍以下罚款;对直接负责的主管人员和其他直接责任人员处一万元以上五万元以下罚款;使消费者的合法权益受到损害的,农产品质量安全检测机构应当与农产品生产经营者承担连带责任。

因农产品质量安全违法行为受到刑事处罚或者因出具虚假检测报告导致发生重大农产品质量安全事故的检测人员,终身不得从事农产品质量安全检测工作。农产品质量安全检测机构不得聘用上述人员。

农产品质量安全检测机构有前两款违法行为的，由授予其资质的主管部门或者机构吊销该农产品质量安全检测机构的资质证书。

● 条文主旨

本条是关于农产品质量安全检测机构法律责任的规定。

● 立法背景

本条是对原法第四十四条规定的修订。农产品质量安全检测机构和检测人员承担着对农产品进行依法检测的职责。农产品质量安全检测结果是农产品质量安全执法的重要依据。原农产品质量安全法第四十四条仅规定了检测机构的法律责任，修订后增加了对检测人员的要求及法律责任，同时加大了处罚力度，增加从业限制等规定。

● 条文解读

一、本条规定的违法行为

农产品质量安全检测机构是检测报告的责任主体，检测人员是检测工作的直接实施者。本法第四十九条规定，从事农产品质量安全检测工作的人员，应当具备相应的专业知识和实际操作技能，遵纪守法，恪守职业道德。农产品质量安全检测机构对出具的检测报告负责。检测报告应当客观公正，检测数据应当真实可靠，禁止出具虚假检测报告。如果出现出具虚假检测报告的行为，检测机构和相关人员都应当承担相应的法律责任。

二、本条规定的法律责任

1. 农产品质量安全检测机构承担的法律责任主要是行政处罚

依据本条规定，对出具虚假检测报告的农产品质量安全检测机构，由农业农村主管部门没收其所收取的检测费用并处以罚款。依据情形不同，处罚不同，即检测费用不足一万元的，并处五万元以上十万元以下罚款，检测费用一万元以上的，并处检测费用五倍以上十倍以下罚款。此外，农产品质量安全检测机构有以下违法行为的将被吊销资质证书：一是农产品质量安全检测机构出具虚假检测报告的；二是农产品质量安全检测机构聘用本条第二款规定人员的。吊销资质证书的主体是授予其资质的主管部门或者机构。

2. 农产品质量安全检测人员承担的法律责任主要是行政处罚

对出具虚假报告直接负责的主管人员和其他直接责任人员处一万元以上五万元以下罚款。因农产品质量安全违法行为受到刑事处罚或者因出具虚假检测报告导致发生重大农产品质量安全事故的检测人员，终身不得从事农产品质量安全检测工作。

3. 农产品质量安全检测机构并不因受到行政处罚而免除其赔偿责任

根据本条规定,由于虚假检测报告使消费者的合法权益受到损害的,无论是否接受了行政处罚,农产品质量安全检测机构都应当与农产品生产经营者承担连带责任。

第六十六条 违反本法规定,在特定农产品禁止生产区域种植、养殖、捕捞、采集特定农产品或者建立特定农产品生产基地的,由县级以上地方人民政府农业农村主管部门责令停止违法行为,没收农产品和违法所得,并处违法所得一倍以上三倍以下罚款。

违反法律、法规规定,向农产品产地排放或者倾倒废水、废气、固体废物或者其他有毒有害物质的,依照有关环境保护法律、法规的规定处理、处罚;造成损害的,依法承担赔偿责任。

● 条文主旨

本条是关于违反特定农产品禁止生产区域和农产品产地禁止性规定的法律责任的规定。

● 立法背景

本条是此次修订新增加的条款。目的是加强特定农产品禁止生产区域的管理，保护人民群众的身体健康。

● 条文解读

一、违反特定农产品禁止生产区域制度的法律责任

本法第二十一条第一款、第二款规定，县级以上地方人民政府农业农村主管部门应当会同同级生态环境、自然资源等部门按照保障农产品质量安全的要求，根据农产品品种特性和产地安全调查、监测、评价结果，依照土壤污染防治等法律、法规的规定提出划定特定农产品禁止生产区域的建议，报本级人民政府批准后实施。任何单位和个人不得在特定农产品禁止生产区域种植、养殖、捕捞、采集特定农产品和建立特定农产品生产基地。本条是此次修订新增加的内容，主要考虑原农产品质量安全法规定了农产品禁止生产区的划定和调整要求，但是没有设定相应的禁止性要求及相应的法律责任。此次修订，基于从源头保障农产品质量安全的理念和思路，对在特定农产品禁止生产区开展种植养殖活动或建立特定农产品生产基地的行为，规定由县级以上地方人民政府农业农村主管部门责令停止违法行为，没收农产品和违法所得的同时，还应当对违法行为人处以罚款。本条规定的罚款额幅度为违法所得一倍以上三倍以下，由农业农村主管部门根据违法行为的违法情节、危害程度确定。

二、违反农产品产地禁止性规定的法律责任

本法第二十二条第一款规定，任何单位和个人不得违反有关环境保护法律、法规的规定向农产品产地排放或者倾倒废水、废气、固体废物或者其他有毒有害物质。违反上述规定的，应当依据有关环境保护法律法规处理、处罚。这里的环境保护相关法律法规包括环境保护法、土壤污染防治法、海洋环境保护法、大气污染防治法、水污染防治法、固体废物污染环境防治法、放射性污染防治法、农业法、渔业法、畜牧法以及《基本农田保护条例》《生态环境行政处罚办法》《医疗废物管理条例》《建设项目环境保护管理条例》等。此外，造成损害的，还应当依法承担赔偿责任。本条第二款执行中应注意的是，其处罚主体要根据相应的法律规定确定，不一定是农业农村主管部门。

第六十七条 农药、肥料、农用薄膜等农业投入品的生产者、经营者、使用者未按照规定回收并妥善处置包装物或者废弃物的，由县级以上地方人民政府农业农村主管部门依照有关法律、法规的规定处理、处罚。

● 条文主旨

本条是关于违法处置农药、肥料、农用薄膜等农业投入品的包装废弃物法律责任的规定。

● 立法背景

本条是此次修订新增加的条款。

本法第二十三条规定，农产品生产者应当科学合理使用农药、兽药、肥料、农用薄膜等农业投入品，防止对农产品产地造成污染。农药、肥料、农用薄膜等农业投入品的生产者、经营者、使用者应当按照国家有关规定回收并妥善处置包装物和废弃物。违反上述规定，应依据有关法律法规的规定处置。

● 条文解读

本条规定的由县级以上地方人民政府农业农村主管部门依照有关法律、法规的规定处理、处罚。主要有土壤污染防治法和有关部门规章。比如，土壤污染防治法第八十八条规定，违反本法规定，农业投入品生产者、销售者、使用者未按照规定及时回收肥料等农业投入品的包装废弃物或者农用薄膜，或者未按照规定及时回收农药包装废弃物交由专门的机构或者组织进行无害化处理的，由地方人民政府农业农村主管部门责令改正，处一万元以上十万元以下的罚款；农业投入品使用者为个人的，可以处二百元以上二千元以下的罚款。2020年，农业农村部、生态环境部制定了《农药包装废弃物回收处理管理办法》，农业农村部、工业和信息化部、生态环境部、市场监管总局制定了《农用薄膜管理办法》，对农药包装废弃物和农用薄膜的回收及再利用提出明确要求，较好地指导了各地工作的开展。此外，2020年农业农村部办公厅印发了《关于肥料包装废弃物回收处理的指导意见》，明确了肥料包装废弃物的回收处理主体、处理方式等。需要注意的是，与农药包装废弃物、农用薄膜产品质量，或者因其造成环境污染的，还可能涉及工业和信息化主管部门、生态环境主管部门的职责，由相关部门依法依规处理。

第六十八条 违反本法规定，农产品生产企业有下列情形之一的，由县级以上地方人民政府农业农村主管部门责令限期改正；逾期不改正的，处五千元以上五万元以下罚款：

（一）未建立农产品质量安全管理制度；

（二）未配备相应的农产品质量安全管理技术人员，且未委托具有专业技术知识的人员进行农产品质量安全指导。

● **条文主旨**

本条是关于农产品生产企业生产过程违法行为所应承担的法律责任的规定。

● **立法背景**

本条是此次修订新增加的条款。本条列举了农产品生产企业未按规定建立农产品安全管理制度、未配备技术指导人员的违法情形及应承担的法律责任，主要针对本法第二十六条第二款作出的法律责任的规定，本法第二十六条第二款规定，农产品生产企业应当建立农产品质量安全管理制度，配备相应的技术人员；不具备配备条件的，应当委托具有专业技术知识的人员进行农产品质量安全指导。

● 条文解读

农产品生产企业与农户等农产品生产经营主体相比，一般具有专业化、基地化、规模化等特点，产业链较长，覆盖面较广，应当在农产品生产和质量安全控制上发挥示范引领作用。对农产品生产企业提出建立农产品质量安全管理制度的要求，有利于农产品生产企业进一步强化内部过程控制，落实各项管理措施，保障农产品质量安全。这也是农产品生产企业依法履行农产品质量安全主体责任，增强生产经营主体责任意识，真正建立并有效落实农产品质量安全自律管理的内在要求。

农产品生产企业应当配备相应的农产品质量安全管理技术人员，或委托具有专业技术知识的人员进行指导，有利于严格执行农药安全间隔期、兽药休药期，合理使用投入品等，从而充分发挥专业力量的作用，为农产品质量安全高水平发展提供技术保障。

针对本条所列举的违法行为，首先由县级以上地方人民政府农业农村主管部门责令企业限期改正，逾期不改正的，处五千元以上五万元以下罚款。与食品安全法第一百二十六条相比，本条所设置的罚款额度一致。考虑农产品生产企业的特殊性，本条没有规定责令停产停业的处罚措施。

本条在执行中应注意的问题：

1. 农产品质量安全管理制度是农产品生产企业参考农药、兽药、饲料和饲料添加剂、种子、肥料等相关管理条例或绿色食品、有机农产品、地理标志农产品生产技术规程自行制定并内部实行的制度,需要文本要求或者相关记录,可以悬挂公示。

2. 县级以上地方人民政府农业农村主管部门在质量安全执法过程中发现问题责令企业整改的,应考虑不同农产品生产过程的差异性,依据违法的事实结合实际情况明确整改的期限,本条不作明确的时限规定。农业农村部门在执法中,应当坚持包容审慎的原则,以督促整改为主,不能乱罚、滥罚。

3. 农产品生产企业可以自行聘用专业的质量安全管理技术人员,建立完善的农产品全程标准化生产及质量控制体系。企业也可以委托农产品质量安全领域的大专院校和科研院所安排技术人员,提供技术指导,完善生产过程。企业要做好相应记录,做到有据可查。

第六十九条 农产品生产企业、农民专业合作社、农业社会化服务组织未依照本法规定建立、保存农产品生产记录,或者伪造、变造农产品生产记录的,由县级以上地方人民政府农业农村主管部门责令限期改正;逾期不改正的,处二千元以上二万元以下罚款。

● **条文主旨**

本条是关于农产品生产企业、农民专业合作社、农业社会化服务组织未建立、保存农产品生产记录，或者伪造、变造农产品生产记录的违法行为法律责任的规定。

● **立法背景**

本条是对原法第四十七条的修订。本法第二十七条规定，农产品生产企业、农民专业合作社、农业社会化服务组织应当建立农产品生产记录，如实记录农业投入品使用相关情况、动物疫病、农作物病虫害的发生和防治情况以及收获、屠宰或者捕捞的日期等，这些记录应当至少保存二年。禁止伪造、变造农产品生产记录。违反上述规定的，就要依照本条的规定追究违法行为人的法律责任。

● **条文解读**

本条对原农产品质量安全法进行了三处修改：

一是处罚对象在原农产品质量安全法规定的农产品生产企业、农民专业合作社基础上增加了农业社会化服务组织这一主体。农业社会化服务组织作为一种新型主体，主要为农业产前、产中、产后提供全面、系统、一体化的服务，其以专业化分工和集约化服务实现规模效益的同时，带动农业生产走向标准化、专业化。也正因如此，对其参与农产品生产的违法行为应给予相应的处罚。

二是将处罚额度由原农产品质量安全法二千元以下提升到了二千元到二万元。处罚额度的增加，一方面，是为了体现"四个最严"的要求；另一方面，我国已出台实施的投入品相关法律法规，如《农药管理条例》《兽药管理条例》中也有有关生产记录的要求，并设置了相应的法律责任。为与相关法律法规保持一致，此次修订提高了处罚额度。

三是对逾期不改正的处罚，由原农产品质量安全法"可以处二千元以下罚款"修改为"处二千元以上二万元以下罚款"。这也意味着由之前的可以罚款，也可以不处以罚款，调整为应处罚款。

本条在执行中应注意的问题：

1. 根据行政处罚法第二十八条的规定，行政机关实施行政处罚时，应当责令当事人改正或者限期改正违法行为。本条将限期改正作为行政处罚的前置条件，也就是说只有逾期未改正的，才进行行政处罚。具体实施过程中，须先向相关违法生产经营主体出具责令限期改正通知书。

2. 本法规定，国家鼓励其他农产品生产者建立农产品生产记录。此项规定主要从我国国情出发，充分考虑当前我国农产品生产主体的基本特征。即小而分散，不宜统一要求其建立生产记录。因此，对农产品生产企业、农民专业合作社、社会化服务组织以外的其他农产品生产者仅作鼓励性要求，未提出强制性的规定，因此亦无须承担相应的法律责任。

3. 关于限期改正的时间，法律没有规定具体的天数，各地可以根据实际情况自行确定。

第七十条 违反本法规定，农产品生产经营者有下列行为之一，尚不构成犯罪的，由县级以上地方人民政府农业农村主管部门责令停止生产经营、追回已经销售的农产品，对违法生产经营的农产品进行无害化处理或者予以监督销毁，没收违法所得，并可以没收用于违法生产经营的工具、设备、原料等物品；违法生产经营的农产品货值金额不足一万元的，并处十万元以上十五万元以下罚款，货值金额一万元以上的，并处货值金额十五倍以上三十倍以下罚款；对农户，并处一千元以上一万元以下罚款；情节严重的，有许可证的吊销许可证，并可以由公安机关对其直接负责的主管人员和其他直接责任人员处五日以上十五日以下拘留：

（一）在农产品生产经营过程中使用国家禁止使用的农业投入品或者其他有毒有害物质；

（二）销售含有国家禁止使用的农药、兽药或者其他化合物的农产品；

（三）销售病死、毒死或者死因不明的动物及其产品。

明知农产品生产经营者从事前款规定的违法行为，仍为其提供生产经营场所或者其他条件的，由县级以上地方人民政府农业农村主管部门责令停止违法行为，没收违法所得，并处十万元以上二十万元以下罚款；使消费者的合法权益受到损害的，应当与农产品生产经营者承担连带责任。

● 条文主旨

本条是关于农产品生产经营主体三类最严重违法生产经营行为的法律责任的规定。

● 立法背景

本条是对原法第五十条的修订。为保障农产品质量安全，农产品生产经营者在生产经营过程中有义务履行本法规定的相关责任，不得有本法规定的违法行为，违者就要承担本条规定的法律责任。

● 条文解读

一、本条规定的违法行为

本条第一款列举了三项不得生产经营的农产品的情形，分别为本法第二十九条第二款的规定，禁止在农产品生产经营过程中使用国家禁止使用的农业投入品以及其他有毒有害物质；第三十六条第一款第一项规定，不得销售含有国家禁止使用的农药、兽药或者其他化合物，第五项规定，不得销售病死、毒死或者死因不明的动物及其产品。这些规定的情形，行为性质均较为恶劣，一旦违法生产经营，将会带来较为严重的后果，所以应给予最严格的处罚。值得注意的是，修订后的规定将使用禁用农业投入品或者其他有毒有害物质的行为作为第一项内容，主要体现严厉打击使用禁用药物等行为，对农产品生产行为进行规范，强化源头管控。

第二款增加规定了明知从事第一款规定的违法行为，仍为其提供生产经营场所或者其他条件的法律责任。

二、本条规定的法律责任

1. 行政处罚

针对第一款规定的违法行为，尚不构成犯罪的，由县级以上地方人民政府农业农村主管部门责令停止生产经营、追回已经销售的农产品，对违法生产经营的农产品进行无害化处理或者予以监督销毁，没收违法所得，并可以没收用于违法生产经营的工具、设备、原料等物品；违法生产经营的农产品货值金额不足一万元的，并处十万元以上十五万元以下罚款，货值金额一万元以上的，并处货值金额十五倍以上三十倍以下罚款；对农户，并处一千元以上一万元以下罚款；情节严重的，有许可证的吊销许可证，并可以由公安机关对其直接负责的主管人员和其他直接责任人员处五日以上十五日以下拘留。这里需要说明以下几个方面内容：

一是关于执法主体。本条规定的违法行为行政处罚主体为县级以上地方人民政府农业农村主管部门。需要注意的是，尽管第一款第二项、第三项规定的两项违法行为是销售行为，但与市场销售并非同一概念，按照本法第七十七条之规定，对食用农产品进入批发、零售市场或者生产加工企业后的违法行为和法律责任，由县级以上地方人民政府市场监督管理部门依照其规定进行处罚。因此，本条规定的销售行为是指"三前"的销售。

二是关于处罚对象。本条规定的处罚对象是农产品生产经营者，也就是说涵盖了所有的生产主体和经营主体，包括农产品生产企业、农民专业合作社、收储运主体以及农户。2006年制定农产品质量安全法时，主要解决突出问题，对监管对象"抓大放小"，规定了生产经营企业、农民专业合作社的法律责任，未明确农户的法律责任。此次修订，将农户纳入处罚范围，是一个重要的变化和突破，主要基于以下两点考虑：（1）全面落实生产者主体责任，现行食品安全国家标准是强制性标准，包括农户在内的所有生产者、经营者都必须遵守。（2）近年来，农产品质量安全监测合格率不断提升，不合格农产品仅占2%~3%，这其中很大一部分与农户落实农药兽药禁限用规定和安全用药间隔期、休药期不到位有关。① 近年来，全国人大代表、全

---

① 《对十三届全国人大三次会议第7636号建议的答复》，载农业农村部网站，https://www.moa.gov.cn/govpublic/ncpzlaq/202010/t20201028_6355243.htm，2023年12月15日访问。

国政协委员多次呼吁，建议将农户全面纳入法律调整范围。但同时考虑到农户和农产品生产企业等规模主体的差异性，设置了与其他生产经营主体有所差异的法律责任，即同一违法行为的处罚上，对农户适当降低处罚额度，充分体现了对农户管理的客观实际。

需要说明的是，本法所称农户并非法律概念。从本法制定的本意来看，农户应为从事种植养殖活动的农民等，专门从事收购的个人，不能按照农户的处罚标准实施行政处罚。

三是关于处罚种类。本条规定的处罚种类较多，既有责令停止生产经营的行为罚，也有没收违法所得、没收非法财物和罚款的财产罚，还有吊销许可证、拘留的人身罚，其中拘留是本次修订新增的行政处罚种类，主要适用于情节严重的上述违法行为。本条还应当注意，在行政处罚之外，还应同时采取责令追回已销售农产品、无害化处理或者监督销毁等措施，最大限度、最大范围地降低不合格农产品引发的风险和造成的危害。

四是关于最高货值金额处罚倍数。本条规定的罚款数额以货值金额来决定，违法生产经营的农产品货值金额不足一万元的，并处十万元以上十五万元以下罚款；货值金额一万元以上的，并处货值金额十五倍以上三十倍以下罚款。新法大幅度提高了处罚金额的额度，同时增加了以货值金额倍数计算罚款额度的方式，体现了对上述违法行为加大惩处力度、坚决打击的态度。

五是关于行政拘留。本条第一款规定的三类违法生产经营行为,情节严重的适用"拘留"的行政处罚。行政拘留属于人身自由罚,其实施机关为公安机关,拘留期限是五日至十五日。在此需要注意的是,虽然法条直接规定,情节严重的,有许可证的吊销许可证,可以由公安机关对其直接负责的主管人员和其他直接责任人员处五日以上十五日以下拘留,但公安机关往往并不直接掌握案件情形,因此农业农村部门在执法过程中应将相关案件材料移送至公安机关。

2. 连带责任

第二款增加规定了明知从事第一款规定的违法行为,仍为其提供生产经营场所或者其他条件者的法律责任,除由县级以上地方人民政府农业农村主管部门责令停止违法行为,没收违法所得,并处十万元以上二十万元以下罚款外,还规定使消费者的合法权益受到损害的,应当与农产品生产经营者承担连带责任。这一规定的法理在于,明知从事第一款规定的违法行为,仍为其提供生产经营场所或者其他条件,等于有了共同从事违法行为的"合意",法律上规定连带责任是合理而有意义的,可以促使相关主体提高法律责任意识,也可以从外围源头上打击违法生产经营农产品行为。

3. 刑事有限优先原则

本法第七十条和第七十一条中"尚不构成犯罪的"表述是刑事有限优先原则的具体体现。即有关人身权和财产权的刑事处罚，无论是实体上还是程序上，都应该优先于行政处罚，否则行政执法机关涉嫌程序违法。行政处罚法第二十七条第一款规定，违法行为涉嫌犯罪的，行政机关应当及时将案件移送司法机关，依法追究刑事责任。对依法不需要追究刑事责任或者免予刑事处罚，但应当给予行政处罚的，司法机关应当及时将案件移送有关行政机关。同时，第八十二条规定，行政机关对应当依法移交司法机关追究刑事责任的案件不移交，以行政处罚代替刑事处罚的，由上级行政机关或者有关机关责令改正，对直接负责的主管人员和其他直接责任人员依法给予处分；情节严重构成犯罪的，依法追究刑事责任。因此，根据第七十条和第七十一条的规定，农业农村部门在查处相关违法行为过程中，应首先对照刑法、行政处罚法、《最高人民法院、最高人民检察院关于办理危害食品安全刑事案件适用法律若干问题的解释》等相关法律和司法解释，排除其犯罪可能性，方可实施行政处罚。

第七十一条 违反本法规定，农产品生产经营者有下列行为之一，尚不构成犯罪的，由县级以上地方人民政府农业农村主管部门责令停止生产经营、追回已经销售的农产品，对违法生产经营的农产品进行无害化处理或者予以监督销毁，没收违法所得，并可以没收用于违法生产经营的工具、设备、原料等物品；违法生产经营的农产品货值金额不足一万元的，并处五万元以上十万元以下罚款，货值金额一万元以上的，并处货值金额十倍以上二十倍以下罚款；对农户，并处五百元以上五千元以下罚款：

（一）销售农药、兽药等化学物质残留或者含有的重金属等有毒有害物质不符合农产品质量安全标准的农产品；

（二）销售含有的致病性寄生虫、微生物或者生物毒素不符合农产品质量安全标准的农产品；

（三）销售其他不符合农产品质量安全标准的农产品。

条文主旨

本条是关于农产品生产经营主体三类比较严重违法生产经营行为的法律责任的规定。

立法背景

本条为此次修订新增加的条款。本法第三十六条第一款第二项、第三项和第六项规定了三项不得销售不符合农产品质量安全标准的行为，违者就要承担本条规定的法律责任。相较于本法第七十条规定的违法行为，属于比较严重的违法行为。

条文解读

一、本条规定的违法行为

本条列举了三种不得生产经营的违法情形,主要针对本法第三十六条第一款规定的第二项、第三项和第六项销售不符合农产品质量安全标准的农产品的违法行为。本条规定的违法行为均为销售行为。首先,销售在产品生产和消费使用之间处于中间环节,起着承前启后的作用,在某种程度上,也可以说销售环节是防止不符合安全标准的农产品流入消费环节的最后一道门槛。其次,农药、兽药等投入品在使用过程中,存在安全间隔期、休药期等情形,未上市销售的农产品可能存在尚未过休药期、间隔期而导致不合格的情形,这是农产品生产过程中允许存在的情形。但是,农产品生产经营者必须通过严格的管控措施,保障上市销售的农产品符合农产品质量安全标准。最后,实践中可能出现部分生产经营者声称其产品并非销售的产品,而是自产自食的产品,这就需要执法人员通过询问、调查取证等方式予以确认其真实性。

二、本条规定的法律责任

针对本条所列举的三种违法行为,尚不构成犯罪的,由县级以上地方人民政府农业农村主管部门责令停止生产经营、追回已经销售的农产品,对违法生产经营的农产品进行无害化处理或者予以监督销毁,没收违法所得,并可以没收用于违法生产经营的工具、设备、原料等物品;违法生产经营的农产品货值金额不足一万元的，并处五万元以上十万元以下罚款，货值金额一万元以上的，并处货值金额十倍以上二十倍以下罚款；对农户，并处五百元以上五千元以下罚款。与本法第七十条相比，本条所设置的罚款额度略有降低，也没有拘留的处罚措施，主要基于所列违法行为危害程度不及第七十条严重，充分体现过罚相当原则。与本法第七十条相似，本条的处罚主体也是农业农村主管部门，处罚对象为各类农产品生产经营者，包括农户。

第七十二条 违反本法规定，农产品生产经营者有下列行为之一的，由县级以上地方人民政府农业农村主管部门责令停止生产经营、追回已经销售的农产品，对违法生产经营的农产品进行无害化处理或者予以监督销毁，没收违法所得，并可以没收用于违法生产经营的工具、设备、原料等物品；违法生产经营的农产品货值金额不足一万元的，并处五千元以上五万元以下罚款，货值金额一万元以上的，并处货值金额五倍以上十倍以下罚款；对农户，并处三百元以上三千元以下罚款：

（一）在农产品生产场所以及生产活动中使用的设施、设备、消毒剂、洗涤剂等不符合国家有关质

量安全规定;

（二）未按照国家有关强制性标准或者其他农产品质量安全规定使用保鲜剂、防腐剂、添加剂、包装材料等，或者使用的保鲜剂、防腐剂、添加剂、包装材料等不符合国家有关强制性标准或者其他质量安全规定;

（三）将农产品与有毒有害物质一同储存、运输。

● 条文主旨

本条是关于农产品生产场所及生产经营活动中有关违法行为法律责任的规定。

● 立法背景

本条是对原法第四十九条的修订。在原法第四十九条的基础上，增加了两项违法行为的处罚：一是增加在农产品生产场所以及生产活动中使用的设施、设备、消毒剂、洗涤剂等不符合国家有关质量安全规定的处罚；二是增加将农产品与有毒有害物质一同储存、运输的处罚。

● 条文解读

一、本条规定的违法行为

1. 第一项是针对本法第三十条的规定，即在农产品生产场所，以及生产活动中使用的设施、设备、消毒剂、洗涤剂等应当符合国家有关质量安全规定，防止污染农产品。

农产品生产中所用的设施、设备维系着农产品的正常生产，使用的消毒剂、洗涤剂发挥着灭杀微生物、对农产品进行洗涤消杀的重要作用，若使用不当或不符合国家有关质量安全规定，则会影响农产品本身的质量安全。

2. 第二项是针对本法第三十五条第一款的规定，即农产品在包装、保鲜、储存、运输中所使用的保鲜剂、防腐剂、添加剂、包装材料等，应当符合国家有关强制性标准以及其他农产品质量安全规定。保鲜剂、防腐剂、添加剂、包装材料等，对于防止农产品腐烂变质、保持农产品新鲜品质、改善农产品品质等具有明显的作用，但如果使用不当或违反规定使用，则对消费者健康和环境造成损害。本项内容也是对原农产品质量安全法第四十九条的修改，增加了未按标准或规定使用"三剂"和包装材料等的情形，主要考虑当前在农产品收购、储藏和运输等环节中，违法使用"三剂"的情形较为突出，而原农产品质量安全法仅对使用的"三剂"本身的质量作出要求，对违法使用行为并未作出规定。因此，修订后，增加对违法使用"三剂"等行为的规制更为全面。

3. 第三项是针对本法第三十五条第二款的规定，即储存、运输农产品的容器、工具和设备应当安全、无害。禁止将农产品与有毒有害物质一同储存、运输，防止污染农产品。除生产、加工环节，农产品在储存、运输环节也极易受到微生物等其他物质的污染，良好的储存、运输环境能保持农产品的质量，和其他有毒、有害物质一起运输极易造成农产品本身的污染。

二、本条规定的法律责任

根据本条规定，农产品生产经营者未按照要求使用保鲜剂、防腐剂、添加剂、包装材料等，或者使用的保鲜剂、防腐剂、添加剂、包装材料等不符合国家有关强制性标准或者其他质量安全规定，或者将农产品与有毒有害物质一同储存、运输的，由县级以上地方人民政府农业农村主管部门责令停止生产经营、追回已经销售的农产品，对违法生产经营的农产品进行无害化处理或者予以监督销毁，没收违法所得，并可以没收用于违法生产经营的工具、设备、原料等物品；违法生产经营的农产品货值金额不足一万元的，并处五千元以上五万元以下罚款，货值金额一万元以上的，并处货值金额五倍以上十倍以下罚款；对农户，并处三百元以上三千元以下罚款。

第七十三条 违反本法规定，有下列行为之一的，由县级以上地方人民政府农业农村主管部门按照职责给予批评教育，责令限期改正；逾期不改正的，处一百元以上一千元以下罚款：

（一）农产品生产企业、农民专业合作社、从事农产品收购的单位或者个人未按照规定开具承诺达标合格证；

（二）从事农产品收购的单位或者个人未按照规定收取、保存承诺达标合格证或者其他合格证明。

● 条文主旨

本条是关于农产品生产经营主体未按规定开具、收取、保存承诺达标合格证及其他合格证明的法律责任的规定。

● 立法背景

本条是此次修订新增加的规定。为确保农产品质量安全，特别是生产过程中严格执行投入品使用等强制性规定，本法第三十九条规定了承诺达标合格证及其他合格证明的规定，违反这一规定的，就要依照本条的规定，追究违法行为人的法律责任。

● 条文解读

一、本条规定的违法行为

1. 农产品生产企业、农民专业合作社、从事农产品收购的单位或者个人未按照规定开具承诺达标合格证

本法第三十九条规定，农产品生产企业、农民专业合作社应当执行法律、法规的规定和国家有关强制性标准，保证其销售的农产品符合农产品质量安全标准，并根据质量安全控制、检测结果等开具承诺达标合格证，承诺不使用禁用的农药、兽药及其他化合物且使用的常规农药、兽药残留不超标等。从事农产品收购的单位或

者个人对其收购的农产品进行混装或者分装后销售的,应当按照规定开具承诺达标合格证。因此,上述三类主体对其生产和收购后混装或分装后销售的农产品应当开具承诺达标合格证,未开具的应当承担本条所规定的法律责任。

2. 从事农产品收购的单位或者个人未按照规定收取、保存承诺达标合格证或者其他合格证明

本法第三十九条规定,从事农产品收购的单位或者个人应当按照规定收取、保存承诺达标合格证或者其他质量安全合格证明。如果违反上述规定,也应承担相应的法律责任。

需要说明的是,本法规定,鼓励和支持农户销售农产品时开具承诺达标合格证。对农户不作强制性开具要求,亦无须承担相应的法律责任。

二、本条规定的法律责任

针对本条规定的违法行为,由县级以上地方人民政府农业农村主管部门给予批评教育、责令限期改正,逾期不改正的,处一百元以上一千元以下罚款。考虑承诺达标合格证制度为一项新的制度要求,目的是落实农产品生产经营主体责任,处罚并非最终目的。因此,本条规定在实施罚款这一行政处罚措施前,设置了批评教育,责令限期改正的要求,如逾期不改正,处一百元以上一千元以下的罚款。罚款额度也相对较低。

需要说明的是，本法第七十三条、第七十六条关于承诺达标合格证、冒用质量标志、追溯管理以及拒绝、阻挠依法开展的农产品质量安全监督检查、事故调查处理、抽样检测和风险评估等违法行为的法律责任规定中，均有"按照职责"的表述，主要考虑这些违法行为既涉及农业农村部门在"三前"环节的监督管理，也涉及市场监督管理部门在"三后"环节的监督管理。为避免造成凡是上述有关违法行为的行政处罚均由农业农村部门实施行政处罚的误解，法律修订中均表述为由农业农村部门"按照职责"实施处罚，不属于农业农村部门职责范围内的，由其他部门依法行使行政处罚权。

第七十四条 农产品生产经营者冒用农产品质量标志，或者销售冒用农产品质量标志的农产品的，由县级以上地方人民政府农业农村主管部门按照职责责令改正，没收违法所得；违法生产经营的农产品货值金额不足五千元的，并处五千元以上五万元以下罚款，货值金额五千元以上的，并处货值金额十倍以上二十倍以下罚款。

◖ 条文主旨

本条是关于冒用农产品质量标志、销售冒用农产品质量标志农产品行为的法律责任的规定。

● **立法背景**

本条是对原法第五十一条的修订。本条在原法第五十一条对冒用农产品质量标志给予行政处罚的基础上，增加了对销售冒用农产品质量标志农产品违法行为的给予行政处罚的规定。

● **条文解读**

一、本条规定的违法行为

为保证农产品质量标志合法使用，本条列举了农产品生产经营者冒用农产品质量标志和销售冒用农产品质量标志的农产品两种违法行为。本法第四十二条第一款规定，农产品质量符合国家规定的有关优质农产品标准的，农产品生产经营者可以申请使用农产品质量标志。禁止冒用农产品质量标志。获得质量标志的农产品，表明该农产品已符合相关的标准和技术规范要求，可以提高该农产品的市场信誉，增强产品的市场竞争力，并激励农产品生产经营者加强质量管理，提高农产品质量安全水平，消费者可以放心购买。农产品质量标志必须真实、有效。冒用农产品质量标志或销售冒用标志农产品，会误导消费者，扰乱市场经济秩序，必须追究其相应的法律责任。值得注意的是，本条修订后增加了农产品生产经营者销售冒用农产品质量标志的农产品这一违法行为，目的是通过对销售环节的监管，增强对冒用农产品质量标志违法行为的打击力度。

二、本条规定的法律责任

对本条规定的违法行为，由县级以上地方人民政府农业农村主管部门给予没收违法所得、罚款的行政处罚。与原农产品质量安全法相比，本条的处罚额度有所提高，对农产品货值金额不足五千元的，并处五千元以上五万元以下罚款，货值金额五千元以上的，以货值金额的倍数计算罚款数额。同时需要注意的是，无论是对冒用农产品质量标志的行为，还是销售冒用农产品质量标志的行为，处罚主体均是农业农村主管部门。

第七十五条 违反本法关于农产品质量安全追溯规定的，由县级以上地方人民政府农业农村主管部门按照职责责令限期改正；逾期不改正的，可以处一万元以下罚款。

● **条文主旨**

本条是关于违反农产品质量安全追溯管理规定的法律责任的规定。

● **立法背景**

本条是此次修订新增加的条款。此次修订本法第四十一条增加了农产品质量安全追溯管理规定，对违反这一规定的，就要依照本条规定追究其法律责任。

◐ **条文解读**

一、本条规定的违法行为

本法第四十一条规定,国家对列入农产品质量安全追溯目录的农产品实施追溯管理。也就是说,列入追溯目录的农产品应当按照相关追溯管理规定生产经营。国务院农业农村主管部门会同市场监督管理等部门将制定具体的管理办法和追溯目录。因此,本条在违法行为的列举上较为原则。执法部门在对具体违法行为认定和处罚时,须参考具体的管理办法。

二、本条规定的法律责任

本条规定,违反农产品质量安全追溯管理规定的违法行为,由县级以上地方人民政府农业农村主管部门给予处罚。同样在处罚前,设置了责令限期改正这一前置程序,逾期不改正的,可以处一万元以下罚款。需要注意的是,对罚款的规定采用"可以"一词,即对逾期不改正的违法行为可以根据实际违法情形确定是否给予罚款的处罚。本条的罚款没有设置最低限度,县级以上地方人民政府农业农村主管部门可以根据实际情况或各地的自由裁量标准进行具体确定。

第七十六条 违反本法规定,拒绝、阻挠依法开展的农产品质量安全监督检查、事故调查处理、抽样检测和风险评估的,由有关主管部门按照职责责令停产停业，并处二千元以上五万元以下罚款；构成违反治安管理行为的，由公安机关依法给予治安管理处罚。

● 条文主旨

本条是关于拒绝、阻挠依法开展农产品质量安全监督管理工作的法律责任的规定。

● 立法背景

本条为此次修订新增加的内容，主要是实践中拒绝、阻挠有关部门、机构及其工作人员依法开展农产品质量安全监督检查、事故调查处理、抽样检测和风险评估的行为时有发生，对执法造成了极大的障碍，对执法人员的安全造成了一定的威胁，应当对这类违法行为规定相应的法律责任。

● 条文解读

一、本条规定的违法行为

拒绝、阻挠有关部门、机构及其工作人员依法开展农产品质量安全监督检查、事故调查处理、抽样检测和风险评估。本类违法行为主要针对的是本法第五十三条的规定，农产品生产经营者应当协助、配合农产品质量安全监督检查，不得拒绝、阻挠。

二、本条规定的法律责任

从行政处罚的主体来看，本条规定"有关主管部门"

主要是指开展农产品质量安全的监督检查、事故调查处理、抽样检测和风险评估等工作的政府部门。日常工作中，主要涉及农业农村、市场监管等部门，不仅仅指农业农村部门一家。因此，本条对实施行政处罚主体的表述为"由有关主管部门按照职责"进行。此外，构成违反治安管理行为的，由公安机关依法给予治安管理处罚。

从行政处罚的对象来看，本条处罚对象的范围，既包括农产品生产经营者，也包括农产品生产经营者之外的相关单位及人员。行政处罚法第五十五条规定，执法人员在调查或者进行检查时，当事人或者有关人员应当如实回答询问，并协助调查或者检查，不得拒绝或者阻挠。根据此条规定，当事人或者有关人员做出拒绝、阻挠农产品质量安全监督管理等行为的，均应承担相应的法律责任。治安管理处罚法第十八条规定，单位违反治安管理的，对直接负责的主管人员和其他直接责任人员依照治安管理处罚法的规定处罚。其他法律、行政法规对同一行为规定给予单位处罚的，依照其规定处罚；第五十条规定，阻碍国家机关工作人员依法执行职务的，情节严重的，处五日以上十日以下拘留。因此，只要有拒绝、阻挠依法开展的农产品质量安全监督检查、事故调查处理、抽样检测和风险评估等行为的，无论其是否为农产品生产经营者、单位还是个人，均应承担相应的法律后果。

第七十七条 《中华人民共和国食品安全法》对食用农产品进入批发、零售市场或者生产加工企业后的违法行为和法律责任有规定的，由县级以上地方人民政府市场监督管理部门依照其规定进行处罚。

☞ 条文主旨

本条是关于食用农产品进入批发、零售市场或者生产加工企业后行政处罚主体和法律依据的规定。本条为此次修订新增加条款。

☞ 条文解读

食品安全法第九章法律责任部分的第一百二十三条、第一百二十四条等条款对经营病死、毒死或者死因不明的禽、畜、兽、水产动物肉类，或者生产经营其制品的行为；生产经营致病性微生物，农药残留、兽药残留、生物毒素、重金属等污染物质，以及其他危害人体健康的物质含量超过食品安全标准限量的食品、食品添加剂的行为等均设置了相应的法律责任，并明确行政处罚主体为县级以上人民政府食品安全监督管理部门。同时还规定，违法使用剧毒、高毒农药的，除依照有关法律、法规规定给予处罚外，可以由公安机关依照第一款规定给予拘留。

需要注意的是，本条规定的行政处罚主体为"地方人民政府市场监督管理部门"，而食品安全法在法律责任条款中的行政处罚主体表述为"县级以上人民政府食品安全监督管理部门",二者似乎并不一致。但是根据《国家市场监督管理总局职能配置、内设机构和人员编制规定》,食用农产品进入批发、零售市场或者生产加工企业后,由市场监督管理部门监督管理。因此,食品安全监督管理部门实际上就是市场监督管理部门,本法也据此将执法主体的表述更加精确地指向实际实施管理的市场监督管理部门。

第七十八条 违反本法规定,构成犯罪的,依法追究刑事责任。

● 条文主旨

本条是关于违反本法规定构成犯罪应当承担刑事责任的综合性规定。

● 立法背景

本条未作修改。刑事责任是指具有刑事责任能力的人实施了刑事法律所禁止的行为即犯罪行为所必须要承担的法律后果。本条未写明具体的罪名,主要考虑刑法中涉及农产品质量安全的罪名较多,不宜一一列举,也避免挂一漏万。

● 条文解读

根据刑法规定,目前涉及农产品质量安全的犯罪主要有：

1. 生产、销售不符合安全标准的食品罪。刑法第一百四十三条规定，生产、销售不符合食品安全标准的食品，足以造成严重食物中毒事故或者其他严重食源性疾病的，处三年以下有期徒刑或者拘役，并处罚金；对人体健康造成严重危害或者有其他严重情节的，处三年以上七年以下有期徒刑，并处罚金；后果特别严重的，处七年以上有期徒刑或者无期徒刑，处罚金或者没收财产。《最高人民法院、最高人民检察院关于办理危害食品安全刑事案件适用法律若干问题的解释》规定，在食用农产品种植、养殖、销售、运输、贮存等过程中，违反食品安全标准，超限量或者超范围滥用添加剂、农药、兽药等，足以造成严重食物中毒事故或者其他严重食源性疾病的；对畜禽注水或者注入其他物质，足以造成严重食物中毒事故或者其他严重食源性疾病的，依照刑法第一百四十三条的规定以生产、销售不符合安全标准的食品罪定罪处罚。

2. 生产、销售有毒、有害食品罪。刑法第一百四十四条规定，在生产、销售的食品中掺入有毒、有害的非食品原料的，或者销售明知掺有有毒、有害的非食品原料的食品的，处五年以下有期徒刑，并处罚金；对人体健康造成严重危害或者有其他严重情节的，处五年以上十年以下有期徒刑，并处罚金；致人死亡或者有其他特别严重情节的，依照本法第一百四十一条的规定处罚。《最高人民法院、最高人民检察院关于办理危害食品安全刑事案件适用法律若干问题的解释》规定，在食用农产品种植、养殖、销售、运输、贮存等过程中，使用禁用农药、食品动物中禁止使用的药品及其他化合物等有毒、有害的非食品原料；在畜禽屠宰相关环节，对畜禽使用食品动物中禁止使用的药品及其他化合物等有毒、有害的非食品原料，依照刑法第一百四十四条的规定以生产、销售有毒、有害食品罪定罪处罚。

3. 虚假广告罪。刑法第二百二十二条规定，广告主、广告经营者、广告发布者违反国家规定，利用广告对商品或者服务作虚假宣传，情节严重的，处二年以下有期徒刑或者拘役，并处或者单处罚金。

4. 提供虚假证明文件罪、出具证明文件重大失实罪。刑法第二百二十九条规定，承担资产评估、验资、验证、会计、审计、法律服务等职责的中介组织的人员故意提供虚假证明文件，情节严重的，处五年以下有期徒刑或者拘役，并处罚金。前款规定的人员，索取他人财物或者非法收受他人财物，犯前款罪的，处五年以上十年以下有期徒刑，并处罚金。第一款规定的人员，严重不负责任，出具的证明文件有重大失实，造成严重后果的，处三年以下有期徒刑或者拘役，并处或者单处罚金。

5. 生产、销售伪劣产品罪。根据《最高人民法院、最高人民检察院关于办理危害食品安全刑事案件适用法律若干问题的解释》的规定，生产、销售不符合食品安全标准的食品，无证据证明足以造成严重食物中毒事故或者其他严重食源性疾病，不构成生产、销售不符合安全标准的食品罪，但是构成生产、销售伪劣产品罪等其他犯罪的，依照该其他犯罪定罪处罚。生产、销售不符合食品安全标准的食品添加剂，用于食品的包装材料、容器、洗涤剂、消毒剂，或者用于食品生产经营的工具、设备等，构成犯罪的；在畜禽屠宰相关环节，对畜禽使用食品动物中禁止使用的药品及其他化合物等有毒、有害的非食品原料，依照刑法第一百四十四条的规定以生产、销售有毒、有害食品罪定罪处罚；对畜禽注水或者注入其他物质，足以造成严重食物中毒事故或者其他严重食源性疾病的，依照刑法第一百四十三条的规定以生产、销售不符合安全标准的食品罪定罪处罚；虽不足以造成严重食物中毒事故或者其他严重食源性疾病，但符合刑法第一百四十条规定的，以生产、销售伪劣产品罪定罪处罚。

6. 非法经营罪。根据《最高人民法院、最高人民检察院关于办理危害食品安全刑事案件适用法律若干问题的解释》的规定，以提供给他人生产、销售食用农产品为目的，违反国家规定，生产、销售国家禁用农药、食品动物中禁止使用的药品及其他化合物等有毒、有害的非食品原料，或者生产、销售添加上述有毒、有害的非食品原料的农药、兽药、饲料、饲料添加剂、饲料原料，情节严重的；违反国家规定，私设生猪屠宰厂（场），从事生猪屠宰、销售等经营活动，情节严重的，依照刑法第二百二十五条的规定以非法经营罪定罪处罚。

7. 食品监管渎职罪。刑法第四百零八条之一规定，负有食品安全监督管理职责的国家机关工作人员，滥用职权或者玩忽职守，导致发生重大食品安全事故或者造成其他严重后果的，处五年以下有期徒刑或者拘役；造成特别严重后果的，处五年以上十年以下有期徒刑。徇私舞弊犯前款罪的，从重处罚。根据《最高人民法院、最高人民检察院关于办理危害食品安全刑事案件适用法律若干问题的解释》的规定，负有食品安全监督管理职责的国家机关工作人员与他人共谋，利用其职务行为帮助他人实施危害食品安全犯罪行为，同时构成渎职犯罪和危害食品安全犯罪共犯的，依照处罚较重的规定定罪处罚。

8. 其他渎职犯罪。根据《最高人民法院、最高人民检察院关于办理危害食品安全刑事案件适用法律若干问题的解释》的规定，负有食品安全监督管理职责的国家机关工作人员，滥用职权或者玩忽职守，导致发生重大食品安全事故或者造成其他严重后果，同时构成食品监管渎职罪和徇私舞弊不移交刑事案件罪、商检徇私舞弊罪、动植物检疫徇私舞弊罪、放纵制售伪劣商品犯罪行为罪等其他渎职犯罪的，依照处罚较重的规定定罪处罚。负有食品安全监督管理职责的国家机关工作人员滥用职权或者玩忽职守，不构成食品监管渎职罪,但构成其他渎职犯罪的,依照该其他犯罪定罪处罚。

第七十九条 违反本法规定,给消费者造成人身、财产或者其他损害的,依法承担民事赔偿责任。生产经营者财产不足以同时承担民事赔偿责任和缴纳罚款、罚金时,先承担民事赔偿责任。

食用农产品生产经营者违反本法规定,污染环境、侵害众多消费者合法权益,损害社会公共利益的,人民检察院可以依照《中华人民共和国民事诉讼法》、《中华人民共和国行政诉讼法》等法律的规定向人民法院提起诉讼。

● 条文主旨

本条是关于农产品质量安全领域民事赔偿责任和公益诉讼的规定。

● 立法背景

本条是对原法第五十四条的修订。在原法第五十四条规定的民事赔偿责任的基础上,增加了公益诉讼的规定。

● 条文解读

一、民事赔偿责任

1. 违反本法规定,给消费者造成人身、财产或者其他损害的，依法承担民事赔偿责任。

民事赔偿是由平等民事主体之间的侵权引起的民事责任。民事责任是根据民法的规定，公民或法人在违反自己的民事义务或侵犯他人的民事权利时所应承担的法律后果。在民法典、消费者权益保护法、食品安全法和产品质量法中均要求违法者对受害人的人身和财产损失进行赔偿。民法典第一千一百七十九条规定，侵害他人造成人身损害的，应当赔偿医疗费、护理费、交通费、营养费、住院伙食补助费等为治疗和康复支出的合理费用，以及因误工减少的收入。造成残疾的，还应当赔偿辅助器具费和残疾赔偿金；造成死亡的，还应当赔偿丧葬费和死亡赔偿金。第一千一百八十二条规定，侵害他人人身权益造成财产损失的，按照被侵权人因此受到的损失或者侵权人因此获得的利益赔偿。消费者权益保护法第十一条规定，消费者因购买、使用商品或者接受服务受到人身、财产损害的，享有依法获得赔偿的权利。产品质量法第四十三条规定，因产品存在缺陷造成人身、他人财产损害的，受害人可以向产品的生产者要求赔偿，也可以向产品的销售者要求赔偿。属于产品的生产者的责任，产品的销售者赔偿的，产品的销售者有权向产品的生产者追偿。属于产品的销售者的责任，产品的生产者赔偿的，产品的生产者有权向产品的销售者追偿。第四十四条第一款规定，因产品存在缺陷造成受害人人身伤害的，侵害人应当赔偿医疗费、治疗期间的护理费、因误工减少的收入等费用；造成残疾的，还应当支付残疾者生活自助具费、生活补助费、残疾赔偿金以及由其扶养的人所必需的生活费等费用；造成受害人死亡的，并应当支付丧葬费、死亡赔偿金以及由死者生前扶养的人所必需的生活费等费用。食品安全法第一百四十七条规定，违反本法规定，造成人身、财产或者其他损害的，依法承担赔偿责任。生产经营者财产不足以同时承担民事赔偿责任和缴纳罚款、罚金时，先承担民事赔偿责任。

与原农产品质量安全法规定的仅限于第三十三条所列举的六项违法情形相比，本条所规定的应承担民事赔偿责任的情形更加宽泛，即任何生产经营主体违反了本法所规定的任何行为，只要给消费者造成人身、财产或者其他损害，均应依法承担民事赔偿责任。民法典、产品质量法、食品安全法等法律规定的民事赔偿责任情形也是宽泛的。民法典第一千二百零二条规定："因产品存在缺陷造成他人损害的，生产者应当承担侵权责任。"第一千二百零三条第一款规定，"因产品存在缺陷造成他人损害的，被侵权人可以向产品的生产者请求赔偿，也可以向产品的销售者请求赔偿"。产品质量法第四十一条第一款规定，"因产品存在缺陷造成人身、缺陷产品以外的其他财产（以下简称他人财产）损害的，生产者应当承担赔偿责任"。食品安全法第一百四十七条规定："违反本法规定，造成人身、财产或者其他损害的，依法承担赔偿责任。生产经营者财产不足以同时承担民事赔偿责任和缴纳罚款、罚金时，先承担民事赔偿责任。"此次农产品质量安全法采用类似表述，与其他法律相衔接，也更进一步保护消费者的合法权益。

2. 生产经营者财产不足以同时承担民事赔偿责任和缴纳罚款、罚金时，先承担民事赔偿责任。

这是关于民事赔偿优先的规定。当生产经营者出现违反本法规定的违法行为，可能会产生多种财产责任：一方面需要对受害者的人身和财产造成的损害承担民事赔偿责任；另一方面也需要接受相关监管部门罚款的行政处罚，若涉及犯罪的，还可能承担罚金的刑事责任。罚金是人民法院依据刑法和刑事诉讼法判处犯罪人或犯罪单位向国家缴纳一定数额金钱的刑罚方法。罚款，一种是人民法院依据民事诉讼法和行政诉讼法对在民事、行政诉讼中责令妨害诉讼的人或单位缴纳一定数额金钱的强制措施（以下简称司法罚款）；另一种是行政机关依据有关行政法律规范和行政处罚法对违反行政法规的人或单位向国家缴纳一定数额金钱的处罚方式（以下简称行政罚款）。

通过民事赔偿、罚款、罚金三者的解释可以看出：民事赔偿是一种补偿性质；罚款是一种行政处罚，是人民法院对妨害诉讼或行政机关对违反行政法规的人或单位的一种处罚方法；罚金是一种刑事责任，是对犯罪人或单位的刑事制裁。从法律责任性质上分析，民事赔偿体现的是平等主体间的补偿，罚款和罚金体现的是国家对违法者的惩罚。

当生产经营者同时面临民事赔偿、罚款和罚金时,可能会出现财产不足而难以同时支付的问题,若罚款、罚金优先,而民事侵权的受害人得不到赔偿。这样做的结果是,虽然违法者受到了经济上的制裁,但是受害者没有得到应有的补偿,其合法权益没有得到切实的保障。因此在我国的公司法、产品质量法、食品安全法、消费者权益保护法、证券法等法律中,为切实保障受害人的合法权益,都作出了规定,要求民事赔偿优先。产品质量法第六十四条规定:"违反本法规定,应当承担民事赔偿责任和缴纳罚款、罚金,其财产不足以同时支付时,先承担民事赔偿责任。"消费者权益保护法第五十八条规定了,"经营者违反本法规定,应当承担民事赔偿责任和缴纳罚款、罚金,其财产不足以同时支付的,先承担民事赔偿责任",食品安全法、公司法和证券法也作出了类似规定。此次农产品质量安全法再次明确这一原则,可以使受害人的合法权益得到保护,使其受损的权利得到补偿,这充分体现了立法机关以人为本的立法理念。

二、公益诉讼

食用农产品生产经营者违反本法规定,污染环境、侵害众多消费者合法权益、损害社会公共利益的,人民检察院可以依照民事诉讼法、行政诉讼法等法律的规定向人民法院提起诉讼。农产品质量安全不仅涉及国家粮食安全,更是保障着广大人民群众"舌尖上的安全",农产品作为国计民生的必需品,理应配备公益诉讼制度,因此,本次修订增设了农产品质量安全领域的公益诉讼制度。

探索建立检察机关提起公益诉讼制度,是党的十八届四中全会作出的一项重大改革部署,也是以法治思维和法治方式推进国家治理体系和治理能力现代化的一项重要制度安排,目的是充分发挥检察机关法律监督职能作用,促进依法行政、严格执法,维护宪法法律权威,维护社会公平正义,维护国家利益、社会公共利益和消费者利益。2017年7月1日,修改后的民事诉讼法、行政诉讼法正式施行,公益诉讼检察工作全面推开。民事诉讼法第五十八条规定:"对污染环境、侵害众多消费者合法权益等损害社会公共利益的行为,法律规定的机关和有关组织可以向人民法院提起诉讼。人民检察院在履行职责中发现破坏生态环境和资源保护、食品药品安全领域侵害众多消费者合法权益等损害社会公共利益的行为,在没有前款规定的机关和组织或者前款规定的机关和组织不提起诉讼的情况下,可以向人民法院提起诉讼。前款规定的机关或者组织提起诉讼的,人民检察院可以支持起诉。"行政诉讼法第二十五条第四款规定:"人民检察院在履行职责中发现生态环境和资源保护、食品药品安全、国有财产保护、国有土地使用权出让等领域负有监督管理职责的行政机关违法行使职权或者不作为,致使国家利益或者社会公共利益受到侵害的,应当向行政机关提出检察建议,督促其依法履行职责。行政机关不依法履行职责的,人民检察院依法向人民法院提起诉讼。"

此次农产品质量安全法增加公益诉讼规定,有利于督促行政机关依法行政、严格执法,更有利于调动法律规定的机关和组织参与公益保护的积极性,将涉及公益保护的案件或事件纳入司法轨道进行处理。尤其是检察机关通过提起公益诉讼,还有助于发现相关行政机关或社会组织、单位所存在的管理、制度等方面的弊端,从而有针对性地提出检察建议,使之纠正和改进工作,避免类似事件的发生。

第八章 附 则

第八十条 粮食收购、储存、运输环节的质量安全管理，依照有关粮食管理的法律、行政法规执行。

● 条文主旨

本条是关于粮食管理的衔接性规定。

● 条文解读

粮食安全是"国之大者"。近年来，我国一直坚持粮食数量质量并重，在保障数量供给安全的同时，更加重视粮食质量安全。

粮食产业链条长，在粮食全产业链条中的众多环节都存在质量安全隐患。在生产环节，存在重金属污染、真菌毒素污染、农药污染等隐患；在储运环节，存在发霉变质等隐患；在加工环节，存在不良企业违法违规使用食品添加剂的风险；在销售环节，存在掺假使假、以次充好，有毒大米、染色大米流入市场的风险。现阶段粮食质量管理涉及多个部门，针对以上问题，生态环境部、农业农村部、国家卫生健康委员会、国家市场监督管理总局、国家粮食和物资储备局等多部门齐抓共管，建立源头治理为主导，覆盖农田到餐桌的全链条粮食质量安全保障体系，着力解决粮食质量安全的隐患问题。

目前，常用于粮食管理相关的法律法规主要有粮食安全保障法、《粮食流通管理条例》《粮食质量安全监管办法》等。《粮食流通管理条例》由国务院公布，对我国境内从事粮食的收购、销售、储存、运输、加工、进出口等经营活动进行了规定。其中所称粮食，是指小麦、稻谷、玉米、杂粮及其成品粮。《粮食质量安全监管办法》由国家发展改革委于2023年7月公布（国家发展改革委2016年第42号令同时废止），对粮食质量安全监管活动和粮食收购、储存、运输、加工和销售等经营活动进行了规定。

第八十一条　本法自2023年1月1日起施行。

● 条文主旨

本条是关于法律施行日期的规定。

● 条文解读

一、关于法律的施行日期

法律的施行日期问题，是任何一部法律都要涉及的问题。关于法律施行日期的规定，有以下几种情况：一是在法律条文中规定"本法自××××年××月××日起施行"，直接规定具体的施行日期。二是不在法律条文中直接规定具体的施行日期，而是规定"本法自公布之日起施行"，但法律何时公布，则按照我国宪法规定，由国家主席发布主席令来确定。三是规定法律的施行日期取决于另一部法律的制定和施行时间。本法采取了第一种方式，即在法律中明确规定了本法的施行日期。按照本条规定，修订后的农产品质量安全法自2023年1月1日起施行，各有关主体依照法律规定履行义务、行使权利。

二、关于法律的溯及力

关于本法溯及力问题，一部法律施行后是否对其施行以前的事情发生效力，涉及许多问题，包括我国在内的世界各国立法实践中，法律一般都是没有溯及力的，即不能对以前的事情发生法律效力。但是，如果一部法律实施后需要对以前的事情发生法律效力，也是可以的，不过必须在法律条文中予以明确规定。本法对其是否具有溯及力未作规定，说明本法不具有溯及力。

三、关于做好本法实施准备工作

本法自颁布（2022年9月2日）至施行（2023年1月1日）间隔一段时间，目的是使各有关方面利用这段时间做好本法实施的准备工作，进一步贯彻好这部法律。各有关方面应当做好以下各项工作：

一是各级农业农村部门和其他有关部门应当认真组织学习好这部法律的各项内容。只有准确理解、全面把握法律精神实质和相关规定，才能做到严格依法办事，正确履行监督管理职责。

二是针对我国农业生产的特点，要特别重视做好本法的宣传普及工作。通过丰富多样、喜闻乐见的宣传方式，让广大农户、农民专业合作社、农产品生产企业、收储运商贩、消费者都能了解这部法律的规定，提高农产品生产经营者的质量安全责任意识，积极引导消费者关心、参与农产品质量安全工作，构建社会共治共享的格局。

三是抓紧制定或修订有关的配套管理办法、规范性文件和相关标准。根据立法法的规定，法律规定明确要求有关国家机关对专门事项作出配套的具体规定的，有关国家机关应当自法律施行之日起一年内作出规定，法律对配套的具体规定制定期限另有规定的，应从其规定。有关国家机关未能在期限内作出配套的具体规定的，应当向全国人民代表大会常务委员会说明情况。因此，对本法中农产品质量安全承诺达标合格证、农产品质量安全追溯等明确规定需要制定管理办法的，农业农村等有关部门要尽快研究起草，确保一年内出台实施。对农产品质量安全检测机构的管理办法、农产品包装和标识的管理办法、绿色食品的管理办法等已经出台的配套规章，要抓紧对照修订；对于其他与本法有关规定相抵触的法规、规章和规范性文件等，需要废止的应及时废止。

附录一：法律原文

中华人民共和国农产品质量安全法

（2006年4月29日第十届全国人民代表大会常务委员会第二十一次会议通过　根据2018年10月26日第十三届全国人民代表大会常务委员会第六次会议《关于修改〈中华人民共和国野生动物保护法〉等十五部法律的决定》修正　2022年9月2日第十三届全国人民代表大会常务委员会第三十六次会议修订）

目　录

第一章　总　则
第二章　农产品质量安全风险管理和标准制定
第三章　农产品产地
第四章　农产品生产
第五章　农产品销售
第六章　监督管理
第七章　法律责任
第八章　附　则

第一章　总　则

第一条　为了保障农产品质量安全，维护公众健康，促进农业和农村经济发展,制定本法。

第二条 本法所称农产品,是指来源于种植业、林业、畜牧业和渔业等的初级产品,即在农业活动中获得的植物、动物、微生物及其产品。

本法所称农产品质量安全,是指农产品质量达到农产品质量安全标准,符合保障人的健康、安全的要求。

第三条 与农产品质量安全有关的农产品生产经营及其监督管理活动,适用本法。

《中华人民共和国食品安全法》对食用农产品的市场销售、有关质量安全标准的制定、有关安全信息的公布和农业投入品已经作出规定的,应当遵守其规定。

第四条 国家加强农产品质量安全工作,实行源头治理、风险管理、全程控制,建立科学、严格的监督管理制度,构建协同、高效的社会共治体系。

第五条 国务院农业农村主管部门、市场监督管理部门依照本法和规定的职责,对农产品质量安全实施监督管理。

国务院其他有关部门依照本法和规定的职责承担农产品质量安全的有关工作。

第六条 县级以上地方人民政府对本行政区域的农产品质量安全工作负责,统一领导、组织、协调本行政区域的农产品质量安全工作,建立健全农产品质量安全工作机制,提高农产品质量安全水平。

县级以上地方人民政府应当依照本法和有关规定,确定本级农业农村主管部门、市场监督管理部门和其他有关部门的农产品质量安全监督管理工作职责。各有关部门在职责范围内负责本行政区域的农产品质量安全监督管理工作。

乡镇人民政府应当落实农产品质量安全监督管理责任，协助上级人民政府及其有关部门做好农产品质量安全监督管理工作。

第七条 农产品生产经营者应当对其生产经营的农产品质量安全负责。

农产品生产经营者应当依照法律、法规和农产品质量安全标准从事生产经营活动，诚信自律，接受社会监督，承担社会责任。

第八条 县级以上人民政府应当将农产品质量安全管理工作纳入本级国民经济和社会发展规划，所需经费列入本级预算，加强农产品质量安全监督管理能力建设。

第九条 国家引导、推广农产品标准化生产，鼓励和支持生产绿色优质农产品，禁止生产、销售不符合国家规定的农产品质量安全标准的农产品。

第十条 国家支持农产品质量安全科学技术研究，推行科学的质量安全管理方法，推广先进安全的生产技术。国家加强农产品质量安全科学技术国际交流与合作。

第十一条 各级人民政府及有关部门应当加强农产品质量安全知识的宣传，发挥基层群众性自治组织、农村集体经济组织的优势和作用，指导农产品生产经营者加强质量安全管理，保障农产品消费安全。

新闻媒体应当开展农产品质量安全法律、法规和农产品质量安全知识的公益宣传，对违法行为进行舆论监督。有关农产品质量安全的宣传报道应当真实、公正。

第十二条 农民专业合作社和农产品行业协会等应当及时为

其成员提供生产技术服务,建立农产品质量安全管理制度,健全农产品质量安全控制体系,加强自律管理。

第二章　农产品质量安全风险管理和标准制定

第十三条　国家建立农产品质量安全风险监测制度。

国务院农业农村主管部门应当制定国家农产品质量安全风险监测计划,并对重点区域、重点农产品品种进行质量安全风险监测。省、自治区、直辖市人民政府农业农村主管部门应当根据国家农产品质量安全风险监测计划,结合本行政区域农产品生产经营实际,制定本行政区域的农产品质量安全风险监测实施方案,并报国务院农业农村主管部门备案。县级以上地方人民政府农业农村主管部门负责组织实施本行政区域的农产品质量安全风险监测。

县级以上人民政府市场监督管理部门和其他有关部门获知有关农产品质量安全风险信息后,应当立即核实并向同级农业农村主管部门通报。接到通报的农业农村主管部门应当及时上报。制定农产品质量安全风险监测计划、实施方案的部门应当及时研究分析,必要时进行调整。

第十四条　国家建立农产品质量安全风险评估制度。

国务院农业农村主管部门应当设立农产品质量安全风险评估专家委员会,对可能影响农产品质量安全的潜在危害进行风险分析和评估。国务院卫生健康、市场监督管理等部门发现需要对农产品进行质量安全风险评估的,应当向国务院农业农村主管部门提出风险评估建议。

农产品质量安全风险评估专家委员会由农业、食品、营养、生物、环境、医学、化工等方面的专家组成。

第十五条 国务院农业农村主管部门应当根据农产品质量安全风险监测、风险评估结果采取相应的管理措施,并将农产品质量安全风险监测、风险评估结果及时通报国务院市场监督管理、卫生健康等部门和有关省、自治区、直辖市人民政府农业农村主管部门。

县级以上人民政府农业农村主管部门开展农产品质量安全风险监测和风险评估工作时,可以根据需要进入农产品产地、储存场所及批发、零售市场。采集样品应当按照市场价格支付费用。

第十六条 国家建立健全农产品质量安全标准体系,确保严格实施。农产品质量安全标准是强制执行的标准,包括以下与农产品质量安全有关的要求:

(一)农业投入品质量要求、使用范围、用法、用量、安全间隔期和休药期规定;

(二)农产品产地环境、生产过程管控、储存、运输要求;

(三)农产品关键成分指标等要求;

(四)与屠宰畜禽有关的检验规程;

(五)其他与农产品质量安全有关的强制性要求。

《中华人民共和国食品安全法》对食用农产品的有关质量安全标准作出规定的,依照其规定执行。

第十七条 农产品质量安全标准的制定和发布,依照法律、行政法规的规定执行。

制定农产品质量安全标准应当充分考虑农产品质量安全风险评估结果,并听取农产品生产经营者、消费者、有关部门、行业协会等的意见，保障农产品消费安全。

第十八条 农产品质量安全标准应当根据科学技术发展水平以及农产品质量安全的需要，及时修订。

第十九条 农产品质量安全标准由农业农村主管部门商有关部门推进实施。

第三章 农产品产地

第二十条 国家建立健全农产品产地监测制度。

县级以上地方人民政府农业农村主管部门应当会同同级生态环境、自然资源等部门制定农产品产地监测计划，加强农产品产地安全调查、监测和评价工作。

第二十一条 县级以上地方人民政府农业农村主管部门应当会同同级生态环境、自然资源等部门按照保障农产品质量安全的要求，根据农产品品种特性和产地安全调查、监测、评价结果，依照土壤污染防治等法律、法规的规定提出划定特定农产品禁止生产区域的建议，报本级人民政府批准后实施。

任何单位和个人不得在特定农产品禁止生产区域种植、养殖、捕捞、采集特定农产品和建立特定农产品生产基地。

特定农产品禁止生产区域划定和管理的具体办法由国务院农业农村主管部门商国务院生态环境、自然资源等部门制定。

第二十二条 任何单位和个人不得违反有关环境保护法律、法规的规定向农产品产地排放或者倾倒废水、废气、固体废物或者其他有毒有害物质。

农业生产用水和用作肥料的固体废物，应当符合法律、法规和国家有关强制性标准的要求。

第二十三条 农产品生产者应当科学合理使用农药、兽药、肥料、农用薄膜等农业投入品,防止对农产品产地造成污染。

农药、肥料、农用薄膜等农业投入品的生产者、经营者、使用者应当按照国家有关规定回收并妥善处置包装物和废弃物。

第二十四条 县级以上人民政府应当采取措施,加强农产品基地建设,推进农业标准化示范建设,改善农产品的生产条件。

第四章 农产品生产

第二十五条 县级以上地方人民政府农业农村主管部门应当根据本地区的实际情况,制定保障农产品质量安全的生产技术要求和操作规程,并加强对农产品生产经营者的培训和指导。

农业技术推广机构应当加强对农产品生产经营者质量安全知识和技能的培训。国家鼓励科研教育机构开展农产品质量安全培训。

第二十六条 农产品生产企业、农民专业合作社、农业社会化服务组织应当加强农产品质量安全管理。

农产品生产企业应当建立农产品质量安全管理制度,配备相应的技术人员;不具备配备条件的,应当委托具有专业技术知识的人员进行农产品质量安全指导。

国家鼓励和支持农产品生产企业、农民专业合作社、农业社会化服务组织建立和实施危害分析和关键控制点体系,实施良好农业规范,提高农产品质量安全管理水平。

第二十七条 农产品生产企业、农民专业合作社、农业社会化服务组织应当建立农产品生产记录，如实记载下列事项：

（一）使用农业投入品的名称、来源、用法、用量和使用、停用的日期；

（二）动物疫病、农作物病虫害的发生和防治情况；

（三）收获、屠宰或者捕捞的日期。

农产品生产记录应当至少保存二年。禁止伪造、变造农产品生产记录。

国家鼓励其他农产品生产者建立农产品生产记录。

第二十八条 对可能影响农产品质量安全的农药、兽药、饲料和饲料添加剂、肥料、兽医器械，依照有关法律、行政法规的规定实行许可制度。

省级以上人民政府农业农村主管部门应当定期或者不定期组织对可能危及农产品质量安全的农药、兽药、饲料和饲料添加剂、肥料等农业投入品进行监督抽查，并公布抽查结果。

农药、兽药经营者应当依照有关法律、行政法规的规定建立销售台账，记录购买者、销售日期和药品施用范围等内容。

第二十九条 农产品生产经营者应当依照有关法律、行政法规和国家有关强制性标准、国务院农业农村主管部门的规定，科学合理使用农药、兽药、饲料和饲料添加剂、肥料等农业投入品，严格执行农业投入品使用安全间隔期或者休药期的规定；不得超范围、超剂量使用农业投入品危及农产品质量安全。

禁止在农产品生产经营过程中使用国家禁止使用的农业投入品以及其他有毒有害物质。

第三十条 农产品生产场所以及生产活动中使用的设施、设备、消毒剂、洗涤剂等应当符合国家有关质量安全规定，防止污染农产品。

第三十一条 县级以上人民政府农业农村主管部门应当加强对农业投入品使用的监督管理和指导，建立健全农业投入品的安全使用制度，推广农业投入品科学使用技术，普及安全、环保农业投入品的使用。

第三十二条 国家鼓励和支持农产品生产经营者选用优质特色农产品品种，采用绿色生产技术和全程质量控制技术，生产绿色优质农产品，实施分等分级，提高农产品品质，打造农产品品牌。

第三十三条 国家支持农产品产地冷链物流基础设施建设，健全有关农产品冷链物流标准、服务规范和监管保障机制，保障冷链物流农产品畅通高效、安全便捷，扩大高品质市场供给。

从事农产品冷链物流的生产经营者应当依照法律、法规和有关农产品质量安全标准，加强冷链技术创新与应用、质量安全控制，执行对冷链物流农产品及其包装、运输工具、作业环境等的检验检测检疫要求，保证冷链农产品质量安全。

第五章　农产品销售

第三十四条 销售的农产品应当符合农产品质量安全标准。

农产品生产企业、农民专业合作社应当根据质量安全控制要求自行或者委托检测机构对农产品质量安全进行检测；经检测不符合农产品质量安全标准的农产品，应当及时采取管控措施，且不得销售。

农业技术推广等机构应当为农户等农产品生产经营者提供农

产品检测技术服务。

第三十五条 农产品在包装、保鲜、储存、运输中所使用的保鲜剂、防腐剂、添加剂、包装材料等，应当符合国家有关强制性标准以及其他农产品质量安全规定。

储存、运输农产品的容器、工具和设备应当安全、无害。禁止将农产品与有毒有害物质一同储存、运输，防止污染农产品。

第三十六条 有下列情形之一的农产品，不得销售：

（一）含有国家禁止使用的农药、兽药或者其他化合物；

（二）农药、兽药等化学物质残留或者含有的重金属等有毒有害物质不符合农产品质量安全标准；

（三）含有的致病性寄生虫、微生物或者生物毒素不符合农产品质量安全标准；

（四）未按照国家有关强制性标准以及其他农产品质量安全规定使用保鲜剂、防腐剂、添加剂、包装材料等，或者使用的保鲜剂、防腐剂、添加剂、包装材料等不符合国家有关强制性标准以及其他质量安全规定；

（五）病死、毒死或者死因不明的动物及其产品；

（六）其他不符合农产品质量安全标准的情形。

对前款规定不得销售的农产品，应当依照法律、法规的规定进行处置。

第三十七条 农产品批发市场应当按照规定设立或者委托检测机构，对进场销售的农产品质量安全状况进行抽查检测；发现不符合农产品质量安全标准的，应当要求销售者立即停止销售，并向所在地市场监督管理、农业农村等部门报告。

农产品销售企业对其销售的农产品，应当建立健全进货检查验收制度；经查验不符合农产品质量安全标准的，不得销售。

食品生产者采购农产品等食品原料，应当依照《中华人民共和国食品安全法》的规定查验许可证和合格证明，对无法提供合格证明的，应当按照规定进行检验。

第三十八条　农产品生产企业、农民专业合作社以及从事农产品收购的单位或者个人销售的农产品，按照规定应当包装或者附加承诺达标合格证等标识的，须经包装或者附加标识后方可销售。包装物或者标识上应当按照规定标明产品的品名、产地、生产者、生产日期、保质期、产品质量等级等内容；使用添加剂的，还应当按照规定标明添加剂的名称。具体办法由国务院农业农村主管部门制定。

第三十九条　农产品生产企业、农民专业合作社应当执行法律、法规的规定和国家有关强制性标准，保证其销售的农产品符合农产品质量安全标准，并根据质量安全控制、检测结果等开具承诺达标合格证，承诺不使用禁用的农药、兽药及其他化合物且使用的常规农药、兽药残留不超标等。鼓励和支持农户销售农产品时开具承诺达标合格证。法律、行政法规对畜禽产品的质量安全合格证明有特别规定的，应当遵守其规定。

从事农产品收购的单位或者个人应当按照规定收取、保存承诺达标合格证或者其他质量安全合格证明，对其收购的农产品进行混装或者分装后销售的，应当按照规定开具承诺达标合格证。

农产品批发市场应当建立健全农产品承诺达标合格证查验等制度。

县级以上人民政府农业农村主管部门应当做好承诺达标合格证有关工作的指导服务，加强日常监督检查。

农产品质量安全承诺达标合格证管理办法由国务院农业农村主管部门会同国务院有关部门制定。

第四十条 农产品生产经营者通过网络平台销售农产品的，应当依照本法和《中华人民共和国电子商务法》、《中华人民共和国食品安全法》等法律、法规的规定，严格落实质量安全责任，保证其销售的农产品符合质量安全标准。网络平台经营者应当依法加强对农产品生产经营者的管理。

第四十一条 国家对列入农产品质量安全追溯目录的农产品实施追溯管理。国务院农业农村主管部门应当会同国务院市场监督管理等部门建立农产品质量安全追溯协作机制。农产品质量安全追溯管理办法和追溯目录由国务院农业农村主管部门会同国务院市场监督管理等部门制定。

国家鼓励具备信息化条件的农产品生产经营者采用现代信息技术手段采集、留存生产记录、购销记录等生产经营信息。

第四十二条 农产品质量符合国家规定的有关优质农产品标准的，农产品生产经营者可以申请使用农产品质量标志。禁止冒用农产品质量标志。

国家加强地理标志农产品保护和管理。

第四十三条 属于农业转基因生物的农产品，应当按照农业转基因生物安全管理的有关规定进行标识。

第四十四条 依法需要实施检疫的动植物及其产品，应当附具检疫标志、检疫证明。

第六章 监督管理

第四十五条 县级以上人民政府农业农村主管部门和市场监

督管理等部门应当建立健全农产品质量安全全程监督管理协作机制，确保农产品从生产到消费各环节的质量安全。

县级以上人民政府农业农村主管部门和市场监督管理部门应当加强收购、储存、运输过程中农产品质量安全监督管理的协调配合和执法衔接，及时通报和共享农产品质量安全监督管理信息，并按照职责权限，发布有关农产品质量安全日常监督管理信息。

第四十六条　县级以上人民政府农业农村主管部门应当根据农产品质量安全风险监测、风险评估结果和农产品质量安全状况等，制定监督抽查计划，确定农产品质量安全监督抽查的重点、方式和频次，并实施农产品质量安全风险分级管理。

第四十七条　县级以上人民政府农业农村主管部门应当建立健全随机抽查机制，按照监督抽查计划，组织开展农产品质量安全监督抽查。

农产品质量安全监督抽查检测应当委托符合本法规定条件的农产品质量安全检测机构进行。监督抽查不得向被抽查人收取费用，抽取的样品应当按照市场价格支付费用，并不得超过国务院农业农村主管部门规定的数量。

上级农业农村主管部门监督抽查的同批次农产品，下级农业农村主管部门不得另行重复抽查。

第四十八条　农产品质量安全检测应当充分利用现有的符合条件的检测机构。

从事农产品质量安全检测的机构，应当具备相应的检测条件和能力，由省级以上人民政府农业农村主管部门或者其授权的部门考核合格。具体办法由国务院农业农村主管部门制定。

农产品质量安全检测机构应当依法经资质认定。

第四十九条 从事农产品质量安全检测工作的人员，应当具备相应的专业知识和实际操作技能，遵纪守法，恪守职业道德。

农产品质量安全检测机构对出具的检测报告负责。检测报告应当客观公正，检测数据应当真实可靠，禁止出具虚假检测报告。

第五十条 县级以上地方人民政府农业农村主管部门可以采用国务院农业农村主管部门会同国务院市场监督管理等部门认定的快速检测方法，开展农产品质量安全监督抽查检测。抽查检测结果确定有关农产品不符合农产品质量安全标准的，可以作为行政处罚的证据。

第五十一条 农产品生产经营者对监督抽查检测结果有异议的，可以自收到检测结果之日起五个工作日内，向实施农产品质量安全监督抽查的农业农村主管部门或者其上一级农业农村主管部门申请复检。复检机构与初检机构不得为同一机构。

采用快速检测方法进行农产品质量安全监督抽查检测，被抽查人对检测结果有异议的，可以自收到检测结果时起四小时内申请复检。复检不得采用快速检测方法。

复检机构应当自收到复检样品之日起七个工作日内出具检测报告。

因检测结果错误给当事人造成损害的，依法承担赔偿责任。

第五十二条 县级以上地方人民政府农业农村主管部门应当加强对农产品生产的监督管理，开展日常检查，重点检查农产品产地环境、农业投入品购买和使用、农产品生产记录、承诺达标合格证开具等情况。

国家鼓励和支持基层群众性自治组织建立农产品质量安全信息员工作制度，协助开展有关工作。

第五十三条 开展农产品质量安全监督检查，有权采取下列措施：

（一）进入生产经营场所进行现场检查，调查了解农产品质量安全的有关情况；

（二）查阅、复制农产品生产记录、购销台账等与农产品质量安全有关的资料；

（三）抽样检测生产经营的农产品和使用的农业投入品以及其他有关产品；

（四）查封、扣押有证据证明存在农产品质量安全隐患或者经检测不符合农产品质量安全标准的农产品；

（五）查封、扣押有证据证明可能危及农产品质量安全或者经检测不符合产品质量标准的农业投入品以及其他有毒有害物质；

（六）查封、扣押用于违法生产经营农产品的设施、设备、场所以及运输工具；

（七）收缴伪造的农产品质量标志。

农产品生产经营者应当协助、配合农产品质量安全监督检查，不得拒绝、阻挠。

第五十四条 县级以上人民政府农业农村等部门应当加强农产品质量安全信用体系建设，建立农产品生产经营者信用记录，记载行政处罚等信息，推进农产品质量安全信用信息的应用和管理。

第五十五条 农产品生产经营过程中存在质量安全隐患，未及时采取措施消除的,县级以上地方人民政府农业农村主管部门可以对农产品生产经营者的法定代表人或者主要负责人进行责任约谈。农产品生产经营者应当立即采取措施,进行整改,消除隐患。

第五十六条 国家鼓励消费者协会和其他单位或者个人对农产品质量安全进行社会监督,对农产品质量安全监督管理工作提出意见和建议。任何单位和个人有权对违反本法的行为进行检举控告、投诉举报。

县级以上人民政府农业农村主管部门应当建立农产品质量安全投诉举报制度,公开投诉举报渠道,收到投诉举报后,应当及时处理。对不属于本部门职责的,应当移交有权处理的部门并书面通知投诉举报人。

第五十七条 县级以上地方人民政府农业农村主管部门应当加强对农产品质量安全执法人员的专业技术培训并组织考核。不具备相应知识和能力的,不得从事农产品质量安全执法工作。

第五十八条 上级人民政府应当督促下级人民政府履行农产品质量安全职责。对农产品质量安全责任落实不力、问题突出的地方人民政府,上级人民政府可以对其主要负责人进行责任约谈。被约谈的地方人民政府应当立即采取整改措施。

第五十九条 国务院农业农村主管部门应当会同国务院有关部门制定国家农产品质量安全突发事件应急预案,并与国家食品安全事故应急预案相衔接。

县级以上地方人民政府应当根据有关法律、行政法规的规定和上级人民政府的农产品质量安全突发事件应急预案,制定本行政区域的农产品质量安全突发事件应急预案。

发生农产品质量安全事故时，有关单位和个人应当采取控制措施，及时向所在地乡镇人民政府和县级人民政府农业农村等部门报告；收到报告的机关应当按照农产品质量安全突发事件应急预案及时处理并报本级人民政府、上级人民政府有关部门。发生重大农产品质量安全事故时，按照规定上报国务院及其有关部门。

任何单位和个人不得隐瞒、谎报、缓报农产品质量安全事故，不得隐匿、伪造、毁灭有关证据。

第六十条 县级以上地方人民政府市场监督管理部门依照本法和《中华人民共和国食品安全法》等法律、法规的规定，对农产品进入批发、零售市场或者生产加工企业后的生产经营活动进行监督检查。

第六十一条 县级以上人民政府农业农村、市场监督管理等部门发现农产品质量安全违法行为涉嫌犯罪的，应当及时将案件移送公安机关。对移送的案件，公安机关应当及时审查；认为有犯罪事实需要追究刑事责任的，应当立案侦查。

公安机关对依法不需要追究刑事责任但应当给予行政处罚的，应当及时将案件移送农业农村、市场监督管理等部门，有关部门应当依法处理。

公安机关商请农业农村、市场监督管理、生态环境等部门提供检验结论、认定意见以及对涉案农产品进行无害化处理等协助的，有关部门应当及时提供、予以协助。

第七章　法律责任

第六十二条 违反本法规定，地方各级人民政府有下列情形之一的，对直接负责的主管人员和其他直接责任人员给予警告、记过、记大过处分；造成严重后果的，给予降级或者撤职处分：

（一）未确定有关部门的农产品质量安全监督管理工作职责，未建立健全农产品质量安全工作机制，或者未落实农产品质量安全监督管理责任；

（二）未制定本行政区域的农产品质量安全突发事件应急预案，或者发生农产品质量安全事故后未按照规定启动应急预案。

第六十三条 违反本法规定，县级以上人民政府农业农村等部门有下列行为之一的，对直接负责的主管人员和其他直接责任人员给予记大过处分；情节较重的，给予降级或者撤职处分；情节严重的，给予开除处分；造成严重后果的，其主要负责人还应当引咎辞职：

（一）隐瞒、谎报、缓报农产品质量安全事故或者隐匿、伪造、毁灭有关证据；

（二）未按照规定查处农产品质量安全事故，或者接到农产品质量安全事故报告未及时处理，造成事故扩大或者蔓延；

（三）发现农产品质量安全重大风险隐患后，未及时采取相应措施，造成农产品质量安全事故或者不良社会影响；

（四）不履行农产品质量安全监督管理职责，导致发生农产品质量安全事故。

第六十四条 县级以上地方人民政府农业农村、市场监督管理等部门在履行农产品质量安全监督管理职责过程中，违法实施检查、强制等执法措施，给农产品生产经营者造成损失的，应当依法予以赔偿，对直接负责的主管人员和其他直接责任人员依法给予处分。

第六十五条 农产品质量安全检测机构、检测人员出具虚假检测报告的,由县级以上人民政府农业农村主管部门没收所收取的检测费用,检测费用不足一万元的,并处五万元以上十万元以下罚款,检测费用一万元以上的,并处检测费用五倍以上十倍以下罚款;对直接负责的主管人员和其他直接责任人员处一万元以上五万元以下罚款;使消费者的合法权益受到损害的,农产品质量安全检测机构应当与农产品生产经营者承担连带责任。

因农产品质量安全违法行为受到刑事处罚或者因出具虚假检测报告导致发生重大农产品质量安全事故的检测人员,终身不得从事农产品质量安全检测工作。农产品质量安全检测机构不得聘用上述人员。

农产品质量安全检测机构有前两款违法行为的,由授予其资质的主管部门或者机构吊销该农产品质量安全检测机构的资质证书。

第六十六条 违反本法规定,在特定农产品禁止生产区域种植、养殖、捕捞、采集特定农产品或者建立特定农产品生产基地的,由县级以上地方人民政府农业农村主管部门责令停止违法行为,没收农产品和违法所得,并处违法所得一倍以上三倍以下罚款。

违反法律、法规规定,向农产品产地排放或者倾倒废水、废气、固体废物或者其他有毒有害物质的,依照有关环境保护法律、法规的规定处理、处罚;造成损害的,依法承担赔偿责任。

第六十七条 农药、肥料、农用薄膜等农业投入品的生产者、经营者、使用者未按照规定回收并妥善处置包装物或者废弃物的,由县级以上地方人民政府农业农村主管部门依照有关法律、法规的规定处理、处罚。

第六十八条 违反本法规定,农产品生产企业有下列情形之一的,由县级以上地方人民政府农业农村主管部门责令限期改正;逾期不改正的,处五千元以上五万元以下罚款:

(一)未建立农产品质量安全管理制度;

(二)未配备相应的农产品质量安全管理技术人员,且未委托具有专业技术知识的人员进行农产品质量安全指导。

第六十九条 农产品生产企业、农民专业合作社、农业社会化服务组织未依照本法规定建立、保存农产品生产记录,或者伪造、变造农产品生产记录的,由县级以上地方人民政府农业农村主管部门责令限期改正;逾期不改正的,处二千元以上二万元以下罚款。

第七十条 违反本法规定,农产品生产经营者有下列行为之一,尚不构成犯罪的,由县级以上地方人民政府农业农村主管部门责令停止生产经营、追回已经销售的农产品,对违法生产经营的农产品进行无害化处理或者予以监督销毁,没收违法所得,并可以没收用于违法生产经营的工具、设备、原料等物品;违法生产经营的农产品货值金额不足一万元的,并处十万元以上十五万元以下罚款,货值金额一万元以上的,并处货值金额十五倍以上三十倍以下罚款;对农户,并处一千元以上一万元以下罚款;情节严重的,有许可证的吊销许可证,并可以由公安机关对其直接负责的主管人员和其他直接责任人员处五日以上十五日以下拘留:

(一)在农产品生产经营过程中使用国家禁止使用的农业投入品或者其他有毒有害物质;

（二）销售含有国家禁止使用的农药、兽药或者其他化合物的农产品；

（三）销售病死、毒死或者死因不明的动物及其产品。

明知农产品生产经营者从事前款规定的违法行为，仍为其提供生产经营场所或者其他条件的，由县级以上地方人民政府农业农村主管部门责令停止违法行为，没收违法所得，并处十万元以上二十万元以下罚款；使消费者的合法权益受到损害的，应当与农产品生产经营者承担连带责任。

第七十一条 违反本法规定，农产品生产经营者有下列行为之一，尚不构成犯罪的，由县级以上地方人民政府农业农村主管部门责令停止生产经营、追回已经销售的农产品，对违法生产经营的农产品进行无害化处理或者予以监督销毁，没收违法所得，并可以没收用于违法生产经营的工具、设备、原料等物品；违法生产经营的农产品货值金额不足一万元的，并处五万元以上十万元以下罚款，货值金额一万元以上的，并处货值金额十倍以上二十倍以下罚款；对农户，并处五百元以上五千元以下罚款：

（一）销售农药、兽药等化学物质残留或者含有的重金属等有毒有害物质不符合农产品质量安全标准的农产品；

（二）销售含有的致病性寄生虫、微生物或者生物毒素不符合农产品质量安全标准的农产品；

（三）销售其他不符合农产品质量安全标准的农产品。

第七十二条 违反本法规定，农产品生产经营者有下列行为之一的，由县级以上地方人民政府农业农村主管部门责令停止生产经营、追回已经销售的农产品，对违法生产经营的农产品进行无害化处理或者予以监督销毁，没收违法所得，并可以没收用于违法生产经营的工具、设备、原料等物品；违法生产经营的农产品货值金额不足一万元的，并处五千元以上五万元以下罚款，货值金额一万元以上的，并处货值金额五倍以上十倍以下罚款；对农户，并处三百元以上三千元以下罚款：

（一）在农产品生产场所以及生产活动中使用的设施、设备、消毒剂、洗涤剂等不符合国家有关质量安全规定；

（二）未按照国家有关强制性标准或者其他农产品质量安全规定使用保鲜剂、防腐剂、添加剂、包装材料等，或者使用的保鲜剂、防腐剂、添加剂、包装材料等不符合国家有关强制性标准或者其他质量安全规定；

（三）将农产品与有毒有害物质一同储存、运输。

第七十三条 违反本法规定，有下列行为之一的，由县级以上地方人民政府农业农村主管部门按照职责给予批评教育，责令限期改正；逾期不改正的，处一百元以上一千元以下罚款：

（一）农产品生产企业、农民专业合作社、从事农产品收购的单位或者个人未按照规定开具承诺达标合格证；

（二）从事农产品收购的单位或者个人未按照规定收取、保存承诺达标合格证或者其他合格证明。

第七十四条 农产品生产经营者冒用农产品质量标志，或者销售冒用农产品质量标志的农产品的，由县级以上地方人民政府农业农村主管部门按照职责责令改正，没收违法所得；违法生产经营的农产品货值金额不足五千元的，并处五千元以上五万元以下罚款，货值金额五千元以上的，并处货值金额十倍以上二十倍以下罚款。

第七十五条 违反本法关于农产品质量安全追溯规定的，由县级以上地方人民政府农业农村主管部门按照职责责令限期改正；逾期不改正的，可以处一万元以下罚款。

第七十六条 违反本法规定，拒绝、阻挠依法开展的农产品质量安全监督检查、事故调查处理、抽样检测和风险评估的，由有关主管部门按照职责责令停产停业，并处二千元以上五万元以下罚款；构成违反治安管理行为的，由公安机关依法给予治安管理处罚。

第七十七条 《中华人民共和国食品安全法》对食用农产品进入批发、零售市场或者生产加工企业后的违法行为和法律责任有规定的，由县级以上地方人民政府市场监督管理部门依照其规定进行处罚。

第七十八条 违反本法规定，构成犯罪的，依法追究刑事责任。

第七十九条 违反本法规定，给消费者造成人身、财产或者其他损害的，依法承担民事赔偿责任。生产经营者财产不足以同时承担民事赔偿责任和缴纳罚款、罚金时，先承担民事赔偿责任。

食用农产品生产经营者违反本法规定，污染环境、侵害众多消费者合法权益，损害社会公共利益的，人民检察院可以依照《中华人民共和国民事诉讼法》、《中华人民共和国行政诉讼法》等法律的规定向人民法院提起诉讼。

第八章 附 则

第八十条 粮食收购、储存、运输环节的质量安全管理，依照有关粮食管理的法律、行政法规执行。

第八十一条 本法自2023年1月1日起施行。

附录二：相关立法资料

关于《中华人民共和国农产品质量安全法（修订草案）》的说明

——2021年10月19日在第十三届全国人民代表大会常务委员会第三十一次会议上

农业农村部部长　唐仁健

委员长、各位副委员长、秘书长、各位委员：

我受国务院委托，对《中华人民共和国农产品质量安全法（修订草案）》作说明。

一、修订工作情况

党中央、国务院高度重视农产品质量安全工作。习近平总书记指出，要把农产品质量安全作为转变农业发展方式、加快现代农业建设的关键环节，坚持源头治理、标本兼治，用"四个最严"，确保广大人民群众"舌尖上的安全"。李克强总理强调，要夯实各方责任，完善监管体制机制，坚持不懈地抓好农产品质量和食品安全监管，确保食品安全，维护人民健康。

现行农产品质量安全法是2006年制定的，2018年对个别条款进行了修正。现行法公布实施以来，对规范农产品生产经营活动、保障农产品质量安全发挥了重要作用。近年来，我国主要农产品例行监测合格率稳定保持在97%以上，农产品质量安全态势总体向好。2018年全国人大常委会进行执法检查，在充分肯定现行法公布实施以来取得显著成效的同时，也指出一些条款已明显不适应当前农产品质量安全监管形势，操作性不强、实施难度大；存在处罚过轻、违法成本太低等问题，建议对现行法进行修订。

按照党中央、国务院决策部署和有关工作安排，农业农村部在总结实践经验的基础上，会同有关方面起草了《中华人民共和国农产品质量安全法（修订草案送审稿）》，向社会公开征求了意见，提请国务院审批。收到此件后，司法部先后两次征求有关部门、地方政府、科研机构和部分农产品生产企业的意见，召开座谈会和专家论证会，会同农业农村部、市场监管总局等部门进行反复研究修改，形成了《中华人民共和国农产品质量安全法（修订草案）》（以下简称草案）。草案已经国务院第147次常务会议讨论通过。

二、修订的主要内容

现行农产品质量安全法共八章五十六条，草案共八章八十一条。修订工作以习近平新时代中国特色社会主义思想为指导，贯彻落实党中央、国务院关于强化农产品质量和食品安全工作的决策部署，按照"四个最严"的要求，以全国人大常委会执法检查报告指出的问题为重点，主要修订了以下内容：

（一）健全农产品质量安全责任机制。**一是**明确农产品质量安全工作坚持预防为主、风险管理、源头治理、全程控制的原则。**二是**明确农产品生产经营者对其生产经营的农产品质量安全负责，要求生产经营者诚信自律，接受社会监督，承担社会责任。**三是**落实地方人民政府的属地管理责任和部门的监督管理职责，规定县级以上地方人民政府对本行政区域的农产品质量安全工作负责；

各级农业农村、市场监督管理等有关部门依法依职责承担农产品质量安全监管工作。**四是**构建协同、高效的社会共治体系，要求注重发挥基层群众性自治组织在农产品质量安全管理中的优势和作用，鼓励其建立农产品质量安全信息员制度，协助开展有关工作。(第四条至第七条、第十一条、第五十条)

（二）强化农产品质量安全风险管理和标准制定。**一是**完善农产品质量安全风险监测制度，明确国务院农业农村主管部门负责制定风险监测计划，对重点区域、重点农产品品种进行质量安全风险监测；省级农业农村主管部门负责制定本行政区域风险监测实施方案；县级以上地方农业农村主管部门负责组织实施。**二是**完善农产品质量安全风险评估制度，规定国务院农业农村主管部门设立专家委员会负责风险分析和评估，明确专家委员会的成员组成。**三是**明确农产品质量安全标准的内容，包括与农产品质量安全有关的农业投入品质量和使用要求、农产品产地环境和生产过程管控要求、农产品关键成分指标要求、屠宰畜禽检验规程等。同时规定涉及食用农产品的质量安全标准，依照食品安全法执行。(第十三条、第十四条、第十六条)

（三）完善农产品生产经营全过程管控措施。**一是**建立农产品产地监测制度，要求县级以上地方农业农村主管部门会同生态环境、自然资源等有关部门制定监测计划，加强农产品产地安全调查、监测和评价工作；与土壤污染防治法衔接，将现行法规定的"农产品禁止生产区域"修改为"特定农产品严格管控区域"。**二是**加强地理标志农产品保护和管理，鼓励采用绿色生产技术和全程质量控制技术，提高农产品品质，打造农产品品牌。**三是**建立内控管理制度，规定农产品生产企业应当建立农产品质量安全管理制度，鼓励、支持农产品生产企业、农民专业合作社、农业社会化服务组织建立和实施危害分析和关键控制点体系。**四是**建立食用农产品质量安全追溯制度，规定农产品生产企业、农民专业合作社应当依法开具食用农产品质量安全承诺合格证，并对其销售的农产品质量安全负责；对列入食用农产品质量安全追溯目录的食用农产品实施追溯管理。（第二十条、第二十一条、第二十七条、第三十四条、第三十九条、第四十条）

（四）完善农产品质量安全监督管理措施。**一是**规范监督抽查工作，规定县级以上农业农村主管部门应当制定农产品质量安全监督抽查计划，确定抽查的重点、方式和频次，组织开展监督抽查；要求检测人员具备相应专业知识和技能、恪守职业道德，严禁检测机构出具虚假检测报告。**二是**加强农产品生产日常检查，重点检查产地环境、农业投入品等内容；建立农产品生产经营者信用记录制度。**三是**完善监督检查措施，规定开展农产品质量安全监督检查，有权采取进入生产经营场所进行现场检查，查阅复制农产品生产记录等资料，抽样检测，查封扣押不符合农产品质量安全标准的农产品、农业投入品和用于违法生产经营的设施设备等措施。**四是**强化考核问责，规定上级人民政府应当督促下级人民政府履行农产品质量安全监管职责，对落实不力、问题突出的地方人民政府，可以对其主要负责人进行责任约谈。**五是**完善应急措施，规定国务院农业农村主管部门会同有关部门制定国家农产品质量安全突发事件应急预案，县级以上地方人民政府制定本行政区域的农产品质量安全突发事件应急预案。**六是**强化行刑衔接，规定县级以上农业农村、市场监督管理、公安等有关部门应当做好执法衔接和配合。（第四十四条至第四十七条、第

五十条至第五十二条、第五十六条至第五十九条)

此外,草案加大了对违法行为的处罚力度,大幅提高农产品生产经营者的违法成本,完善监管主体的法律责任,并与食品安全法有关处罚的规定作了衔接。(第七章)

草案和以上说明是否妥当,请审议。

全国人民代表大会宪法和法律委员会关于《中华人民共和国农产品质量安全法(修订草案)》修改情况的汇报

——2022年6月21日在第十三届全国人民代表大会常务委员会第三十五次会议上

全国人大宪法和法律委员会副主任委员 王 宁

全国人民代表大会常务委员会:

常委会第三十一次会议对农产品质量安全法修订草案进行了初次审议。会后,法制工作委员会将修订草案印发各省(区、市)人大、中央有关部门和部分基层立法联系点、全国人大代表、研究机构等征求意见;在中国人大网全文公布修订草案征求社会公众意见。宪法和法律委员会、农业与农村委员会、法制工作委员会联合召开座谈会,听取中央有关部门、基层立法联系点、全国人大代表、专家学者、基层干部、农民专业合作社和行业协会对修订草案的意见。法制工作委员会到中国农业科学院调研,与中央有关部门、专家学者进行座谈,以视频方式调研了江苏、浙江的部分农产品生产企业、农产品批发市场和农产品质量安全监督管理站,听取意见,并就修订草案的有关问题与司法部、农业农村部、国家市场监督管理总局等交换意见,共同研究。宪法和法律委员会于5月24日召开会议,根据常委会组成人员的审议意见和各方面意见,对修订草案进行了逐条审议,农业与农村委员会有关负责同志列席了会议,同时书面征求了司法部、农业农村部、国家市场监督管理总局的意见。6月14日,宪法和法律委员会召开会议,再次进行了审议。现将农产品质量安全法修订草案主要问题修改情况汇报如下:

一、有的常委委员和地方、部门提出,应强化农产品质量安全宣传教育和技术培训,提高全社会农产品质量安全意识。宪法和法律委员会经研究,建议增加以下规定:一是新闻媒体应当开展农产品质量安全法律、法规和农产品质量安全知识的公益宣传,对违法行为进行舆论监督;二是农业技术推广等机构应当依法为农户等农产品生产经营者提供农产品检测技术服务。

二、有些常委会组成人员和部门、全国人大代表、社会公众建议,进一步压实有关主体的农产品质量安全责任。宪法和法律委员会经研究,建议作以下修改:一是规定国家支持农产品产地冷链物流基础设施建设,健全有关冷链物流标准、服务规范和监管保障机制,相关企业应当依照法律、法规和有关标准,保证冷链物流的农产品质量安全;二是恢复现行法第三十七条农产品批发市场、农产品销售企业有关农产品质量安全责任的规定,并与部门监管职责相衔接;三是对通过网络平台销售农产品的农产品经营者和平台经营者的农产品质量安全责任作出衔接性规定。

三、修订草案第三十九条规定,农产品生产企业、农民专业合作社对其销售的食用农产品应当开具承诺合格证；从事农产品收购的单位或者个人应当收取并保存承诺合格证。有些常委委员和部门、社会公众提出，总结承诺达标合格证制度试点经验，应区分情况，增加相关责任主体，按照法律法规规定，对生猪、生鲜乳应实行更严的监管措施。宪法和法律委员会经研究，建议对修订草案作以下修改：一是增加规定，食品生产者和餐饮服务提供者应当按照规定收取并保存承诺达标合格证，从事农产品收购的单位或者个人对其收购的农产品分装后销售的，应当按照规定开具承诺达标合格证；二是考虑到行政法规对生猪的质量安全实行更严格的检验检疫管理，对特定畜禽产品的质量安全合格证明材料作出相应衔接性规定；三是增加农产品批发市场开办者应当查验承诺达标合格证的规定；四是增加规定，农业农村主管部门应当做好承诺达标合格证有关工作的指导服务和日常监督检查，并完善有关法律责任。

同时，修订草案明确建立食用农产品质量安全追溯制度，并授权国务院农业农村主管部门会同有关部门制定追溯目录、承诺合格证管理办法。本法主要调整适用食用农产品的质量安全管理，修订草案拟不具体区分食用农产品、非食用农产品而实行不同的监管措施，可在授权制定的具体管理办法中作出进一步规定。

四、有些常委委员和地方、部门提出，总结实践经验和做法，需要明确加强农业农村、市场监督管理部门的工作协调配合。宪法和法律委员会经研究，建议在修订草案第七十七条关于农业农村、市场监督管理部门执法分工的基础上，增加规定：农业农村、市场监督管理等有关部门应当建立健全农产品质量安全全程监督管理工作机制,加强收购、储存、运输过程中农产品质量安全监管的协调配合和执法衔接。

此外,还对修订草案作了一些文字修改。

修订草案二次审议稿已按上述意见作了修改,宪法和法律委员会建议提请本次常委会会议继续审议。

修订草案二次审议稿和以上汇报是否妥当,请审议。

全国人民代表大会宪法和法律委员会关于《中华人民共和国农产品质量安全法(修订草案)》审议结果的报告

——2022年8月30日在第十三届全国人民代表大会常务委员会第三十六次会议上

全国人大宪法和法律委员会副主任委员　王　宁

全国人民代表大会常务委员会:

常委会第三十五次会议对农产品质量安全法修订草案进行了二次审议。会后,法制工作委员会在中国人大网全文公布修订草案二次审议稿,征求社会公众意见。宪法和法律委员会、法制工作委员会到四川省、黑龙江省等地调研,听取意见,并就修订草案的有关问题同有关方面交换意见,共同研究。宪法和法律委员会于7月19日召开会议,根据委员长会议精神、常委会组成人员审议意见和各方面的意见,对修订草案进行了逐条审议。农业与农村委员会、司法部、农业农村部、国家市场监督管理总局有关负责同志列席了会议。8月17日，宪法和法律委员会召开会议，再次进行了审议。宪法和法律委员会认为，修订草案经过两次审议修改，已经比较成熟。同时，提出以下主要修改意见：

一、有的常委会组成人员和地方、社会公众提出，农产品质量安全标准是强制执行的标准，应全面体现"四个最严"的要求。宪法和法律委员会经研究，建议作以下修改：一是，在本法关于农产品质量安全的定义中增加生产经营的农产品达到农产品质量安全标准的内容；二是，在国家建立健全农产品质量安全标准体系的基础上，明确要求"确保严格实施"；三是，在农产品质量安全标准中增加"储存、运输"农产品过程中的质量安全管理要求。

二、有的常委会组成人员和部门、社会公众建议，进一步强化地方政府的属地管理责任和生产经营者主体责任。宪法和法律委员会经研究，建议作以下修改：一是，国务院农业农村主管部门在将农产品质量安全风险监测和风险评估结果及时通报国务院市场监督管理、卫生健康等部门的同时，还应当通报有关省、自治区、直辖市人民政府农业农村主管部门；二是，增加规定，因农产品质量安全监督管理责任落实不力、问题突出被约谈的地方人民政府，应当及时采取整改措施；三是，明确被农业农村主管部门约谈的农产品生产经营者应当立即采取措施，进行整改，消除隐患。

三、有的常委委员提出，应规范有关部门的履职行为，加强"双随机"抽查监管，提高执法效能。宪法和法律委员会经研究，建议增加规定：县级以上人民政府农业农村主管部门开展农产品质量安全风险监测和风险评估工作时，采集样品应当按照市场价格支付费用；明确建立健全随机抽查机制。

四、有的常委委员和部门、社会公众提出，土壤污染防治法针对重金属超标等问题，规定了特定农产品禁止生产区域等制度，建议做好与土壤污染防治法的衔接。宪法和法律委员会经研究，认为特定农产品禁止生产区域这一制度已实施几年，是有成效的，因此，有必要在本法中作出规定。建议将有关内容修改为：农业农村主管部门会同有关部门依照土壤污染防治等法律法规的规定提出划定特定农产品禁止生产区域的建议，并明确在特定农产品禁止生产区域的禁止性行为；具体办法由国务院农业农村主管部门商国务院生态环境、自然资源等有关部门制定。

五、有的常委会组成人员和部门、地方、社会公众提出，对农产品质量安全的监管应当从生产环节到加工、消费环节，做好与食品安全法的衔接，实现农产品从田间地头到百姓餐桌的全过程监管。宪法和法律委员会经研究，建议增加规定：一是，食品生产者采购农产品等食品原料，应当依照食品安全法的规定查验许可证和合格证明，对无法提供合格证明的，应当按照规定进行检验；二是，明确县级以上人民政府农业农村主管部门和市场监督管理部门等有关部门应当建立健全农产品质量安全全程监督管理协作机制，确保农产品从生产到消费各环节的质量安全。

六、有的常委委员和部门建议明确农产品质量安全承诺达标合格证的内容，增强可操作性。宪法和法律委员会经研究，建议采纳这一意见，明确在承诺达标合格证中承诺：不使用禁用的农药兽药及其他化合物，使用的常规农药兽药残留不超标等。同时，完善了相关法律责任。

此外，还对修订草案二次审议稿作了一些文字修改。

7月22日,法制工作委员会召开会议,邀请部分全国人大代表、基层立法联系点、农民专业合作社、农产品批发市场、超市、基层执法人员和专家,就修订草案主要内容的可行性、法律出台时机、法律实施的社会效果和可能出现的问题等进行评估。普遍认为,修订草案落实"四个最严"要求,健全完善农产品质量安全管理制度,回应了社会关切,与食品安全法作了有效衔接,主要制度措施具有针对性和可操作性,建议修改完善后尽快出台。与会人员还对修订草案提出了一些完善意见,并建议抓紧制定和完善配套规定,保证法律的实施。

　　修订草案三次审议稿已按上述意见作了修改,宪法和法律委员会建议提请本次常委会会议审议通过。

　　修订草案三次审议稿和以上报告是否妥当,请审议。

全国人民代表大会宪法和法律委员会关于《中华人民共和国农产品质量安全法(修订草案三次审议稿)》修改意见的报告

——2022年9月1日在第十三届全国人民代表大会常务委员会第三十六次会议上

全国人民代表大会常务委员会:

　　本次常委会会议于8月30日下午对农产品质量安全法修订草案三次审议稿进行了分组审议。普遍认为,修订草案已经比较成熟,建议进一步修改后,提请本次常委会会议表决通过。同时，有些常委会组成人员和列席人员还提出了一些修改意见和建议。宪法和法律委员会于8月31日上午召开会议，逐条研究了常委会组成人员和列席人员的审议意见，对修订草案进行了审议，农业与农村委员会、农业农村部有关负责同志列席了会议，并征求了司法部、国家市场监督管理总局的意见。宪法和法律委员会认为，修订草案是可行的，同时，提出以下修改意见：

一、根据有的常委委员和专委会委员的意见，宪法和法律委员会经研究，建议在农产品质量安全风险评估专家委员会的组成中增加"化工"方面的专家。

二、有的常委委员建议根据农药兽药相关行政法规的规定，健全农药兽药经营者销售台账制度，记录购买者、销售日期、药品施用范围等内容。宪法和法律委员会经研究，建议采纳这一意见，增加一款规定。

三、有的常委委员和全国人大代表提出，应当对农产品生产经营者不得超范围、超剂量使用农业投入品作出规定。宪法和法律委员会经研究，建议采纳这一意见，增加相关内容。

四、有的常委委员建议对农产品质量安全抽查检测结果的复检时限提出要求。宪法和法律委员会经研究，建议采纳这一意见，增加一款规定：复检机构应当自收到复检样品之日起七个工作日内出具检测报告。

五、根据有的常委会组成人员的意见，宪法和法律委员会建议增加规定，鼓励消费者协会和其他单位或者个人对农产品质量监督管理工作提出意见和建议。

六、有的常委会组成人员建议增加在特定农产品禁止生产区域生产特定农产品的相关法律责任。宪法和法律委员会经研究，建议增加一款规定：违反本法规定，在特定农产品禁止生产区域种植、养殖、捕捞、采集特定农产品或者建立特定农产品生产基地的，由县级以上地方人民政府农业农村主管部门责令停止违法行为，没收农产品和违法所得，并处违法所得一倍以上三倍以下罚款。

七、根据有些常委会组成人员和全国人大代表的意见，宪法和法律委员会经研究，建议增加一款规定：食用农产品生产经营者违反本法规定，污染环境、侵害众多消费者合法权益，损害社会公共利益的，人民检察院可以依照《中华人民共和国民事诉讼法》、《中华人民共和国行政诉讼法》等法律的规定向人民法院提起诉讼。

有些常委会组成人员还对本法实施工作提出了一些好的意见建议。宪法和法律委员会建议国务院有关部门和地方人民政府加强法律宣传，及时制定、完善配套规定，严格执法，保障人民群众"舌尖上的安全"。

经与有关部门研究，建议将修订后的农产品质量安全法的施行时间确定为2023年1月1日。

此外，根据常委会组成人员的审议意见，还对修订草案三次审议稿作了一些文字修改。

修订草案修改稿已按上述意见作了修改，宪法和法律委员会建议本次常委会会议审议通过。

修订草案修改稿和以上报告是否妥当，请审议。

附录三：相关参阅资料

十三届全国人大常委会第三十一次会议审议农产品质量安全法修订草案的意见

2021年10月22日，十三届全国人大常委会第三十一次会议对农产品质量安全法草案进行了审议。现将审议意见简报如下：

一、总的意见

普遍认为，农产品质量安全法实施以来，对于规范农产品生产经营活动、保障农产品质量安全发挥了重要作用。但是，随着经济社会的发展和科技的进步，人民群众对农产品质量的要求和期待越来越高，农业发展方式向质量提升转变，现行的农产品质量安全法已经不能满足当前农产品质量监管形势的需要，这次启动修法十分必要。草案进一步健全了农产品质量安全监督管理措施，加大了对违法行为的处罚力度，有利于进一步规范农产品生产经营活动，保障农产品质量安全，维护公众健康，促进农业农村发展。

二、关于总则

草案第二条规定了农产品和农产品质量安全的含义。有的委员建议参考食品安全法，将农产品、农产品质量安全和其他的有关用语，如初级农产品、农业生产投入品、保质期、生产日期等的含义在附则中单列一条进行规定。

草案第三条第二款和第十六条第二款分别对适用食品安全法

的情形作了规定。有的委员建议将这两款合并。

草案第四条规定，农产品质量安全工作实行预防为主、风险管理、源头治理、全程控制。有的委员提出，"预防为主"一般是疫病的防控原则，建议对这一表述再斟酌。

草案第五条规定，国务院农业农村主管部门、市场监督管理部门依照本法和规定的职责，对农产品质量安全实施监督管理。国务院其他有关部门依照本法和规定的职责承担农产品质量安全的有关工作。有的委员和专委会委员提出，根据草案第二条的规定，农产品包括林业的初级产品，建议在草案第五条、第六条、第二十六条等涉及部门职责的条文中增加"林业草原主管部门"。有的委员建议明确农业农村主管部门和市场监督管理部门监管的主要范围，以便更为清晰、准确地进行监管。有的专委会委员建议规定各级政府要切实担负起属地管理责任，厘清各职能部门的监管职责，避免出现职能交叉或监管空白的现象。

有的委员建议在草案第七条中增加一款：农村集体经济组织应当在农产品安全保障方面发挥积极引领和监管作用。

有的委员提出，实践中农业投入品包括农用生产资料产品和农用工程物资产品，建议在总则中明确农业投入品的概念。

三、关于农产品产地

草案第二十条第一款规定，国家建立农产品产地监测制度。有的委员建议改为"国家建立农产品安全产地监测制度"。

草案第二十一条对划定特定农产品严格管控区域作了规定。有的委员提出，特定农产品严格管控区域划定的目的、作用、标准及程序规定不明确，建议进一步修改完善。

草案第二十四条第一款规定，农产品生产者应当合理使用农药、兽药、肥料、农用薄膜等农业投入品，防止对农产品产地造成污染。第二款规定，农药、肥料、农用薄膜等农业投入品的生产者、经营者、使用者应当回收并妥善处置包装物和废弃物。有的常委会组成人员建议在第二款中增加"兽药"，以与第一款保持一致。有的委员建议将第一款中的"农产品生产者"改为"农产品生产经营者"。

四、关于农产品生产

有的委员建议在草案第二十六条农业农村主管部门应当加强对农产品生产的培训和指导后增加"以及农产品安全的宣传推广"。

草案第二十八条规定，农产品生产企业、农民专业合作社、农业社会化服务组织应当建立农产品生产记录，如实记载使用农业投入品的名称、来源、用法、用量和使用、停用的日期等信息。有的全国人大代表建议在主体中增加家庭农场和其他具有一定规模的农业生产主体，在记录的信息中增加农业投入品的登记证号和主要成分。有的全国人大代表建议增加规定：县、乡级人民政府农业农村部门应当采用信息化手段，对其他农产品生产者建立信息备查登记制度。

草案第三十条规定，农产品生产经营者应当合理使用农业投入品，严格执行农业投入品使用安全间隔期或者休药期的规定。有的全国人大代表建议增加遵守安全剂量范围的规定，将"合理"改为"科学规范"。

草案第三十四条规定，国家加强地理标志农产品的保护和管理。鼓励农产品生产经营者选用优质特色农产品品种。有的专委会委员建议进一步细化保护和鼓励措施，如实行有机农产品、绿色农产品认证。

有的常委会组成人员建议将电商平台和平台经济中所有农产品生产经营主体纳入监管范围，明确相应责任和义务，保障平台经济中农产品质量安全。有的委员和地方列席同志建议增加对农户生产农产品质量管理的内容。

有的委员建议增加农业农村主管部门对农业生产经营者的法律宣传、农产品质量安全生产教育、培训、指导等职责的规定。有的委员建议增加"加大对广大农牧民等个体农产品生产者的指导力度"，并在具体监督管理措施上与农产品生产企业、农民专业合作社等区分开来。

有的专委会委员建议增加有关防止土壤污染的内容。

五、关于农产品包装和标识

草案第三十八条规定，农产品生产企业、农民专业合作社应当自行或者委托检测机构对农产品质量安全进行检测；经检测不符合农产品质量安全标准的农产品，不得销售。有的专委会委员建议删去这一条。

草案第三十九条规定，农产品生产企业、农民专业合作社应当执行法律、法规和国家有关强制性标准规定的质量安全控制要求，开具食用农产品质量安全承诺合格证（以下称食用农产品合格证）。有的委员建议区分"合格证"和"承诺书"，对于经检测合格的农产品，加注合格证；对于生产者自己承诺的，出具承诺书。有的全国人大委员建议认真吸收农产品合格证制度的实践经验，以进一步解决农产品安全无标识和责任难溯源的问题。有的专委会委员建议增加个体农户和小作坊开具食用农产品质量安全承诺合格证的规定。有的代表建议将"农产品合格证"改为

"农产品承诺合格证",增加规定:在从事农产品储存、运输、加工等环节中,使用了保鲜剂、防腐剂、添加剂等材料的单位或者个人也应当开具食用农产品承诺合格证;县、乡级人民政府农业农村部门应当探索适合农户的方式,提高开具食用农产品承诺合格证实施主体的覆盖率,最终实现食用农产品承诺合格证应开尽开。

草案第四十条第一款对食用农产品质量安全追溯管理作了规定。有的全国人大代表建议将追溯管理的有关内容移至第六章监督管理中规定。

有的常委会组成人员建议在第五章中增加农产品产地初加工及冷链物流的相关内容。

有的常委会组成人员建议将农产品生产、流通、销售的三个重要环节单独成章,并分别作出相应的规定,或者将草案第五章章名"农产品包装和标识"改为"农产品流通和销售",有的委员建议改为"农产品包装运输与销售"。

有的委员建议恢复现行法第三十七条关于农产品批发市场和农产品销售企业在保障农产品质量安全方面义务的规定。

六、关于监督管理

草案第四十四条第二款规定,县级以上人民政府农业农村主管部门开展农产品质量安全风险监测和风险评估工作时,可以根据需要进入农产品产地及批发、零售市场。有的委员建议增加储存地、库房等生产经营场所。有的委员建议增加对农村市场、集市和农村农产品质量安全的检测和监督管理的规定。

草案第四十七条对从事农产品质量安全检测工作的人员和农产品质量安全检测机构诚实守信从业等提出了要求。有的常委会组成人员建议增加一款:农产品质量安全检测机构和检测人员对其出具的检测报告负责。

草案第五十条第二款、第三款规定，国家鼓励基层群众性自治组织建立农产品质量安全信息员制度，协助开展有关工作。县级以上人民政府农业农村主管部门、市场监督管理部门应当按照职责权限，发布有关农产品质量安全日常监督管理信息。有的委员建议增加乡镇人民政府对农产品质量安全信息员进行培训的规定。有的专委会委员建议对新闻媒体和公民发布农产品质量安全信息进行严格规范，并对发布虚假信息的媒体、个人规定相应的法律责任。

有的委员建议对草案第五十二条中农产品质量安全信用体系建设的有关内容进一步细化；有的委员建议在法律责任中增加失信惩戒等相关规定。

草案第五十九条中规定，对移送的案件，公安机关应当及时审查；认为有犯罪事实需要追究刑事责任的，应当立案侦查。有的委员建议将"认为有犯罪事实需要追究刑事责任的"改为"认为有可能需要追究刑事责任的"。

有的委员建议增加鼓励与规范社会检测与监督的内容。有的全国人大代表建议成立食品安全举报监督网络平台，通过网络举报举证、属地及时处理、结果进程及时通报、举报奖励等方式引导和鼓励广大群众参与到食品安全体系建设中来。

七、关于法律责任

有的全国人大常委会组成人员建议在草案第六十七条中增加未按规定回收兽药的处罚。

有的代表建议在草案第七十二条中增加过量使用保鲜剂、防腐剂、添加剂等材料的处罚。

草案第七十九条规定，违反本法规定，给消费者造成人身、财产或者其他损害的,依法承担民事赔偿责任。生产经营者财产不足以同时承担民事赔偿责任和缴纳罚款、罚金时,先承担民事赔偿责任。有的委员建议将本条扩展为"农产品质量责任"一章,对从生产到销售各环节的农产品质量安全责任、救济途径、承担责任的顺序等进一步细化。

有的委员建议增加对社会化服务提供者追究责任的规定。

有的全国人大代表建议增加一条:农产品生产经营者履行了本法规定的法定义务,有充分证据证明其不知道生产经营的农产品不符合农产品质量安全标准,并能如实说明正当理由,可以免予处罚,可以不列入违法信用记录中,但应当依法没收其不符合农产品质量安全的食用农产品。

八、其他意见

有的委员建议:推进质量安全溯源体系、源头控制体系、诚信道德体系建设;强化乡镇及企业的监管人员配置,加强执法力量;地方政府开放数据发布平台,公开监测情况,对不达标农产品不准进入市场,对违法违规者进行处罚;建立健全粮油收储机制;对减化肥、减农药、减除草剂等的优品质粮油,分等级收储,做到优质、优收、优储。

有的委员建议将条文中的"质量责任主体"改为"农产品生产经营者"。

有的委员建议增加农产品质量安全风险监测、评估等工作的具体程序、监测评估结果的使用以及公示等相关规定。有的代表建议建立农产品上市前的质量全面监测制度。有的代表建议制订完善农产品质量检测技术与标准。

有的委员建议在本法中融入乡村振兴战略的内容。

地方人大和中央有关部门、单位对农产品质量安全法修订草案的意见

十三届全国人大常委会第三十一次会议对农产品质量安全法修订草案（以下简称草案）进行了初次审议。会后，法制工作委员会将草案印发部分省（区、市）人大、中央有关部门、较大的市人大、基层立法联系点、全国人大代表、研究机构以及有关协会、企业征求意见。同时，通过代表工作信息化平台收集到部分代表反馈的意见。现将主要意见简报如下：

一、关于调整范围和部门职责分工

1. 草案第二条第一款规定，本法所称农产品，是指来源于种植业、林业、畜牧业和渔业等的初级产品，即在农业活动中获得的植物、动物、微生物及其产品。

有的单位建议细化农产品的定义。一些地方和单位建议明确"农业活动"的定义，表述为："指传统的种植、养殖、采摘、捕捞等农业活动，以及设施农业、生物工程等现代农业活动"；或者"指种植业、林业、采摘业、畜牧业、渔业和现代生物工程等生产活动"。有的地方建议在农产品的来源中增加"养殖业"；有的代表建议增加"养殖业、加工业"。

有的部门建议明确"植物、动物、微生物及其产品"是指"在农业活动中直接获取的，以及经过分拣、去皮、剥壳、干燥、粉碎、清洗、切割、冷冻、打蜡、分级、包装等初加工，但未改变其基本自然形状和化学性质的产品"。有的地方建议明确"农

业活动中获得的植物、动物、微生物及其产品"是否包括"经过简单处理的农产品"。

2. 草案第三条第二款规定，食品安全法对食用农产品的市场销售、有关质量安全标准的制定、有关安全信息的公布和对农业投入品已经作出规定的，遵守其规定。有的地方建议明确食用农产品在各环节的质量安全监管部门及监管措施。

3. 草案第五条第一款规定，国务院农业农村主管部门、市场监督管理部门依照本法和规定的职责，对农产品质量安全实施监督管理。一些地方和单位建议增加"林业草原主管部门"为监督管理主体。有的地方建议明确农业农村、林业草原、市场监管部门的分工。有的代表建议明确商务部门为农产品质量安全的监管部门，农业农村主管部门负责农产品生产环节的监管。

4. 草案第六条第三款中规定，乡镇人民政府应当落实农产品质量安全监督管理责任。一些地方和代表建议增加街道办事处的职责。

5. 有的部门提出，草案第五十九条规定的农产品质量检验、认定等工作不涉及生态环境主管部门的职责，建议删去第三款中的"生态环境部门"。

6. 有的部门建议在草案第八十条中增加规定：棉花收购、加工、销售、承储环节的质量安全监管，依照有关棉花管理的行政法规执行。

7. 一些地方建议明确"食用农产品"、"农产品生产者"、"农户"、"农产品生产经营活动"、"加工、初级"的定义或其范围。

二、关于农产品质量安全风险管理和标准制定

1. 有的基层立法联系点建议进一步强化农产品质量安全风

险分级管理和属地责任,细化农产品生产经营全过程管控措施。有的地方建议压实各级人民政府的属地管理责任。

2. 草案第十三条对农产品质量安全风险监测制度作了规定。有的单位建议明确风险监测的具体指标。有的单位建议对食用农产品质量安全风险监测与食品安全风险监测的关系作出原则性规定。有的地方建议明确监测计划及其实施方案的调整主体和程序。

3. 草案第十五条规定,国务院农业农村主管部门应当根据农产品质量安全风险监测和风险评估结果采取相应的管理措施,并将农产品质量安全风险监测和风险评估结果及时通报国务院市场监督管理等有关部门。有的地方建议将"国务院农业农村主管部门"改为"各级人民政府农业农村主管部门"。有的地方建议将相关信息同时通报卫生健康主管部门。

4. 草案第十六条对农产品质量安全标准体系作了规定,并列举了标准体系包括的具体内容。有的部门和地方建议将"农产品质量安全标准是强制性的技术规范"改为"农产品质量安全标准是强制执行的标准"。一些地方和单位建议完善标准体系有关内容的具体表述:明确第二项"农产品产地环境管控要求"和第三项"农产品关键成分指标"的含义;将第四项"屠宰畜、禽的检验规程"改为"畜禽检疫规程和屠宰检验规程";将第五项"其他与农产品质量安全有关的标准"改为"其他需要制定为农产品质量安全标准的内容",将"有关的标准"改为"有关的强制性标准"。

5. 草案第十七条中规定,农产品质量安全标准的制定和发布,依照有关法律、行政法规的规定执行;制定农产品质量安全标准应当充分考虑农产品质量安全风险评估结果,并听取农产品生产经营者、消费者、有关部门等的意见，保障消费安全。有的部门建议在"农产品质量安全标准"后增加"及技术规范"，在"有关法律"前增加"本法及"。有的部门建议制定标准应当听取"行业协会"的意见。有的地方建议明确农产品质量安全标准的制定和修订主体。

三、关于农产品产地与生产

1. 有的地方建议将草案第二十条中的"农产品产地监测制度"改为"农产品产地环境监测制度"。

2. 有的地方建议将草案第二十一条中的"划定特定农产品严格管控区域"改为"划定特定农产品禁止生产区域"或者"划定特定农产品生产严格管控区域"。

3. 草案第二十二条规定，禁止在特定农产品严格管控区域生产、捕捞、采集特定农产品和建立特定农产品生产基地。有的地方建议将"生产"特定农产品改为"种植、养殖"。

4. 草案第二十四条第二款中规定，农药、肥料、农用薄膜等农业投入品的生产者、经营者、使用者应当回收并妥善处置包装物和废弃物。一些地方和代表建议在"农药"后增加"兽药"。有的部门建议将"应当回收并妥善处置包装物和废弃物"改为"应当按照规定回收并妥善处置包装物和废弃物"，并删去本款中的"具体办法由国务院农业农村主管部门会同国务院生态环境、工业和信息化等有关部门制定"。有的基层立法联系点建议增加地方财政给予补贴的规定。

5. 有的部门建议将草案第二十五条中的"推进农产品标准化生产综合示范区等建设"改为"推进农业标准化示范区等建设"。

6. 草案第二十七条中规定，农产品生产企业应当建立农产品质量安全管理制度，配备相应的技术人员。有的地方建议在"农产品生产企业"后增加"农民专业合作社、家庭农场"。

7. 草案第二十八条中规定，农产品生产企业、农民专业合作社、农业社会化服务组织应当建立农产品生产记录；鼓励其他农产品生产者建立农产品生产记录。一些地方和单位建议增加"家庭农场"、"农产品生产者"、"农产品销售企业"应当建立农产品生产记录的规定。有的基层立法联系点建议将"农产品生产企业、农民专业合作社、农业社会化服务组织"改为"农产品生产单位"。有的地方建议将"鼓励其他农产品生产者建立农产品生产记录"，修改为"县级以上地方人民政府农业农村主管部门应当发挥基层群众性自治组织等机构的作用，指导其他农产品生产者建立农产品生产记录"。

关于农产品生产记录应当记载的事项，一些地方和单位建议增加："农产品储藏、销售等相关记录"、"种子、种仔等农业生产物资的来源和购买渠道，农产品贮藏地点、时间和贮藏条件、方式"、"销售的农产品名称、数量、日期以及收购者名称、地址、联系方式"、"农药、兽药的来源、使用时间、使用量、停止使用时间、不良反应情况等"。

8. 草案第二十九条中规定，对可能影响农产品质量安全的农药、兽药、饲料和饲料添加剂、肥料、兽医器械，依照有关法律、行政法规的规定实行许可制度；国务院和省、自治区、直辖市人民政府农业农村主管部门定期组织对农业投入品进行监督抽查。有的地方建议增加市场监管部门为监督抽查的组织部门。有的基层立法联系点建议在"实行许可制度"后增加"制定并公布负面清单"。

9. 草案第三十条中规定，禁止在农产品生产过程中使用国家禁止使用的农业投入品以及其他有毒有害物质。有的地方建议明确"农业投入品"的含义。有的部门建议增加规定：禁止在屠宰环节对待屠宰畜禽注水或者注入其他物质。

10. 有的代表建议在各个批发市场建设农产品检测站，农产品进市场必须携带产地证明和检测报告。

四、关于农产品包装和标识

1. 一些地方和单位建议将第五章章名"农产品包装和标识"改为"农产品销售"、"农产品包装和销售"、"农产品包装标识及质量监测"。

2. 草案第三十五条对农产品的包装、标识作了规定，并明确具体办法由国务院农业农村主管部门制定。有的单位建议具体办法由国务院农业农村主管部门会同市场监督管理部门制定。有的基层立法联系点建议明确应当进行包装或者添加标识的农产品范围。

3. 草案第三十八条规定，农产品生产企业、农民专业合作社应当自行或者委托检测机构对农产品质量安全进行检测；经检测不符合农产品质量安全标准的农产品，不得销售。有的地方建议在"农民专业合作社"后增加"农业社会化服务组织、家庭农场"。有的地方建议删去自行检测的规定。一些地方建议增加规定：未经检测的农产品不得销售。

4. 草案第三十九条规定，农产品生产企业、农民专业合作社应当执行法律、法规和国家有关强制性标准规定的质量安全控制要求，开具食用农产品质量安全承诺合格证，承诺所销售的食用农产品符合农产品质量安全标准并对其农产品质量安全负责。

鼓励具备条件的其他农产品生产者开具食用农产品合格证。一些地方建议增加"农业社会化服务组织、较大规模的农产品生产者"、"家庭农场"为应当开具食用农产品质量安全承诺合格证的主体；有的基层立法联系点建议删去"农民专业合作社"。一些地方和单位建议将"食用农产品质量安全承诺合格证"改为"食用农产品质量安全承诺达标合格证"。有的部门建议将"对其农产品质量安全负责"改为"对其农产品质量安全以及合格证的真实性负责"。有的地方建议将"鼓励具备条件的其他农产品生产者开具食用农产品合格证"改为"其他农产品生产者，由乡镇人民政府、村民委员会等出具产地证明"。

5. 有的地方建议增加规定：农业投入品经营者应当建立销售台账，实行可追溯管理。有的基层立法联系点建议增加规定：对在网络上销售农产品的商家，实行实名制管理。

6. 有的基层立法联系点建议明确由农业农村主管部门加强转基因农产品的管理。

7. 有的部门建议增加农产品召回制度。

五、关于监督管理与法律责任

1. 有的地方建议在草案第四十四条中增加规定：农产品质量安全风险分级管理办法由国务院农业农村主管部门会同有关部门制定。

2. 有的部门建议明确草案第四十五条中农产品质量安全监督抽查费用的来源。

3. 草案第四十六条第二款规定，从事农产品质量安全检测的机构，必须具备相应的检测条件和能力，由省级以上人民政府农业农村主管部门或者其授权的部门考核合格。具体办法由国务院农业农村主管部门制定；第三款规定，农产品质量安全检测机构应当依法经资质认定。有的地方建议明确"考核合格"与"资质认定"的关系。有的地方建议明确"经资质认定"的内涵和具体实施部门。有的地方建议删去第二款关于考核的规定。有的地方建议删去第三款关于资质认定的规定。

4. 草案第四十八条规定，县级以上地方人民政府农业农村主管部门可以采用国务院农业农村主管部门会同国务院市场监督管理等有关部门认定的快速检测方法，开展农产品质量安全监督抽查检测。抽查检测结果确定有关农产品不符合农产品质量安全标准的，可以作为行政处罚的依据。有的地方建议增加"乡镇农产品质量安全监管机构"为抽查检测的主体。有的地方提出，快速检测方法检测的结果不能作为行政处罚依据。有的地方建议参照食品安全法的规定，将"抽查检测结果确定有关农产品不符合农产品质量安全标准的，可以作为行政处罚的依据"，修改为"对抽查检测结果表明有关农产品可能不符合农产品质量安全标准的，应当委托符合本法规定的农产品质量安全检测机构进行检验，确定检验结果不符合农产品质量安全标准的，可以作为行政处罚的依据"。

5. 草案第四十九条规定，采用快速检测方法进行农产品质量安全监督抽查检测，被抽查人对检测结果有异议的，可以自收到检测结果时起四小时内申请复检。有的单位建议增加规定：对复检结果仍有异议的，可以申请到另一检测机构再次复检。有的基层立法联系点建议增加规定：复检机构与初检机构不得为同一机构。有的部门和基层立法联系点建议明确因检测结果错误给当事人造成损害的，应当承担赔偿责任的主体。

6. 草案第五十条第二款规定，国家鼓励基层群众性自治组织建立农产品质量安全信息员制度,协助开展有关工作。有的部门建议在"信息员"前增加"协管员"。有的地方建议严格规范新闻媒体和公民发布农产品质量安全信息,并对发布虚假信息的行为予以处罚。

7. 有的地方建议在草案第五十七条中增加农产品质量安全突发事件应急预案的备案规定。

8. 草案第五十八条规定,县级以上人民政府农业农村、市场监督管理等有关部门应当及时通报和共享农产品质量安全监督管理信息,加强协调配合和执法衔接。有的地方建议增加"建立农产品质量安全监管工作联席会议制度";有的地方建议增加"建立农产品质量安全检验结果互认制度"。

9. 有的地方建议恢复现行法第四十二条关于进口的农产品必须按照国家规定的农产品质量安全标准进行检验的规定。

10. 有的单位建议增加一条关于"支持媒体和社会公众监督农产品质量安全"的规定。

11. 有的基层立法联系点建议加大对违反农产品质量安全相关规定的处罚力度。有的地方提出,草案第七十条、第七十一条等条文对同一违法行为,区分农产品生产经营者和农户规定了不同的罚款数额,建议适用统一的处罚标准。

12. 有的部门建议对部分违法行为增加从业禁止的法律责任。

六、其他意见

1. 有的地方建议在草案第八条中增加规定:加强农产品质量安全检测机构建设。

2. 草案第九条中规定,国家引导、推广农产品标准化生产,鼓励和支持生产绿色优质农产品。有的部门建议将"农产品标准化生产"改为"实施农业标准化"。有的单位建议删去"绿色优质农产品"中的"绿色"。有的单位建议增加一款规定：国家鼓励和支持家庭农场、合作社等新型经营主体开展专业化、标准化、机械化农产品生产经营，加强对小农户的社会化服务，推动小农户与现代农业发展有机衔接。

3. 有的基层立法联系点建议对水产品质量安全作出专门规定。

4. 一些地方和单位建议做好本法与食品安全法的衔接。

宪法法律委、农委、法工委座谈会对农产品质量安全法修订草案的意见

1月20日下午，宪法法律委、农委、法工委联合召开座谈会，听取部分全国人大代表、中央有关部门、基层立法联系点、地方管理部门、行业协会、企业和专家学者对农产品质量安全法修订草案（以下简称草案）的意见。普遍认为，草案贯彻党中央关于强化农产品质量安全和食品安全工作的决策部署，按照"四个最严"的要求，健全农产品质量安全责任机制，强化农产品质量安全风险管理，加大违法行为惩治力度，保障人民群众"舌尖上的安全"，总体上是可行的。同时，提出以下主要意见和建议：

一、关于调整范围

1. 草案第二条第一款规定，本法所称农产品，是指来源于

种植业、林业、畜牧业和渔业等的初级产品，即在农业活动中获得的植物、动物、微生物及其产品。有的建议将"来源于种植业、林业、畜牧业和渔业等的初级产品"恢复为现行法规定的"来源于农业的初级产品"。有的提出，在法律上明确农产品的定义包括林产品是必要的，产品目录等具体事项可以授权地方规定。

2. 有的建议恢复现行法关于农产品批发市场应当设立或者委托农产品质量安全检测机构，对进场销售的农产品质量安全状况进行抽查检测的规定。有的建议增加农产品收储运环节的监管规定。

3. 有的提出，家庭农场和种植养殖大户生产规模不同于小农户，建议适用与生产企业、专业合作社等相同的监管措施。有的建议强化对农户的行为规范。有的建议增加"农产品生产经营者"、"农户"的定义。

4. 有的提出，养殖水产品的质量安全监管相对于其他农产品更为困难，建议对养殖水产品作出特别规定，并做好与渔业法的衔接。

二、关于农产品质量安全标准、产地与生产

1. 草案第十六条对建立健全农产品质量安全标准体系作了规定。有的提出，农产品质量安全标准包括强制性和推荐性标准，建议对"农产品质量安全标准是强制性的技术规范"的表述再作研究。有的建议对标准的分级分类、具体要求等进行细化。

2. 草案第二十一条第一款对特定农产品严格管控区域的划定作了规定，并规定具体办法由国务院农业农村主管部门商国务院生态环境、自然资源等有关部门制定。有的建议明确国务院有关部门制定具体办法的权限是否包括本条第二款规定的管控区域的调整以及第二十二条规定的禁止性措施。

3. 草案第二十二条规定，禁止在特定农产品严格管控区域生产、捕捞、采集特定农产品和建立特定农产品生产基地。有的建议明确在严格管控区域有无限制性措施。

4. 草案第二十四条第二款中规定，农药、肥料、农用薄膜等农业投入品的生产者、经营者、使用者应当回收并妥善处置包装物和废弃物。有的建议在"农药"后增加"兽药"。有的建议删去"使用者"。

5. 草案第二十九条第二款规定，国务院农业农村主管部门和省、自治区、直辖市人民政府农业农村主管部门应当定期组织对可能危及农产品质量安全的农药、兽药、饲料和饲料添加剂、肥料等农业投入品进行监督抽查，并公布抽查结果。有的提出，抽检的内容应当包括营养指标，建议删去"可能危及农产品质量安全的"。

6. 草案第三十条对合理使用农业投入品作了规定。有的建议增加限用、停用农药、兽药的规定。

三、关于农产品包装、销售与监督管理

1. 草案第三十九条中规定，农产品生产企业、农民专业合作社应当执行法律、法规和国家有关强制性标准规定的质量安全控制要求，开具食用农产品质量安全承诺合格证（以下称食用农产品合格证）。有的提出，承诺合格证的性质定位、具体制度和预期效果不明确，建议谨慎推进。有的提出，承诺合格证的功能在于追溯，并非证实达标，建议与追溯管理制度统筹研究。有的提出，承诺合格有无标准应予明确，且使用"食用农产品合格证"的简称并不妥当。有的建议将"以下称食用农产品合格证"改为"以下称食用农产品承诺合格证"，同时增加规定：经检测符合农产品质量安全标准并出具检测合格证明的，可不重复开具食用农产品承诺合格证。有的建议将"承诺合格证"改为"承诺达标合格证"，同时明确家庭农场应当执行该规定。

2. 草案第四十条中规定，国家对列入食用农产品质量安全追溯目录的食用农产品实施追溯管理；国务院农业农村主管部门应当会同国务院市场监督管理部门建立食用农产品质量安全追溯协作机制。有的建议对实施追溯管理的农产品范围、列入目录的农产品种类以及目录制度如何落实等问题再作研究。有的建议在"国务院市场监督管理"之后增加"等"部门。

3. 草案第四十一条第一款中规定，农产品质量符合国家规定的有关优质农产品标准的，生产经营者可以申请使用相应的农产品质量标志。有的建议通过列举的方式明确农产品质量标志的范围。有的建议修改为：国家建立推行农产品质量分级制度，鼓励、支持开展农产品质量安全与质量等级认证，农产品质量符合国家规定的有关质量安全和质量等级要求并经过认证的，生产经营者可以申请使用相应的农产品质量安全与质量等级认证标志。

4. 有的建议在草案第四十二条中明确属于农业转基因生物的农产品，由农业农村主管部门进行监督管理。

5. 有的建议明确草案第四十五条第二款"抽取的样品不得超过国务院农业农村主管部门规定的数量"中"数量"的含义。

6. 草案第五十四条对鼓励单位和个人对农产品质量安全进行社会监督作了规定。有的建议增加规定：对于查证属实的举报，给予举报人奖励，并采取措施保障举报人合法权益。

四、关于法律责任

1. 草案第六十六条规定，违反法律、行政法规和国务院农业农村主管部门的规定使用农业投入品的，依照有关法律、行政法规的规定处罚。有的建议在"有关法律"之前增加"本法及"。

2. 草案第七十条、第七十一条等条文对同一违法行为，区分农产品生产经营者和农户规定了具体的法律责任。有的提出，不同地区经济发展水平差异较大且农户的界定不清晰，建议对农户的法律责任作原则性、授权性规定。

3. 有的建议在草案第七十条规定的违法行为"销售含有国家禁止使用的农药、兽药或者其他化学物质的农产品"中的"农产品"之前增加"不符合农产品质量安全标准"的限定性表述。

4. 草案第七十二条规定了农产品生产经营者"将农产品与有毒有害物质一同运输"、"用的包装材料等不符合国家有关质量安全规定"等违法行为的法律责任。有的建议明确包装、运输、物流企业同样适用上述处罚规定。

5. 草案第七十五条规定，违反本法关于食用农产品质量安全追溯规定的，由县级以上地方人民政府农业农村主管部门按照职责责令限期改正；拒不改正的，可以处五千元以上五万元以下罚款。有的建议将执法主体改为"县级以上地方人民政府农业农村主管部门或市场监督管理部门"。

6. 有的提出，本法参照食品安全法设定三十倍罚款、责令停产停业等处罚过于严厉，建议对法律责任再作研究。

五、其他意见

1. 草案第六条第三款规定，乡镇人民政府应当落实农产品质量安全监督管理责任，协助上级人民政府及其有关部门做好农产品质量安全监督管理工作。有的建议明确由乡镇人民政府承担农产品质量安全监督管理的首要责任。有的建议增加规定：县级人民政府农业农村主管部门可以在乡镇或特定区域设立农产品质量安全监督管理派出机构或者派遣监督管理人员，履行农产品质量安全监督管理职责。有的建议增加强化基层监管队伍建设的规定。

2. 草案第十一条规定，各级人民政府及其有关部门应当加强农产品质量安全知识的宣传，发挥基层群众性自治组织的优势和作用，引导农产品生产经营者加强质量安全管理，保障农产品消费安全。有的建议在"基层群众性自治组织"之后增加"行业协会"；有的建议增加"新闻媒体、消费者组织"。

3. 有的建议对本法中的"抽查检测"、"追回"等概念再作研究，做好与食品安全法中"检验"、"召回"等概念的衔接。

农产品质量安全法修订草案向社会公众征求意见的情况

2021年10月23日至11月21日，农产品质量安全法（修订草案）在中国人大网全文公布，向社会公开征求意见。其间，共收到1041位社会公众提出的2615条意见，还收到来信3封。现将主要意见简报如下：

一、关于农产品生产

1. 草案第二十七条规定，农产品生产企业应当建立农产品质量安全管理制度，配备相应的技术人员。国家鼓励、支持农产品生产企业、农民专业合作社、农业社会化服务组织建立和实施危害分析和关键控制点体系，实施良好生产规范。有的建议将"农产品生产企业"修改为"农产品生产者"；有的建议将"危害分析和关键控制点体系"修改为"食品安全管理体系"，将"生产规范"修改为"农业规范"。

2. 有的建议在草案第二十八条第一款规定的建立农产品生产记录的主体"企业、农民专业合作社、农业社会化服务组织"中增加"家庭农场"。有的建议将第二款规定的农产品生产记录应当至少保存"二年"修改为"五年"。

3. 草案第二十九条第一款规定，对可能影响农产品质量安全的农药、兽药、饲料和饲料添加剂、肥料、兽医器械，依照有关法律、行政法规的规定实行许可制度。有的建议在实行许可制度的对象中增加"食品添加剂"。

4. 草案第三十四条第二款规定，国家鼓励农产品生产经营者生产高于农产品质量安全标准的优质农产品。有的建议增加"绿色食品、有机农产品"。有的建议在"鼓励"后增加"引导"。

二、关于农产品包装和标识

1. 草案第三十八条规定，农产品生产企业、农民专业合作社应当自行或者委托检测机构对农产品质量安全进行检测；经检测不符合农产品质量安全标准的农产品，不得销售。有的建议在主体中增加"家庭农场"。

2. 草案第三十九条第一款规定，农产品生产企业、农民专业合作社应当执行法律、法规和国家有关强制性标准规定的质量安全控制要求，开具食用农产品质量安全承诺合格证（以下称食用农产品合格证）。有的建议在主体中增加"家庭农场"。有的建议将这一款修改为：农产品生产经营者应当执行法律、法规、规章和国家有关强制性标准规定的质量安全控制要求，如实开具食用农产品合格证。

3. 草案第四十条对列入食用农产品质量安全追溯目录的食用农产品实施追溯管理作了规定。有的建议增加商务部门在食用农产品追溯管理中的职责。有的建议增加国家支持鼓励具备信息化条件的农产品生产经营者，"包括农产品批发市场开办者，以及加工、仓储、物流和餐饮环节的主体，"采用现代信息技术采集、留存生产记录、购销记录等生产经营信息。

三、关于监督管理和法律责任

1. 草案第四十八条规定，农业农村主管部门可以采用快速检测方法，开展农产品质量安全监督抽查检测，抽查检测结果确定有关农产品不符合农产品质量安全标准的，可以作为行政处罚的依据。有的提出，快速检测方法仅能用于定性检测，不能实现定量检测，将结果作为行政处罚的依据，可能引发纠纷，建议删去。

2. 草案第六十八条规定了对农产品生产企业违法行为的处罚。有的建议在处罚的对象中增加"农民专业合作社和家庭农场"。

3. 有的建议草案第六十九条规定的"未依照本法规定建立、保存农产品生产记录，或者伪造农产品生产记录的"行政处罚与

《中华人民共和国畜牧法（修订草案）》第八十三条规定的"畜禽养殖场未建立养殖档案或者未按照规定保存养殖档案的"行政处罚进行有效衔接，处罚标准保持一致。

4. 草案第七十条、第七十一条规定了追回已经销售的农产品的处理方式。有的提出，有些农产品不适宜追回，建议对这一表述再研究。

四、其他意见

1. 有的建议将草案第十二条"建立农产品质量安全管理制度"的主体由"农民专业合作社和农产品行业协会"修改为"农产品生产者"。

2. 有的建议增加一条：农产品生产经营者是指生产、销售农产品的法人和非法人组织以及专门从事农产品生产、收购并用于再销售的自然人。

3. 有的建议在草案第二章中增加：国家建立农产品质量安全检测制度，对土地、农产品产地、加工地、销售地等进行全面检测。

4. 有的建议对具有一定规模的农产品生产经营主体中的个体户、农户应该加强监管，规定必要的法律责任。有的建议将草案中的"农产品生产经营者"改为"农产品生产者"。

十三届全国人大常委会第三十五次会议审议农产品质量安全法修订草案二次审议稿的意见

2022年6月23日，十三届全国人大常委会第三十五次会议对农产品质量安全法修订草案二次审议稿进行了审议。现将审议意见简报如下：

一、总的意见

常委会组成人员普遍认为，二次审议稿充分吸收各方面意见建议，压实各有关主体的农产品质量安全责任，体现了"四个最严"的要求，适应了农产品质量安全监管新情况新要求，具有较强的针对性和可操作性，总体赞成。

二、关于总则

有的常委会组成人员建议将二次审议稿第一条立法目的中的"维护公众健康"改为"维护人民健康"。

有的专委会委员建议将二次审议稿第四条有关农产品质量安全工作原则中的"预防为主"改为"严格标准"。

二次审议稿第五条第一款规定，国务院农业农村主管部门、国务院市场监督管理部门依照本法和规定的职责，对农产品质量安全实施监督管理。有的委员建议增加"林业和草原主管部门"。有的委员建议可删去"国务院市场监督管理部门"中的"国务院"。

二次审议稿第八条中规定，县级以上人民政府应当将农产品质量安全管理工作纳入本级国民经济和社会发展规划，所需经费列入本级预算。有的委员建议增加有关乡镇农产品质量安全监管和检测工作投入保障的规定。有的委员建议增加国家加强农产品销售经营场所的农产品质量安全监测系统建设的规定。

二次审议稿第九条中规定，国家引导、推广农产品标准化生产，鼓励和支持生产优质农产品。有的委员建议将"优质农产品"改为"有机农产品和绿色优质农产品"；同时，加大对优质农产品生产经营者的扶持力度。

二次审议稿第十条对国家支持农产品质量安全科学技术研究作了规定。有的委员建议增加国家支持农产品质量安全科学技术国际交流与合作的规定。

有的常委会组成人员提出，与安全生产法明确生产经营者的主体责任、地方政府的属地责任和相关部门的监管责任，并实行生产安全事故责任追究制度等相比，本法离最严的监管要求还有差距，建议予以研究。

有的委员建议增加保障消费者权利和流通、运输、加工环节农产品质量安全的规定。

三、关于风险管理和标准制定

有的委员提出，二次审议稿第十三条规定的农产品质量安全风险监测计划、实施方案的制定主体是农业农村主管部门，而调整主体是制定部门会同有关部门研究分析，建议对相关主体再作研究。

有的委员建议明确二次审议稿第十四条中农产品质量安全风险评估的具体内容。

二次审议稿第十五条中规定，国务院农业农村主管部门应当根据农产品质量安全风险监测和风险评估结果采取相应的管理措施，并将风险监测和风险评估结果及时通报国务院市场监督管理、卫生健康等有关部门。有的委员建议增加通报"各省、自治区、直辖市人民政府农业农村主管部门"。有的专委会委员建议将"风险监测和风险评估"中的"和"改为"或者"。

二次审议稿第十六条列举了农产品质量安全标准体系包括的主要内容。有的委员建议增加与农产品质量安全有关的储运要求。

四、关于农产品产地与生产

二次审议稿第二十一条对根据农产品品种特性和产地安全调查、监测和评价结果，划定特定农产品严格管控区域作了规定。第二十二条规定，禁止在特定农产品严格管控区域生产、捕捞、采集特定农产品和建立特定农产品生产基地。有的委员提出，上述规定与土壤污染防治法关于划定特定农产品禁止生产区域的规定不一致，建议将第二十一条中的"划定特定农产品严格管控区域"改为"划定特定农产品严格管控区域和特定农产品禁止生产区域"；将第二十二条中的"特定农产品严格管控区域"改为"特定农产品禁止生产区域"。

二次审议稿第二十七条第二款规定，国家鼓励、支持农产品生产企业、农民专业合作社、农业社会化服务组织建立和实施危害分析和关键控制点体系，实施良好生产规范。有的委员提出，根据党中央印发的关于质量强国建设的有关文件，建立和实施危害分析和关键控制点体系是对食品生产企业的要求，并提出要推进良好农业规范的认证管理，本条中的两项认证与最新的中央文件要求不一致，建议再作研究。有的专委会委员建议删去"支持"以及"和实施"。

二次审议稿第二十八条第一款规定，农产品生产企业、农民专业合作社、农业社会化服务组织应当建立农产品生产记录。有的委员建议将"农产品生产企业、农民专业合作社、农业社会化服务组织"改为"农产品生产经营、服务者"。

二次审议稿第二十九条对可能影响农产品质量安全的农药、兽药、饲料和饲料添加剂、肥料等的许可制度和监督抽查作了规定。有的委员建议在"农药"前增加"种子"。

二次审议稿第三十条对合理使用农药、兽药、饲料和饲料添加剂等农业投入品作了规定，并规定禁止在农产品生产经营过程中使用国家禁止使用的农业投入品以及其他有毒有害物质。有的委员建议对限制使用的药物问题作出规定。有的委员建议增加对使用农药、兽药、添加剂等活动的监管措施。

二次审议稿第三十四条中规定，国家支持农产品产地冷链物流基础设施建设。有的全国人大代表建议将这一句改为：国家加大支持农产品产地用于种植、养殖、捕捞、采集和冷链保鲜等农产品设备生产和冷链物流基础设施建设。

五、关于农产品包装、标识和销售

二次审议稿第三十七条第一款中规定，属于病死、毒死或者死因不明的动物及其产品的，不得销售。有的委员建议按照食品安全法的表述，将"动物及其产品"改为"禽、畜、兽、水产动物肉类及其制品"。

二次审议稿第三十八条中规定，农产品批发市场应当按照规定设立或者委托检测机构，对进场销售的农产品质量安全状况进行抽查检测。有的委员建议增加规定：定期对从业人员作业环境、进场销售的农产品,依照法律法规进行公共卫生检疫检验。

二次审议稿第四十条第一款中规定,农产品生产企业、农民专业合作社应当按照规定开具承诺达标合格证;鼓励农户销售农产品时开具承诺达标合格证。有的委员建议增加承诺达标合格证与农产品质量安全追溯机制有效衔接的内容;同时建议增加关于承诺达标合格证应当标注的具体内容的规定。有的委员建议在"鼓励农户"前增加"国家出台政策支持",并加强对农户生产经营全过程监管。

二次审议稿第四十条第三款规定,农产品批发市场开办者应当按照规定查验进入本市场的农产品的承诺达标合格证或者其他质量安全合格证明材料。有的常委会组成人员提出,查验承诺达标合格证等材料的主体应当包括市场开办者和市场内经营者两类主体,建议将"开办者"改为"经营者"。有的委员建议将"承诺达标合格证或者其他质量安全合格证明材料"中的"或者"改为"和"。

有的委员建议将二次审议稿第四十一条中的网络平台经营者应当依法加强"对农产品经营者的管理"改为"对农产品安全的监督"。有的委员提出,加强对网络销售的农产品的监管,保证符合质量安全标准十分必要,希望加快大湾区农产品统一标准的出台。

二次审议稿第四十二条第二款规定,国家鼓励具备信息化条件的农产品生产经营者采用现代信息技术手段采集、留存生产记录、购销记录等生产经营信息。有的委员建议增加运输、仓储等环节的信息采集及追溯。

二次审议稿第四十四条对农业转基因生物的农产品应当按照

有关规定进行标识作了规定。有的专委会委员建议增加未按规定进行标识的法律责任。

有的委员建议增加对"家庭农场"有关农产品生产和包装等方面的要求。

六、关于监督管理与法律责任

二次审议稿第四十八条第三款规定，上级农业农村主管部门监督抽查的同批次农产品，下级农业农村主管部门不得另行重复抽查。有的委员建议将该款修改为：农产品质量安全抽查不得对同批次的农产品进行重复抽检。

二次审议稿第五十三条第二款规定，国家鼓励群众性自治组织建立农产品质量安全信息员工作制度，协助开展有关工作。有的委员建议在"有关工作"前增加"全过程监管"。

二次审议稿第五十四条规定了开展农产品质量安全监督检查可以采取的措施。有的常委会组成人员建议增加规定：查封、扣押伪造农产品质量认证标识或地理标识的农产品、农业投入品以及其他有关产品。

二次审议稿第五十七条中规定，县级以上人民政府农业农村主管部门应当建立农产品质量安全投诉举报制度。有的常委会组成人员提出，宪法使用了"检举控告"的概念，建议保持一致。有的常委会组成人员建议增加举报奖励的规定。

二次审议稿第五十九条对上级人民政府对下级人民政府的责任约谈作了规定。有的委员提出，根据食品安全法，建议增加规定：被约谈的地方人民政府应当采取措施整改，责任约谈情况和整改情况应当纳入地方人民政府农产品质量安全工作评议、考核记录。

二次审议稿第六十四条对应当追究县级以上人民政府农业农村等有关部门法律责任的具体行为作了列举。有的委员建议增加规定：未对没收的违法农产品、工具、设备、原料进行依法处理的。

二次审议稿第六十六条中规定，农产品质量安全检测机构、检测人员出具虚假检测报告，使消费者的合法权益受到损害的，应当与农产品生产经营者承担连带责任。有的委员提出，承担连带责任的主体不明确，建议在"应当与农产品生产经营者承担连带责任"前增加"农产品质量安全检测机构"。

二次审议稿第六十八条规定，违反法律、行政法规和国务院农业农村主管部门的规定使用农业投入品的，依照有关法律、行政法规的规定处罚。有的委员提出，我国各地区差异较大，不宜将处罚依据限制为"有关法律、行政法规"。

有的委员建议整合修改二次审议稿第六十八条、第六十九条、第七十二条关于违法违规使用农业投入品的法律责任。

有的委员建议将二次审议稿第七十二条第二款"明知从事前款规定的违法行为，仍为其提供生产经营场所或者其他条件的"中的"明知"改为"知道或者应当知道"。

二次审议稿第七十三条规定了销售含有的致病性寄生虫、微生物或者生物毒素不符合农产品质量安全标准的农产品的法律责任。有的专委会委员提出，实际工作中动物和植物产品有很大区别，建议对违法行为的描述更清晰一点，有利于在执法过程中执行落实。

二次审议稿第七十六条规定了冒用农产品质量标志，或者销售冒用农产品质量标志的农产品的法律责任。有的委员建议增加规定：对有证据证明经营者不知道其所销售的农产品为冒用农产品质量标志，能如实说明其进货来源的，可以免于处罚。

二次审议稿第八十一条规定，违反本法规定，给消费者造成人身、财产或者其他损害的，依法承担民事赔偿责任。生产经营者财产不足以同时承担民事赔偿责任和缴纳罚款、罚金时，先承担民事赔偿责任。有的委员提出，根据消费者权益保护法，建议将该条修改为"违反本法规定，给消费者造成人身、财产或者其他损害的，生产经营者应当承担民事赔偿责任和缴纳罚款、罚金，其财产不足以同时支付时，先承担民事赔偿责任"。有的委员建议增加信用惩戒措施。

有的委员提出，对农户销售不符合农产品质量安全标准的农产品的违法行为，应当以劝阻和教育为主，不宜规定行政处罚。

七、其他意见

有的委员建议增加对进口农产品质量安全和农业投入品监管的规定。

有的专委会委员建议增加倡导农业绿色发展的规定。

有的委员建议增加农产品质量保护公益诉讼制度。有的委员建议明确法律责任中"货值金额"的概念。有的委员建议明确"农业投入品"的概念。

农产品质量安全法修订草案二次审议稿向社会公众征求意见的情况

2022年6月24日至7月23日,农产品质量安全法修订草案二次审议稿在中国人大网全文公布,向社会公开征求意见。其间,共收到166位社会公众提出的303条意见,还收到来信1封。现将主要意见简报如下:

一、关于总则

1. 有的建议在二次审议稿第二条关于农产品质量安全的定义中增加"保障环境安全"的内容。

2. 二次审议稿第十一条第二款规定,新闻媒体应当开展农产品质量安全法律、法规和农产品质量安全知识的公益宣传,对违法行为进行舆论监督。有的建议增加利用中国农民丰收节开展农产品质量安全宣传和知识普及的规定。有的建议增加规定:新闻报道应当遵循中立、客观、真实的原则。

3. 有的建议明确农产品、食用农产品、农民、农产品生产企业、农产品生产者、农产品经营者等概念。

二、关于农产品产地与生产

1. 二次审议稿第二十一条对划定特定农产品严格管控区域作了规定。有的建议增加规定:区域内(包括海域)连续出现因环境原因导致的食用农产品问题时,应当将该区域划定为严格管控区域。有的建议增加特定农产品严格管控区实行动态管理的规定。有的建议由农业农村部门制定和发布产地环境评价标准,并明确产地环境不符合种植养殖条件的具体管理措施。有的建议增加政府应当划定特定农产品严格管控区域而未划定或者未对特定农产品严格管控区域实行动态调整的法律责任。有的建议增加"国家建立土壤及水体改良制度"的规定。

2. 二次审议稿第二十四条对农产品生产者应当科学合理使用农药、兽药、肥料、农用薄膜等农业投入品作了规定。有的建议明确对农药、兽药、肥料、种子等农业投入品的生产、销售与使用实行全链条可追溯管理。

3. 二次审议稿第二十八条对农产品生产企业、农民专业合作社、农业社会化服务组织应当建立农产品生产记录作了规定。有的建议增加"家庭农场"作为应当建立农产品生产记录的主体。

4. 二次审议稿第三十条规定,禁止在农产品生产经营过程中使用国家禁止使用的农业投入品以及其他有毒有害物质。有的建议明确国家禁止使用的农业投入品以及其他有毒有害物质的发布主体及其程序。

5. 有些意见提出,人用药品未在动物体内开展临床试验,无法确定用途、用法、用量等信息,容易造成动物产品药品残留超标等问题,建议增加规定禁止在养殖食用动物的过程中使用人用药品。

6. 有的提出,农户是农产品质量安全的重要主体,建议采取措施提高农户的质量安全意识和种植养殖过程的质量安全管理水平。

7. 有的建议明确对人参等药食同源的产品的监管措施。

三、关于农产品包装、标识和销售

1. 有的建议增加"农产品产地准出与市场准入"一章,明确生产经营主体应具备的资质条件，农产品溯源与市场准入凭证等内容。

2. 有的建议增加规定，加强对农产品运输环节的监管，防止违规使用添加剂或者因其他原因造成农产品二次污染；有的建议明确监管主体、监管措施及相应的法律责任。

3. 二次审议稿第三十八条中规定，农产品批发市场应当按照规定设立或者委托检测机构，对进场销售的农产品质量安全状况进行抽查检测。有的提出，农贸市场与农产品批发市场不同，建议增加农贸市场的农产品质量安全管理要求。

4. 二次审议稿第四十条对承诺达标合格证制度作了规定。有的提出，要稳妥推进承诺达标合格证制度，制定相关配套规定，避免给市场主体造成负担。

四、关于法律责任

1. 二次审议稿第六十四条规定了农业农村主管部门发现农产品质量安全重大风险隐患后，未及时采取相应措施，造成农产品质量安全事故或者不良社会影响的法律责任。

2. 二次审议稿第七十三条规定了农产品生产经营者和农户销售不符合农产品质量安全标准的农产品的法律责任。有的提出，食品安全法中的食品主要是指加工食品，与食用农产品作了区分，将销售不符合质量安全标准的食品的法律责任衔接适用到农产品，且农产品经营者与农户的起罚金额相差百倍，不符合过罚相当和公平原则，建议对该条的法律责任中的有关罚款规定再作权衡。有的建议增加规定对因产地环境导致重金属等有毒有害物质超标，经评估不足以造成人体伤害的，可以免于处罚。

3. 有的建议删去法律责任中对农户的具体罚款数额，同时增加规定：对规模较小、数量不大、危害后果较轻的农户以及其他农产品生产经营者，可以按照规定减轻处罚。

4. 有的建议增加在农产品质量安全风险监测、监督抽查中，农产品生产经营者弄虚作假或者政府有关部门渎职的法律责任。

五、其他意见

1. 有的建议增加城市群和都市圈试点农产品质量安全联合治理的规定。

2. 有的建议增加规定严禁将大量未成熟的农产品青苗作为动物青贮饲料。

3. 有的建议尽快出台新修改的农产品质量安全法，并及时制定完善配套规定。

农产品质量安全法修订草案通过前评估情况

2022年7月22日，法工委组织召开农产品质量安全法修订草案通过前评估会，邀请部分全国人大代表、基层立法联系点、农民专业合作社、农产品批发市场、超市、基层执法人员和专家，就修订草案中主要制度规范的可行性、法律出台时机、法律实施的社会效果和可能出现的问题等进行评估。评估会以现场和视频相结合的方式进行，司法部、农业农村部、市场监管总局有关负责同志列席。现将评估情况简报如下：

一、关于主要制度规范的可行性

与会人员提出，适应当前农产品质量安全监管形势，保障农产品质量安全，对农产品质量安全法进行修改非常必要。修订草案体现了习近平总书记关于农产品质量安全的重要指示精神，深入贯彻党中央有关决策部署，落实"四个最严"要求，回应社会关切，制度设计科学，主体责任明确，具体举措可行。

有的提出，修订草案回应新时期农产品质量安全监管新形势新要求，健全农产品质量安全责任机制，加强农产品生产经营全过程管控，内容全面、责任明晰，符合当前实际，是可行的。有的提出，修订草案充分听取、吸收人大代表的意见建议，通过调研、座谈等方式深入论证，制度设计科学，内容具有针对性，已经很成熟。

有的提出，修订草案经两次审议修改，进一步压实各有关主体的农产品质量安全责任，完善农产品质量安全管理制度，结构设计更加科学合理，内容更加详实具体，操作性、针对性、实效性很强。

有的提出，修订草案总结食品安全实践做法和农产品有关试点经验，增加了风险管理、引导优质农产品生产、鼓励实施良好农业规范等规定，具有操作性和前瞻性。

有的提出，修订草案充分考虑生产经营实际需要，强化源头治理，建立健全快速检测、承诺达标合格证、查验合格证明等制度，将农户纳入监管并分类实施处罚，符合市场期待。

有的提出，修订草案强化主体责任和属地责任，体现出无缝监管、延伸监管、协作监管的新特点，制度严密、内容实用。有的提出，修订草案回应社会新业态和百姓关切的问题，同时兼顾农产品管理实践和现行管理体制，与食品安全法、土壤污染防治法等作了比较好的衔接，切实可行。

二、关于出台时机

与会人员提出，修订草案经两次审议修改，内容已经基本成熟，修改的内容是新时期农产品质量安全发展实践所亟需的，也是农产品生产经营企业和基层执法部门所期待的，建议尽快出台并实施。

有的提出，随着我国消费结构加快升级，农产品消费需求呈现个性化多元化特点，适应新时代现代农业发展，需要尽快出台新的农产品质量安全法。有的提出，百姓对农产品质量的要求越来越高，特别是疫情防控中暴露出来的问题，迫切需要抓紧出台这部法，推动新制度落地生效。

有的提出，实践中，各类生产经营者的质量安全管理能力参差不齐，主动投入人力物力的意愿不同。修订草案与现行法相比，制度内容更加全面详尽、具体明确，希望尽快通过这部法，规范引导各类主体的生产经营行为，推动良性竞争。

有的提出，当前，快速检测、承诺达标合格证、农安信用等具体制度已经取得一些成效，但是实践中无法可依，也遇到一些难题，希望尽快通过这部法，为农产品质量安全提供有力法治保障。

三、关于实施的社会效果

与会人员认为，修订草案立足实践，着眼长远，完善责任机制，强化农产品质量安全风险管理基本制度，加强农业农村、市场监督管理等部门的协调配合，将进一步提升农产品质量安全治理水平，有力保障人民群众"舌尖上的安全"。

有的提出，修订草案强化标准建设与实施，倡导特色农产品品牌，确保农田到餐桌全程监管，有利于实现农产品从"凭感觉"向"定标准"、"种得优"、"卖得好"转变,切实维护人民群众身体健康。

有的提出,随着人民生活水平的提升,国内国外对农产品质量都提出更高期待,本法的出台将推动我国农产品生产经营水平、农产品品质得到新的提升。有的提出,本法的出台将有利于引导行业协会、社会组织等各方面积极参与农产品质量安全建设,为农产品质量安全提供更有力的支撑。

有的提出,修订草案完善现行制度,总结创新试点经验,有利于弥补监管的薄弱环节,倒逼生产者强化质量安全自律意识,对从源头上保障农产品质量安全具有重要意义。

有的提出,修订草案强化风险管理,规定承诺达标合格证和追溯体系等新制度,有利于解决农产品溯源难、质量保障难度大等现实问题,对加工企业、销售企业是重大利好,将对提高农产品质量安全水平产生重大推动作用。

四、关于可能出现的问题

与会人员认为,修订草案经过广泛征求各方意见,建立健全农产品质量安全责任体系和制度机制,总结实践经验,充分考虑了实际情况,妥善处理了与相关立法的衔接,是符合我国农产品质量安全工作实际的,在法律执行中不会出现大的问题。同时,也提出一些意见和需要关注的问题。

一些意见建议尽快出台本法的配套规定和相关标准规范,加大宣传教育和培训引导。同时,农业农村、市场监督管理部门要密切配合,做好执法衔接,确保各项制度有效落地。

有的提出,新制度实施过程中要注意考虑小农户、流动摊贩等群体的实际能力,积极提供免费的检测技术等服务,指导小农户等散户规范生产经营活动。有的提出，实践中种植养殖主体仍以散户为主，作为采购方对小农户供应者主要是引导支持其规范生产，包括一些地方执法部门对其违法行为也多区分情况采取批评教育的方式，避免处罚过重而难以实施，这样也有利于保障供应链安全。

五、具体意见建议

1. 有的提出，修订草案关于新闻媒体开展公益宣传、舆论监督的规定十分必要，建议进一步增加新闻报道、举报投诉等要客观公正的规定，避免造成社会公众对农产品质量安全的盲目恐慌。

2. 有的建议进一步强化标准建设，鼓励制定更高的农产品质量标准，明确行业标准、地方标准的发布方式。有的建议明确绿色优质农产品的认定标准，并对绿色投入品的使用作出规定。

3. 有的建议加强对特色小宗作物用药的培训指导与监管。

4. 有的提出，快速检测是比较便捷实用的农产品质量安全监督抽查与抽检手段，实践中发挥了积极作用，建议加快快速检测技术及其标准的研发，积极引导、推广快速检测技术及其结果的应用。

5. 有的提出，实践中乡镇农产品质量安全监管队伍多是兼职或者是临时聘用人员，保障能力不足，建议加强乡镇农产品质量安全监管人员与经费保障。

图书在版编目（CIP）数据

中华人民共和国农产品质量安全法解读／岳仲明主编．—北京：中国法制出版社，2024.5
ISBN 978-7-5216-2952-1

Ⅰ.①中… Ⅱ.①岳… Ⅲ.①农产品质量安全法-法律解释-中国 Ⅳ.①D922.45

中国版本图书馆 CIP 数据核字（2022）第 178702 号

策划编辑/责任编辑：谢雯　　　　　　　　　　封面设计：蒋怡

中华人民共和国农产品质量安全法解读
ZHONGHUA RENMIN GONGHEGUO NONGCHANPIN ZHILIANG ANQUANFA JIEDU

主编/岳仲明
经销/新华书店
印刷/三河市紫恒印装有限公司
开本/880 毫米×1230 毫米　32 开　　　　印张/12　字数/207 千
版次/2024 年 5 月第 1 版　　　　　　　　2024 年 5 月第 1 次印刷

中国法制出版社出版
书号 ISBN 978-7-5216-2952-1　　　　　　　　定价：68.00 元

北京市西城区西便门西里甲 16 号西便门办公区
邮政编码：100053　　　　　　　　　　　　传真：010-63141600
网址：http：//www.zgfzs.com　　　　　　　编辑部电话：010-63141792
市场营销部电话：010-63141793　　　　　　印务部电话：010-63141606

（如有印装质量问题，请与本社印务部联系。）